国家社科基金青年项目"服务型地方政府的组织模式与运行机制——基于项目导向型组织理论的研究"
（批准号：11CGL073）

服务型地方政府的
组织模式与运行机制

The Organization Model & Operating
Mechanism of the Service-oriented
Local Governments

翟　磊◎著

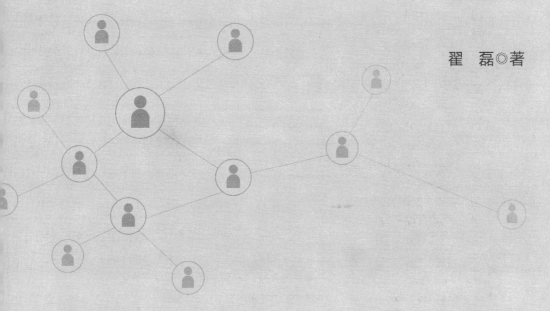

中国社会科学出版社

图书在版编目(CIP)数据

服务型地方政府的组织模式与运行机制/翟磊著. —北京：中国社会科学出版社，2017.4

ISBN 978 - 7 - 5161 - 9865 - 0

Ⅰ.①服… Ⅱ.①翟… Ⅲ.①地方政府—行政管理—研究—中国 Ⅳ.①D625

中国版本图书馆 CIP 数据核字(2017)第 031415 号

出 版 人　赵剑英
责任编辑　赵　丽
责任校对　李　莉
责任印制　王　超

出　　版　中国社会科学出版社
社　　址　北京鼓楼西大街甲 158 号
邮　　编　100720
网　　址　http://www.csspw.cn
发 行 部　010 - 84083685
门 市 部　010 - 84029450
经　　销　新华书店及其他书店

印　　刷　北京明恒达印务有限公司
装　　订　廊坊市广阳区广增装订厂
版　　次　2017 年 4 月第 1 版
印　　次　2017 年 4 月第 1 次印刷

开　　本　710×1000　1/16
印　　张　18.5
插　　页　2
字　　数　266 千字
定　　价　79.00 元

凡购买中国社会科学出版社图书，如有质量问题请与本社营销中心联系调换
电话:010 - 84083683

目　　录

第一章

从组织变革视角研究服务型
地方政府建设问题

从什么是服务型政府这一根本问题出发，首先应当明确如下几个问题：第一，服务型政府不仅仅是理念与价值观层面的概念，更是一个组织层面的概念，价值理念转变是建设服务型政府的必要条件，而非充分条件，政府的"组织"特性决定了必须在观念转变的基础上，进一步从组织的角度探讨方可使服务型政府建设变得可操作；第二，服务型政府建设不仅仅是政府自身的内部改革，而是政府作为整个经济社会运行过程中的重要主体，主动调整与市场、社会的关系，是建设国家治理体系的重要环节，从这个角度来看，服务型政府建设仍然是一个组织问题，需要政府、市场、社会等多元主体的协同方可实现；第三，服务型政府不是一个固化的理想模式，而是一个持续改进的过程，因此在服务型政府建设的过程中，需要建立的是一个为政府提供持续改进空间的组织平台。由此可见，建设服务型政府的过程也是政府组织变革的过程，包括政府内部的组织变革和政府与其他组织之间关系的调整，组织变革是服务型政府建设的可操作化路径。

向服务型政府转变是中国政府机构改革的目标和基本方向，这一目标一经提出便引起了学者们的重视。服务型政府的建设是深层次的政府转型，是一种全新的政府理念，也是全新的政府职能配置、机构重组、管理方式方法和行为模式的革命。它从根本上改变了中国管制行政的几千年的传统，也从根本上改变了计划经济时代政府的角色和政府官员的角色。服务型政府的建设又是政府和社会、政府和公民、政府和社会组织的关系和利益的重大调整。① 建设服务型政府，涉及观念、作风、机制、体制的变革与完善，是一项深层次、全方位的工程。② 通过上述定位可以看出，向服务型政府转变不是对政府组织的某些部分或环节所作的局部的、点滴的调整和完善，而是各级政府所进行的一场根本性革命和全面转型。从中央政府和地方政府在服务型政府建设中的作用和任务来看，在服务型政府建设的初期阶段应当注重中央政府的推动作用，而在服务型政府建设的推进阶段，则应更加重视地方政府主观能动性的发挥③，其主要原因在于地方政府是政府为区域经济社会发展提供服务的载体，或者称为"最后一公里"。

第一节　中国服务型地方政府建设的阶段性特征

服务型政府建设的总体过程首先是从理念变革开始的，并逐步向可操作化层面推进。从纵向层级的角度来看，则是一个自上而下不断发展的过程，因此在具体研究中国服务型地方政府建设时，首先需要明确服务型地方政府的基本概念以及当前阶段服务型地方政府建设的特征。

一　服务型地方政府建设的目标及内涵

对于服务型政府概念的界定学术界尚未形成统一的观点，总体可归纳为三种不同的观点：第一种观点是从服务型政府的任务内容出发，认为服务型政府是指在以人为本和执政为民的理念指导下，将公共服务职能上升为政府的核心职能，通过优化政府结构、创新政府机制、规范政府行为、提高政府效能，以不断满足城乡居民日益增长的公共需求的政府④，并进一步从经济层面、政治层面和社会层面对服

---

① 吴玉宗：《服务型政府：缘起和前景》，《社会科学研究》2004 年第 3 期。
② 林治波：《建设服务型政府》，《人民日报》2004 年 3 月 11 日第 5 版。
③ 朱光磊、薛立强：《服务型政府建设的六大关键问题》，《南开学报》2008 年第 1 期。
④ 薄贵利：《准确理解和深刻认识服务型政府建设》，《行政论坛》2012 年第 1 期。

务型政府所提供的公共服务内容进行了界定①，这种观点将"服务"理解为政府的主要职能或任务内容；第二种观点是从服务型政府的宗旨与使命出发，认为服务型政府是在公民本位、社会本位的理念指导下，在整个社会民主秩序的框架下，通过法定程序，按照公民意志组建起来的以为公民服务为宗旨并承担着服务责任的政府②，认为服务型政府是民主政府、有限政府、法治政府、责任政府、绩效政府③，这种观点将"服务"理解为政府履职的理念或价值观；第三种观点则从组织理论视角出发，依据服务型政府的系统权变模型，认为服务型政府是由目标与价值、技术、结构、社会心理以及管理这几个分系统的优化整合而构成的④，这种观点则将"服务"理解为政府履职的方式。几种定义方式分别从不同的视角对服务型政府的概念进行阐释，虽然具有共同的价值观基础，对于"服务"的理解却存在差异。因此在探讨服务型政府建设问题之前，首先要对建设服务型政府的目标以及服务型政府的内涵加以阐述。

（一）为什么建设服务型地方政府

对于服务型政府建设的目标，现有研究观点主要分为两类。第一种观点认为提供服务本身就是服务型政府建设的目标，服务型政府就是要把建立适合中国国情的公共服务体系作为建设服务型政府的基本任务⑤，将基本公共服务的覆盖面、均衡度、水平度、质量、供给效率和可持续性等作为服务型政府建设的结果目标⑥，而公共服务体系的主要内容包括教育、就业、社保、医疗、保障性住房、基础设施、

---

① 迟福林：《适时推进公共服务型政府建设》，《经济参考报》2003 年 7 月 16 日第 1 版。

② 刘熙瑞：《服务型政府：经济全球化背景下中国政府改革的目标选择》，《中国行政管理》2002 年第 7 期。

③ 谢庆奎：《服务型政府建设的基本途径：政府创新》，《北京大学学报》（哲学社会科学版）2005 年第 1 期；刘祖云：《"服务型政府"价值实现的制度安排》，《江海学刊》2004 年第 3 期；胡兵：《服务型政府异化的学理原因分析》，《湖北社会科学》2005 年第 7 期。

④ 张立荣、冷向明：《当代中国服务型政府建设的标准体系》，《政治学研究》2009 年第 5 期。

⑤ 姜异康等：《国外公共服务体系建设与中国建设服务型政府》，《中国行政管理》2011 年第 2 期。

⑥ 薄贵利：《服务型政府建设战略：目标与重点》，《学术前沿》2012 年第 5 期。

社会安全、消费安全、生产安全、生态安全、科学技术、文化艺术、体育休闲等。

第二种观点认为服务型政府是相对于管理型政府而言的，二者的差别主要是履行职能方式上的差别，服务型政府建设的根本目标是实现全社会的根本利益①。这种观点是将政府看作整体，从以管理为主要方式转变为以服务为主要方式，而不是加强政府某一部分的职能。

暂且抛开理论上的争论，如果从实践领域对服务型政府进行考察，就会发现在实践应用领域，采纳的是第二种观点。因为实践中并未将服务型政府建设只看作提供公共服务的部门未来改革的方向，对于工商、税务、海关等管理部门同样也提出了服务型政府建设的目标。由此可见，服务型政府是对政府整体特征的描述，其价值观和理念也不仅仅是政府履行公共服务职能的部门应当遵从的。因此建设服务型政府是政府的整体性行动，这就意味着服务型政府建设的目标不仅仅是为了提升公共服务水平，或者促进公共服务的均等化，在政府履行其政治、经济、文化等职能的过程中，同样需要开展服务型政府建设。从基本公共服务的范围以及标准化的角度对服务型政府开展研究是把服务型政府的概念缩小了，服务型政府所服务的应当是经济社会的持续稳定健康发展，服务的是人民群众根本利益的不断提升，其中提供公共服务是政府工作的重要组成部分。

从以上分析结果可以归纳出，服务型地方政府建设的目标是促进本地区经济社会的持续稳定健康发展，服务型地方政府建设是地方政府整体性的改革，改革的主要内容是地方政府的履职方式由管理型向服务型转变。具体而言，"管理"是以强制与命令为主要特征的，而"服务"是以提供支持性活动为主要特征的。也就是说，服务型政府的建设必然带来政府职能的转变，其中建设公共服务体系是地方政府职能的重要内容。

（二）服务型地方政府的内涵

服务型地方政府既不同于西方新公共管理理论研究中所提出的企

---

① 张康之：《我们为什么要建设服务型政府》，《行政论坛》2012 年第 1 期。

业家型政府的概念，也并非探讨"大政府"或"小政府"的问题，而是基于中国国情提出的政府完成工作任务的新方式。基于对服务型政府概念的梳理和对其目标的分析，本部分将进一步对服务型地方政府的服务对象、改革的范围、任务内容以及处理与其他地方政府关系等进行分析。

第一，就服务型地方政府的服务对象而言，不应将其理解为政府公共服务所针对的对象，而应当从更为广义的角度，将其理解为本地区经济社会发展进程中涉及的所有相关主体。也就是说，服务型地方政府的服务对象不仅涉及政府的社会管理职能部分，在政府履行其政治职能、经济职能以及文化职能的过程中所涉及的各类主体都应当视为服务型政府的服务对象。

第二，从服务型地方政府改革的主体范围来看，不仅仅涉及提供公共服务的政府工作部门，而应当是政府整体性的改革。在对政府的界定上，也应当做广义的理解，包括政府行政机关和立法机关、人大、法院和检察院①。虽然当前的改革重点是行政机关，但在思考服务型地方政府建设的战略性问题以及对其进行规划布局时，应当具有整体性。同时在实践领域对于服务型政府建设的主体范围还存在争论，即承担行政执法职能的部门是否有建设服务型政府的必要性和可行性，例如公安局、监狱局等。由于执法部门的工作带有强制性的特征，因此不应将服务型政府的所有特征应用于此类部门，但在多元主体协同、决策过程的参与机制以及绩效评估等方面仍然具有较大的改革空间。

第三，服务型地方政府的任务内容包括政府工作的全部内容，而不仅仅是提供公共服务。在服务型政府研究的名义下开展公共服务问题的研究本身对于政府改革而言是具有积极意义的，但把服务型政府建设导向公共服务的改进则可能对实践造成误导②。基于服务型地方政府主体的整体性特征，其任务内容也应当包括政府各类工作的全部。而改革主要针对的是完成政府工作任务的方式，因此服务型政府

① 朱光磊、薛立强：《服务型政府建设的六大关键问题》，《南开学报》2008年第1期。
② 张康之：《把握服务型政府研究的理论方向》，《人民论坛》2006年第3期。

的概念与政府规模大小无关，其与政府规模的关系是通过政府职能转变实现的，即服务型政府建设与政府职能转变是密不可分的，而职能转变将影响政府规模。

第四，在处理府际关系的过程中，基本的逻辑是合作而非竞争，这是服务型政府与新公共管理理论研究中所提出的企业家型政府的本质区别，虽然二者都强调服务和顾客导向，但企业家型政府理论认为政府必须在市场导向的观念下，引进竞争的刺激力量使政府更具活力①。服务型政府则强调以合作的方式提供服务，包括与市场、社会的合作以及政府间的合作。

二　当前中国服务型地方政府建设的阶段性特征

学术界较为公认的提出服务型政府概念的时间是 2003 年，但实际上此前在学术界就已经有学者提出了这个概念。这一概念一经提出便受到了广泛的关注与重视，并在中国各级政府中开展了一系列实践活动。因此目前讨论服务型政府建设问题需要建立在当前的服务型政府建设的阶段性特征基础之上。

（一）理念与价值观建设已初见成效

服务型的理念与价值观是建设服务型政府的基础，这也是政府从管理型政府向服务型政府转变的第一步。对浙江省、江苏省地方主要党政领导干部开展的一项问卷调查显示，地方党政领导干部对服务型政府的认同程度较高②，在对部分地方政府官员的访谈中也可以证实这一点。理念与价值观建设的成效取得主要取决于以下几个方面工作的开展：

首先，各级政府开展了一系列有关服务型政府建设的干部培训工作，与此同时，学术界在不断丰富和完善服务型政府的相关理论，这为干部培训工作提供了坚实的理论基础。

其次，各级政府通过完善干部考评和政府绩效评估的方式加强政

---

① 张成福：《当代西方政府再造的核心理念：企业型政府》，《中国改革》1998 年第 9 期。

② 张立荣、冷向明：《当代中国服务型政府建设的标准体系》，《政治学研究》2009 年第 5 期。

府理念与价值观的转变。绩效评估通过指挥棒的引导将各级政府的关注点从经济发展和 GDP 提升导向服务，2009 年中央组织部先后颁布了《关于建立促进科学发展观的党政领导班子和领导干部考核评价机制的实施意见》《体现科学发展观要求的地方党政领导班子和领导干部综合考核评价实行办法》等文件，提升公共服务和社会管理类指标的比重，引导地方政府从发展型政府向服务型政府转变①。地方政府也在这方面积累了不少成功的经验，杭州市政府于 2000 年在全国最早开展满意和不满意单位评选，将"满意"作为衡量政府部门工作绩效的尺子，大大地激发了政府部门的服务意识。在新一轮的地方政府绩效评估改革中，"满意度"已成为地方政府绩效考核的重要组成部分，这些都对地方政府转变观念、构建服务型价值观起到了突出的作用。

最后，外部环境的支持加速了服务型地方政府的理念与价值观转变。服务型政府理念的提出与中国经济社会发展的进程密切相关，后现代化发展的进程使市场、社会更加成熟，对政府决策和社会性事务等的参与意识和能力不断增强，这些构成了政府转变职能和转变理念的基础。在各级政府开展服务型政府建设的实践过程中，又受到了环境的再次影响，主要体现在市场与社会对服务型政府建设的支持，从舆论及公众在政府满意度中的打分可以看出服务型政府的建设得到了广泛的支持，从而促使政府更加坚定地在这一方向上进一步开展工作。

（二）任务结构正在发生深刻变革

由工业社会向知识经济与信息社会的迈进增加了全社会创新与改革的内涵，经济与社会的复杂程度也在不断提升，而地方政府在这种转型过程中，将必然面对更加复杂的形势与不断出现的新情况和新问题。2013 年《中共中央关于全面深化改革若干重大问题的决定》提出全面深化改革的总目标是完善和发展中国特色社会主义制度，推进国家治理体系和治理能力现代化，并坚持发展仍是解决中国所有问题

---

① 郁建兴、高翔：《中国服务型政府建设的基本经验与未来》，《中国行政管理》2012 年第 8 期。

的关键这个重大战略判断，将核心问题定位为处理好政府和市场的关系①。这就决定了未来改革的步伐将带来地方政府任务结构的进一步变化。

从 2003 年服务型政府理念提出至今，地方政府所面对的任务结构已经发生了重大的变化。从任务的特征进行归纳，可以将这一变化表述为：独特性任务，即项目的数量与比重大幅度增加。本书针对地方政府所做的问卷调查结果显示②，被调查的公务员认为在其工作结构中，项目多于常规行政事务的比重占 42%，认为项目与常规行政事务比重相当的占 26.2%。而认为常规行政事务比较多的只占 30.4%（如表 1-1 所示）。

表 1-1　　　　　　　地方政府项目与常规行政事务比重

		频　率	百分比	有效百分比	累积百分比
有效	0	1	0.3	0.3	0.3
	两种一样多	100	26.2	26.5	26.8
	项目少	116	30.4	30.8	57.6
	项目多	129	33.9	34.2	91.8
	项目很多	31	8.1	8.2	100.0
	合计	377	99.0	100.0	
缺失	9	4	1.0		
合计	381	100.0			

由此可见，地方政府所面临的任务结构正在由传统的以日常行政性事务为主向以项目为主转变。而项目的构成则涵盖地区经济社会运行的方方面面，具体可以划分为经济建设项目、社会发展项目、文化建设项目和政府改革项目四种类型。这就意味着在政府的四项主要职

① 《中共中央关于全面深化改革若干重大问题的决定》，2013 年 11 月 12 日。
② 此次问卷调查是在 2013 年开展的，主要调查对象是地方政府部门和区县地方政府的主要领导，问卷调查共发放问卷 524 份，收回问卷 385 份，有效问卷 381 份，回收率 73.47%，有效回收率 72.71%。

能中，项目所占比重均日益增加。

第一类是经济建设项目，包括各类开发区、保税区、自由贸易区等的建设，以及产业发展项目等。第二类是社会发展项目，包括各类公共服务设施建设项目、教育改革项目、医疗改革项目、资源与环境改善项目、社会事业与社会安全项目等。第三类是文化建设项目，文化建设项目是构建公共文化服务体系的重要内容之一，是提升公共文化服务能力的有效载体和手段，包括文化基础设施建设项目、区域品牌建设项目。第四类是政府改革项目，包括政府的机构改革、信息化改革、流程再造等。

（三）组织层面尚未形成有效的模式与机制

对于服务型政府建设理论研究的重点与实践领域所关注的重点存在明显偏离的现象，理论研究虽然关注到了政府组织变革问题，并且也有很多关于机构改革的研究，但尚未在服务型政府的研究框架下对政府组织问题开展针对性和系统性的研究工作。然而在实践领域，地方政府服务型政府建设则大多从组织变革的角度寻求突破口，在组织结构上不断进行局部创新，例如首问负责制、一站式服务、建立行政审批中心甚至成立行政审批局等，并在此基础上，通过"规范制度设计""规范政府行为""改革行政审批制度""再造服务流程""建设政务中心"等方式形成规范有序的制度体系和运转高效的行政程序[1]。有学者认为仅仅热衷"政务服务中心""审批中心""一站式服务"等技术层面的建设，是将服务型政府建设技术化、简单化、政绩化的表现[2]。理论研究与实践的脱节就造成了在服务型政府建设所需的组织建设方面缺乏系统化的理论支撑，导致实践往往是对现有组织的修补与局部变革，尚未形成服务型政府建设在组织层面的整体性思路与体系。

缺乏系统有效的组织模式与组织运行机制在很大程度上影响了服

---

① 郭金云、李翔宇：《整体政府：服务型政府建设的治理方向》，《上海行政学院学报》2014 年第 1 期。

② 张立荣、冷向明：《当代中国服务型政府建设的标准体系》，《政治学研究》2009 年第 5 期。

务型政府的整体建设效果。根据调查研究显示，对于服务型政府建设的成效，公务员中认为有重大成效的占17.2%，认为有一些进展的占59.0%，认为进展不大的占22.8%，另有1%选择"其他"。学者专家的调查结果则更为悲观，除1%选择"其他"外，认为进展不大的达到65.7%，认为有一些进展的占32.8%，而认为有重大进展的只占总体的0.5%[①]。为什么在服务型政府的理念与价值观已经初步形成的情况下，服务型政府建设的实际效果却不佳呢？这就需要更多地从操作层面找原因。理念转变为具体行动，需要组织的支持，然而目前理论研究对于服务型政府所需的系统性组织模式与运行机制研究的缺失，是导致服务型政府建设仅仅停留在"口号""概念"上的主要原因。在服务型政府建设实践中所做的局部的、散点式的改革无法形成合力，导致当前地方政府组织"碎片化"的结果。

由此可见，服务型政府作为地方政府的一项整体性改革，在理论层面需要更为系统化、体系化的理论框架支撑，在操作层面则需要开展系统性的组织变革，构建起服务型政府所需的组织基础，从而使服务型政府的作用得以系统性地发挥出来。

第二节　组织模式与组织运行机制的内涵

自从人类摆脱懵懂状态跨入文明的门槛以来，政府组织就一直是人类社会组织的核心支架。政府组织形式及其运行机制的弹性决定着一个民族、一个国家的兴衰荣辱。正因为如此，从古代的柏拉图、亚里士多德到近现代的马克思、韦伯、哈耶克[②]、尤尔根·哈贝马斯[③]等无数思想家对政府组织模式与组织运行机制都给予了极大的关注。通过 CNKI 文献检索可以发现，近十年发表的学术论文中，标题中包

---

① 张立荣、冷向明：《当代中国服务型政府建设的标准体系》，《政治学研究》2009年第 5 期。

② F. Hayek, *The Fatal Conceit: The Errors of Socialism*, Chicago: The University of Chicago Press, 1988, p.17.

③ Jürgen Habermas, *Knowledge and Human Interests*, Boston: Beacon Press, 1971, p.29.

含"组织模式"的共有6156篇，其中包含"政府组织模式"的共有271篇，而标题中包含"组织运行机制"的共有363篇。然而这些论文并未就研究的核心概念，即什么是组织模式和组织运行机制给出明确的界定。

一　组织模式的内涵

现有对于政府组织模式的研究大多偏重组织理念的创新，包括整体政府、企业家型政府、服务型政府等，均是从政府组织理念创新的角度提出的新型政府组织理念。以服务型政府为例，相关文献从服务型政府的定义、内涵、特征角度对服务型政府进行阐释，提出了服务型政府改革的各种目标与要求，而未对具体的组织模式内涵与特征等进行研究。因此现有的研究是一种方向性的，对于具体实践的操作所起到的是指导和观念更新的作用，然而究竟应当如何进行改革，则必须依靠政府系统性的组织模式改革方可实现，因为组织模式是组织特征的总体表现、是组织目标实现的载体，也是组织变革的必经之路。

从国内外历史有记载的各次政府改革可以看出，政府的改革必然需要调整政府组织模式。其中规模较大的包括美国政府的再造、加拿大的公共服务两千计划、欧洲共同体会员国倡导的公共服务改革、新西兰的财政与人事改革、澳大利亚的财政管理改进计划以及英国的整体政府改革[①]等。在这一场声势浩大的行政变革浪潮中曾被证实为普遍有效的组织模式——科层制受到了前所未有的激烈批评，可见政府组织模式在政府改革中的重要作用。许多专家学者从组织结构特征的角度提出了新型政府组织模式应当具有扁平化、柔性化、网络化等与以往的官僚科层制政府组织结构所不同的特征，而缺乏对政府组织模式的系统研究，这也使得各国学者在批评科层制政府组织模式的同时，又并未寻找到更为行之有效的政府组织模式，使新型政府组织模

---

① 曾维和：《西方"整体政府"改革：理论、实践及启示》，《公共管理学报》2008年第10期。

式的相关研究与传统的官僚制政府组织模式相比显得不够成熟与系统，从而缺乏可操作性。

由于现有研究中尚缺少对组织模式的系统与明确的定义，因此我们可以从词源上对组织模式的含义进行探析。其中"组织"是为完成特定目标而构成的人的集合，德鲁克认为，组织是一种人的团体，在这一团体中，各种拥有专业技术的人为共同的任务而一道工作[1]，而模式是事物的某种标准形式或固定格式，因此，可以将"组织模式"定义为：为完成特定目标而形成的某种组织的标准形式或固定格式。

在界定组织模式的概念之后，需要对组织模式的内涵进行界定。有学者认为组织模式由组织结构和组织行为构成，其中组织结构反映了机构设置和权责分工的关系，是企业组织模式的基础，而组织激励、领导、沟通等行为，是组织模式的表现，结构是行为的基础，结构的调整必然导致行为的改变[2]。也有学者使用数学语言，用公式将组织模式的内涵近似地表达为：组织模式 = 理念 + 系统 + 方法[3]。从现有的研究可以看出，组织模式主要是从静态的角度对一种组织基本形态的归纳，组织结构是组织模式研究的重要组成部分，但不能将组织模式等同于组织结构。对现有研究进行归纳，组织模式至少包括了组织主体的构成以及组织主体间的关系构建等内容。基于组织的整体性视角，可以将组织模式的内涵归纳为如下几个方面：

（一）组织的主体

组织的主体是构成组织的砖石，组织主体的构成可以从广义与狭义两个方面加以界定。狭义的组织主体指的是组织内部的成员构成，在这个层面上，组织的主体往往是个人，或者组织内部的各个部门，他们与组织之间的关系是部分与整体的关系，各个部门或者个人本身

---

① 阎海峰、王端旭：《现代组织理论与组织创新》，人民邮电出版社 2003 年版，第104—108 页。

② 甘曦之：《现代企业组织模式的弊端及对策》，《北方经贸》2005 年第 4 期。

③ 常清：《企业组织模式的演变及发展趋势》，《经济论坛》2005 年第 13 期。

不具有组织意涵上的独立性，而是在组织内部发挥其作用，当这些作用经过组织的整合后，就会为组织目标的实现贡献各自的力量。组织理论与实践领域均尝试通过改革使组织的部门具有独立性，以更好地面对外部环境的改变，例如京瓷的阿米巴考核[①]、独立核算等，但从本质上来看都是提升组织主体主观能动性的方式。

广义的组织主体则包括与组织发展和组织目标实现相关的各类主体。组织理论在当前的复杂环境之下，已经越来越多地对组织间关系而非组织内部建设开展研究工作，并认为组织在复杂环境下，将通过与其他组织互动的过程来实现自身的发展目标。在市场经济领域所提出的网络型组织就是一种典型的关注组织间联系，关注合作的组织模式。目前较为公认的网络型组织的定义是，网络型组织是由多个独立的个人、部门和企业为了共同的任务而组成的联合体[②]。在政府组织领域，西方兴起并发展起来的整体政府理论也将关注的重点转向组织内部和组织间的跨部门协同上来[③]。由此可见，在后现代化的语境下，组织模式的研究已经突破了组织边界的束缚，更多地将关注点放在组织间关系问题上。并且对组织间关系的研究也逐渐由工业经济时期注重研究组织间竞争关系，转变为知识经济时期注重研究组织间合作关系。

基于上述分析，在当前语境下研究组织模式问题，应当对组织主体做广义的理解，既要关注组织内部的构成部门或个人对组织的影响，又要关注组织与外部其他组织之间的关系对组织发展的影响。在外部主体研究中，如何借助其他主体的资源、能力及其社会网络为本组织的目标实现和组织发展贡献力量将成为必须面对的核心问题之一，而这种合作关系的实现必然是以双赢为前提的。当前中国将全面深化改革的总目标确定为完善和发展中国特色社会主义制度，推进国

---

① 刘方龙、吴能全：《探索京瓷"阿米巴"经营之谜——基于企业内部虚拟产权的案例研究》，《中国工业经济》2014年第2期。

② 张增臣：《现代企业的网络型组织模式》，《经济论坛》2003年第4期。

③ 沈荣华、何瑞文：《整体政府视角下跨部门政务协同——以行政服务中心为例》，《新视野》2013年第2期。

家治理体系和治理能力现代化①，其中的治理体系建设所关注的主要问题亦是主体间的关系问题。

（二）组织的结构

组织结构是组织中各个组织单元的排列组合方式，正如弗里蒙特·E.卡斯特（Fremont E. Kast）、詹姆·E.斯罗森茨韦克（James E. Rosenzweig）等所述，"我们可以把结构看作是一个组织内各构成部分或各部分之间所确立的关系形式"②。理查德·豪尔（Richard Hall）用建筑结构和建筑物进行类比来说明组织结构与组织的关系："结构的概念实际上很简单，它是各构成部分组合的方式。"③ 组织结构规定了组织的任务如何分配、组织中谁向谁汇报以及正式沟通机制和交往模式如何安排，这些安排的具体方式也就构成了组织结构的特征。

组织结构是组织模式中最为显性化，也是最能突出组织模式特征的部分。关于组织模式的研究往往都提出了典型的组织结构，其中官僚制组织模式的典型组织结构为科层制金字塔形结构，之后的组织理论研究发展出了事业部型组织、矩阵型组织、横向型组织、网络型组织等组织结构类型，从而对某种组织模式形成具象化的表达。然而从组织模式的最新研究来看，不少对组织模式的研究却未发展出对应的组织结构，究其原因，主要是因为组织模式的日益复杂化和柔性化趋势使组织结构的展现变得困难。以学习型组织为例，彼得·圣吉（Peter M. Senge）认为当世界更息息相关、复杂多变时，学习能力也要更加增强，才能适应变局④。学习型组织这一概念是基于这样一个核心假设：在一个复杂、多变、充满不确定性的环境中，一个组织要想获得辨识问题、解决环境所提出的问题

---

① 《中共中央关于全面深化改革若干重大问题的决定》，2013 年 11 月 15 日。

② Richard A. Johnson, Fremont E. Kast, James E. Rosenzweig, *The Theory and Management of Systems*, London: Mc Grall-Hill, 1973, p. 47.

③ Richard Hall, "A framework linking intangible resources and competencies to sustainable competitive advantage", *Strategic Management Journal*, Vol. 14, 1993.

④ 陈乃林：《学习型组织及其发展》，《教育发展研究》1999 年第 5 期。

的能力，其本身就必须随着环境的变化而变化①。新加坡警察署、澳大利亚税务局、美国纽约市政府、芬兰国家政府等均在学习型政府建设中取得了成功。许多学者对学习型组织的组织模式进行了研究，但并未得出一种特定的结构，而是进行了一系列趋势分析，包括政府组织的开放性②、柔性③、网络化④、扁平化⑤等。与之类似，企业型政府、整体政府、服务型政府等有关组织模式的研究也都缺乏具体组织结构的支撑。然而，组织结构是组织模式操作化过程中必须回答的问题，没有组织结构的支撑将使组织模式的操作缺乏"抓手"。为什么当前提出的若干组织模式的理论无法如官僚制组织模式一样有一个明确的组织结构支撑呢？其中最主要的原因就是组织内部和组织间关系的复杂化，以及组织自身的复杂化和柔性化。因此在一种新的组织模式理念提出之后，对组织结构进行操作化的研究就成了当前所面对的重要问题。

（三）组织的规模与边界

组织规模和边界问题与组织的主体构成密切相关，其中组织的规模可以从广义与狭义两个角度来理解。狭义上的组织规模就是为该组织工作并从组织取得报酬的主体的总和。而广义上的组织规模则以是否为达成组织目标服务为标准，凡是为组织目标服务的主体，不论是否取得报酬，均在组织范畴之内。例如在地方政府组织抗震救灾的过程中，许多社会组织甚至公民个人参与其中，此时组织在开展各项决策工作或配置资源时均应从这一广义的组织出发，而非仅仅考虑狭义的组织问题。

---

① Amy Edmondson, Bertr and Moingeon, "From Organizational Learning Organization", *Management Learning*, Vol. 29, No. 1, 1998.

② ［美］尼克拉斯亨利：《公共行政学》，项龙译，华夏出版社 2002 年版，第 8—12 页。

③ ［美］里格斯：《行政生态学》，转引自唐兴《里格斯的行政生态理论》，《上海行政学院学报》2000 年第 3 期。

④ ［西班牙］曼努尔·卡斯特：《网络社会的崛起》，转引自陶文昭《政府信息化的组织合作》，《人文杂志》2003 年第 4 期。

⑤ Michael Hammer and Steven A. Stanton, *Reengineering Revolution*, New York: Harper Collins, 1995, pp. 47 – 51.

组织边界也可分为两种类型，一种是固定界限的，另一种则是可变的、可突破的边界，随组织任务的变化而变化。传统官僚制组织模式具有明确的组织边界，组织规模具有确定性，因此组织的职能、组织履行职能的方式等都可以通过显性的、制度化的方式予以明确规定。这种情况在工业经济时代是非常常见的，企业往往有固定的产品生产线、固定班次的工人，组织构成十分稳定，因此组织的自循环与自给自足能力较强。而近年来所发展的各种组织理论，包括学习型组织、整体政府、服务型政府等则更加强调组织的"跨界"沟通与合作，主张地方政府打破组织边界的壁垒，通过跨部门、跨组织、跨层级的合作共同为实现组织目标服务①，在这种情况下，组织的规模将具有更强的柔性，随任务的变化而变化，这也就意味着地方政府组织的边界具有更强的可渗透性，可以突破边界开展所需的各种合作。

从实体与虚拟的角度来看，组织边界既有实体的，也有虚拟的，其中实体的边界主要体现为组织的围墙或组织文件记录的组织范围，而虚拟的组织边界则主要体现为软性的组织文化等，随着信息化的发展和互联网沟通工具的日益发达，实体组织边界的作用越来越有限，而虚拟的组织边界所发挥的作用日益突出，这也是近年来组织文化相关研究与实践迅速发展的主要原因。

（四）组织工作流程

组织的工作流程主要指的是组织完成任务的过程，从类型上可以分为固定工作流程与弹性工作流程两种。其中固定工作流程就是以制度化的方式，将工作的具体流程固化，并形成各个岗位的工作说明书，从而使各个岗位的工作均能以标准化的方式来开展。这种方式的主要逻辑是分工，当组织的任务可以被细分，并且具有较强的重复性时，就可以通过重复性的过程来寻求最佳工作流程方案，并以此为基础对组织成员进行分工，以实现组织效率的提升和产出物的标准化。

---

① 翟磊：《地方政府协同治理的模式与运行机制》，载魏礼群《创新政府治理，深化行政改革》，国家行政学院出版社 2015 年版，第 688—696 页。

这种方式也是工业经济时代的主要工作方式。在固化的工作流程之下，组织的每个部门甚至组织的每位员工都有其固定的工作内容，"各家自扫门前雪"而不需要与其他部门或其他员工开展合作。在这里需要阐明的一个概念是，流水线方式不是一种合作的方式，因为流水线的每一个人只需要完成自己的工作，他可以对其他人的工作毫不知情，也不会影响最终的成果产出。之所以各个环节可以实现很好的衔接，其原因在于流程设计，而非员工的协同。

另一种方式则是弹性工作流程，在工业生产由大批量流水线生产向小批量定制化生产转变，之后再向大规模定制化转变的过程中，完全固化的工作流程就暴露出了其应变能力欠缺的弱点，因此组织开始开展各种类型的流程再造，从而使组织的工作流程更加优化和具有更强的适应性。在信息社会和知识经济时代，创新的不断产生对传统固化的工作流程提出了更强的挑战，其原因是创新活动无法实现流程的固化。因此在当前日益复杂的组织活动和外部环境的共同作用下，组织工作流程的弹性机制以及各部门、各成员间的协同机制日益受到组织的重视。

从政府组织模式的理论研究演进中可以发现，政府的工作流程存在一个"两难"的困境，一方面地方政府希望通过制度化的方式为社会提供更好的、更为标准化的服务，一些地方政府在公共服务领域已经建立了标准化的公共服务平台，当前政府在行政审批领域推行的三份清单，即负面清单、权力清单、责任清单也是在工作流程标准化方面的积极推进。而另一方面，地方政府也面临各种各样的创新，包括管理和服务内容的创新，新形势、新任务等层出不穷，这些对于地方政府而言都是独特性的任务，尚无规范化的实践基础，并且完全规范化的工作流程将会使政府在面临这些独特性任务时缺乏应变能力。这就需要地方政府以弹性的工作流程来完成，因此也就产生了学习型政府、整体政府等的研究。综上所述，如何才能在制度化和弹性之间寻求一个平衡就成为摆在地方政府面前的难题。

二 组织运行机制的内涵

通过对莱维特①和韦斯伯②的组织变革模型的分析与改进，可以得出一个基于资源、人员与事权的三维组织运行机制分析框架。在这一分析框架下，结合地方政府项目导向型组织的结构特征，可以具体提出地方政府组织运行机制变革的着力点，即资源配置—绩效评价—决策方式三个方面（见表1-2）。

表1-2　　　　　　　　　　组织运行机制的构成要素

要　素	特　性	表　现	特　征
资源配置	灵活性	主导方向	横向型
			纵向型
		基本单位	部门化
			任务化
		调整过程	高障碍
			低障碍
绩效评价	规范性	评价指标	固定化
			差异化
		评价过程	标准化
			灵活化
决策方式	集权性	决策团体层次	差异化
			集中化
		决策团体组成	多样化
			单一化

（一）资源配置机制

资源配置问题是经济学研究长期关注的问题，原因就在于组织运

① Harold, J., *Applied Organization Change in Industry*, *Handbook of Organization*, Chicago: Rand McNally, 1965, pp. 1144 – 1167.

② Weisbord, R., "Organizational Diagnosis: Six Places to Look for Trouble With or Without a Theory", *Group and Organization Studies*, No. 1, 1976.

行过程就是一个资源配置过程，资源配置是否合理、有效和高效决定了组织目标是否能够实现。组织资源配置机制可以从三个方面具体分析，即主导方向、基本单位和调整过程。其中主导方向主要探讨的是组织资源配置是以横向为主还是以纵向为主的问题。在官僚制组织模式之下，组织资源配置主要是以纵向为主，即由上级组织决定下级组织的资源配置。而在学习型组织等新型组织模式中，资源配置则以横向型为主，是一个协商的过程，并且以部门合作的方式开展资源运用。

资源配置的基本单位则主要考察组织将资源配置给谁的问题，传统的地方政府组织模式中，资源配置的方式是基于条、块的结构化资源配置方式，从而使资源被分割为小的单元并被不同的条、块组织所掌握。由于资源的"所有"关系相对明确，使得各层级与部门容易产生保护主义[①]。因此为某一项目的实施而开展跨部门的资源配置往往存在较大障碍。传统组织的资源配置往往是基于组织结构划分的，以部门为单位配置资源，而新型组织模式则更强调以任务为单位，打破部门界限进行资源配置。

从资源配置的调整过程来看，传统的资源配置方式由于受到组织部门壁垒的影响，资源一旦完成配置过程，则很难进行调整，各部门也往往具有强烈的资源保护意识而不愿与其他部门共享其资源，但新型组织模式则更加强调资源配置的灵活性和有效性，组织可以在运行的过程中，根据任务的需要对资源配置进行调整与再分配，从而为更好地完成任务服务。

（二）绩效评价机制

绩效评价机制一方面对组织的运行状况和成员为组织工作的努力情况给予评估，从而为组织管理服务；另一方面也可以引导组织成员的行为，以绩效评价为"指挥棒"，使组织成员的行为更符合组织的期望。中国各级地方政府均已建立起一套相对规范化的公务员评价与

---

① 翟磊：《项目带动战略下的地方政府组织变革研究》，《中国行政管理》2013 年第10 期。

晋升制度，但这种评价与晋升往往是基于常规性组织的。

对于绩效评价机制的运行可以从两个方面进行讨论，一是绩效评价指标，二是绩效评价的过程。从绩效评价的指标来看，在理论研究与实践操作中均存在两种不同的倾向，一种认为应当对组织的所有评价对象使用通用的评价指标体系，从而保证绩效评价结果的公正性和可比性；另一种则认为应当结合评价对象的特征以及评价对象的任务差异采用差异化的评价指标，以确保评价结果能更好地反映评价对象的工作绩效。在评价过程方面同样存在两种不同的方式，即标准化和灵活化。标准化的评价过程可以使评价对象更好地适应评价过程，并增加评价过程的透明度，而灵活化的评价过程则强调应根据评价对象所承担任务的特征以及评价对象自身的特征采取更加适合的评价方式。

从中国目前的实践来看，针对独特性任务的评价与晋升机制存在不足。这就使地方政府组织成员在为独特性任务工作的过程中，其绩效评价与晋升面临十分尴尬的境地。从现状来看，其晋升往往有两种选择：一是回原部门并按照原部门的要求进行考核与晋升，由于独特性任务与原部门的工作内容和要求相差甚远，因此按原部门要求考核与晋升的方式显失公平；二是设法将其所服务的临时性组织变为地方政府常设机构，从而在新机构中获得晋升机会，这势必造成地方政府机构的膨胀。

（三）决策机制

决策方式的主要特征体现在集权与分权方面。集权性有许多不同的定义，主要的差别在于对权力分布的理解上。有学者认为集权性指的是相对于整个组织的团体数目而言，参与制定战略决策的团体所处的层次和多样性程度。组织中参与决策的团体的层次和数量越多，集权性就越低。这种观点强调的是在组织中权力得以运用的方式和位置的多样性。也有学者认为集权性是指组织中决策权的位置，当多数决策是按层级次序制定时，这个组织就是集权的；一个分权的单元意味着大多数的决策权被直线管理者授权给下属员工。这种观点强调的是决策的实体，例如在高度专业化的组织中，关于专家能力方面的决策权都下放给专业人士，专家范围之外的领域则可能是集权的。

根据相关学者的观点，可以将集权性描述为做出谨慎决策的正式权力集中在个体、单元或层次的程度。集权性仅与组织中的正式组织结构相关，适用于正式职位性权威。集权指的是最后的决策权，大量限制下属决策的政策实质上提高了集权的程度；集权可以指一个人、单元或层次，但一般指集中在组织的最高管理层次。从组织决策过程来看，当决策者控制决策过程中所有的步骤时，决策是最集权的，当决策者只控制选择被选方案时，组织内的分权程度就很高。有学者认为分权的原因在于决策者个人的有限理性和信息负荷量的限制，也就是说当收集信息和处理信息的负荷量超出管理者的能力极限时，才会分权①。有人认为分权还可以带来以下好处：提高反应的速度；为决策者提供更详细而准确的信息输入；通过允许职工参与决策达到激励员工的效果；使高层管理者摆脱繁杂的日常事务性工作，把精力集中在战略问题上；以及为低层的管理者提供良好的培训机会等。

决策团体的构成与组织结构之间的关系十分密切，传统的地方政府决策团体构成是基于层级与职能的，人员相对固定。这种结构化的决策团体构成与行政管理、行政审批等常规性工作的匹配度较高。但对于各类项目而言，由于任务本身不属于地方政府结构化框架范围，因此其决策往往无法与组织结构的现有框架相匹配②。这就迫使很多决策必须提请组织高层做出，决策时间被迫拉长，导致与许多独特性任务的时间紧迫性之间产生了强烈的冲突。在当前日益复杂的形势之下，应根据决策事项的需要，基于"专家技能"选择决策主体。决策团体层次的差异化和构成的多样化可以提高组织的快速响应能力，通过不同层级决策者对本专业领域的了解来提高资源整合能力和科学决策能力，同时还可以通过使组织成员参与组织决策的方式加强团队成员的合作能力，开展团队建设。

---

① Stephen P. Robbins, Timothy A. Judge, *Essentials of Organizational Behavior*, New Jersey: Prentice Hall, 2011, pp. 54 – 55.

② 翟磊：《项目带动战略下的地方政府组织变革研究》，《中国行政管理》2013 年第10 期。

第三节 地方政府组织结构与组织
任务间的匹配关系

组织变革理论从本质上来看与达尔文的进化论具有相似之处，认为组织没有一成不变的固定模式，也没有所谓的"最好"，组织必须跟随时代的发展不断地进行组织变革，以使组织与外部环境之间、组织与内部构成部分之间具有更强的适应性。现代组织中有效领导的关键标准之一是促进组织适应的过程，一流的领导者必须学会对社会变革、经济变革和政治变革做出预见并且要学会利用这些重要变革①。从这个意义上来分析中国地方政府组织结构变革问题，就需要将组织所面临的环境、组织的任务与组织结构联系起来，以变化的眼光来看待三者之间的匹配关系。组织的存在是为了通过完成组织任务来实现组织目标，组织模式是组织完成各项任务的依托，因此组织模式从本质上来说是根据组织的任务而设计和建设的。并且组织模式对组织任务的实现和组织的环境也具有反作用，可以通过组织模式的变革去引领社会变革②。

依据钱德勒的观点，以单个企业的历史发展为线索，企业组织模式的演变体现为鲜明的阶段性特征③。与企业相类似，一个国家的政府组织模式的演变也具有鲜明的阶段性特征，且政府组织模式的阶段性与该国家或地区的公共组织环境的发展变化有着密切的相互联系，不同的环境特性对政府组织有不同的特质要求。公共组织环境是指公共组织之外所有能够直接或间接地对组织的存在产生影响的因素的总和。政府组织必须正确地理解环境和对环境作出反应，因此环境的不断发展变化决定了政府组织的变革是社会历史发展的必然选择。各个不同时期的政府组织模式发展历程如表 1 - 3 所示。

---

① 参见［美］弗雷德·里克森《新公共行政》，丁煌等译，中国人民大学出版社 2011 年版。
② 张康之：《组织模式变革是社会变革的先导》，《江苏行政学院学报》2015 年第 2 期。
③ 常清：《企业组织模式的演变及发展趋势》，《经济论坛》2005 年第 13 期。

表 1 - 3　　　　　　　不同历史时期的政府组织模式发展历程

	政府职能	政府组织理念	政府组织结构	政府组织特征
农业社会	统治	融合型政府	等级制	等级划分分工少
工业社会	守夜人	官僚型政府	科层制	职能部门少、层级少
	全能型政府			职能部门扩张、层级增加、规模扩大
	有限政府			职能部门压缩、私有化规模缩小
信息社会	企业家	企业家型政府	没有特别建议	分权、竞争
	提升政府绩效	学习型政府	没有特别建议	网络化、虚拟化
	服务	服务型政府	没有特别建议	扁平化、柔性化、有弹性

由表 1 - 3 可见，在不同时期，政府的组织模式所体现出的特点是不同的，且呈现出较为明显的规律性。

一　农业社会与等级制政府组织模式

在农业社会中社会结构是混沌不分的。它以农业为经济基础，没有明确的、细致的社会分工，与之相适应的行政行为与其他行为都是混杂在一起的，因此早期建立在农业社会基础上的政府等级制具有强烈的专制性和人治色彩。行政生态学创始人弗雷德·W. 里格斯（Fred W. Riggs）[①] 认为：与农业社会相适应的是融合型行政组织模式，由于没有专业化的行政机构，因而行政效率比较低下。

这种等级制的政府组织模式不强调政府组织内的分工，而更多地使用以辖区的范围划分政府官员等级的方法。例如中国漫长的封建社会的各县、州、府等各级政府组织的设置，这种政府组织模式通过等级之间的层层管辖来实现对国家或地区的管理。随着社会的发展，农业社会的等级制政府所维护的"人生而不平等"的贵族权力带来了诸如"政党分肥制"等弊端。

----

① Fred W. Riggs, *The Ecology of Public Administration*, New York：Asia Publishing House, 1961, p. 78.

二 工业社会与官僚制政府组织模式

官僚制是在19世纪中期以后引入政府组织的，是西方国家经历从农业社会向工业社会的转变过程中一次重大的政府组织变革。在工业社会，行政组织作为整个社会组织系统中最大的子系统，主要职能是开展周而复始的日常行政管理活动，因此这种社会要求按照分工和分层去构建各种科层制组织①。换言之，现代政府基本上都是集权的金字塔形组织体系，以庞大的、严密的组织结构维持着对整个社会的控制。以层层节制的中层管理人员承上启下，以达到相互沟通与交流的目的。在韦伯看来，这种组织体系从纯技术的观点来看最符合理性原则，其效率是最高的；它在精确性、稳定性、纪律性和可靠性等方面优于其他组织形式。官僚制的上述特征是与工业社会的经济发展水平以及相对稳定的社会结构相匹配的，而且和整个工业革命建立在精密科学基础上的时代精神相一致，极大地推进了西方国家的工业化进程②。欧文·E. 休斯（Owen E. Hughes）③ 在分析传统官僚制的基础上，认为传统的官僚制是随着工业发展的特殊时期应运而生的，其体系和技术都与早期的工业时代相吻合，传统模式在它产生的那个年代可能是一种极大的进步。

从工业社会发展的总体来看，政府的组织模式始终为官僚制，而与其对应的政府组织结构为科层制组织结构，其间随着经济发展的波动以及学者们对政府职能的讨论，政府的组织结构在科层制的框架下进行了一系列的调整，主要表现为以下三个阶段。

（一）第一阶段

主要是在20世纪30年代以前，即自由资本主义时期，普遍推崇自由放任的经济政策，充分肯定市场的作用，把政府的作用限制在狭小的范围之内，只发挥"守夜人"的作用。最典型的代表是亚当·

---

① 杨冠琼：《科层化组织结构的危机与政府组织结构的重塑》，《改革》2003年第1期。

② 汤敏轩、李习彬：《官僚制的历史分析与中国政府的现实选择》，《宁波党校学报》2004年第6期。

③ Owen E. Hughes, *Public Management and Administration* (2nd. edition), London：Macmillan Press Ltd., 1998, p. 152.

斯密，在其《国民财富的性质和原因的研究》一书中，把政府职能限定在三个方面：一是"保护本国的社会安全，使其不受其他社会的暴行与侵略"；二是"保护人民不使社会中任何人受其他人的欺侮和压迫"；三是"建设并保护某些公共事业及某些公共设施"。① 这一阶段，政府的组织结构层级少，规模也相对较小。

（二）第二阶段

主要流行于 20 世纪 30 年代至 70 年代。1929—1933 年世界性经济大危机促使凯恩斯主义、美国制度学派、瑞典斯德哥尔摩学派等政府强干预理论的成长。特别是苏联社会主义"全能政府"的示范效应，更强化了这方面理论的影响。最具代表性的理论是凯恩斯学说：认为政府不加干预的市场经济会产生有效需求不足，出现周期性危机，需要政府采取积极措施来加以清除和弥补。他主张加强政府干预经济的力度。② 在这一阶段，政府的组织结构趋于膨胀，层级增加，政府部门设置增加，政府规模扩大。

（三）第三阶段

主要是在 20 世纪 70 年代，由于石油危机触发了经济滞胀和高失业率，当时英国的国内生产总值一落千丈，通货膨胀达到 10%，而且还在进一步加剧。公共税收停滞不前，公共支出不断增加，而公共服务质量日益下降。政府消费占 GDP 的 44%。在美国，民众对政府的态度以冷嘲热讽为多，"抨击官僚"成为时尚，"政府死亡了吗"成为流行的口号。不相信美国政府大部分时间秉公办事的百分比，从 1958 年的 23% 增加到 1980 年的 73%。③ 类似问题在英国也同样存在。如 1979 年英国公民对政府满意的仅为 35%，不满意的高达 54%。④ 凯恩斯主义理论一时难以解决，导致自由主义经济思想卷土重来。在这种情况下，迫使撒切尔内阁走上了缩小政府规模、私有

---

① ［英］亚当·斯密：《国民财富的性质和原因的研究》，商务印书馆 1974 年版，第 254—284 页。

② ［美］凯恩斯：《就业、利息和货币通论》，商务印书馆 1963 年版，第 110 页。

③ ［美］史蒂文·凯尔曼：《制定公共政策》，商务印书馆 1990 年版，第 1—2 页。

④ 左然：《当代国际公共行政的发展与改革》，《中国行政管理》1997 年第 10 期。

化、提高公共服务效率和质量与减少预算赤字的改革之路。

近年来，对于传统科层制政府组织的讨论集中于对科层制与现代经济社会发展的不适应性方面，威廉·尼斯卡宁（William Niskanen）等西方①学者就西方发达国家的发展情况与官僚型政府的科层制组织结构之间存在的问题进行了讨论，认为新的发展是对科层制政府的严峻挑战。知识经济时代下的全球化、网络化发展使得各国政府所面临的问题日益呈现出复杂性的特征，具体表现在以下几个方面：第一，问题之间相互交叉、相互影响，并且各类问题还可能存在目标的冲突，例如经济发展与环境保护；第二，影响的范围具有广泛性和波及性的特征，例如核泄漏、毒品犯罪等；第三，问题的发展具有不确定性，例如经济危机带来的一系列深远影响等。这些复杂性问题的产生与发展要求政府不断地更新知识与能力，在这种情况下，科层制组织结构在应变能力和学习能力等方面存在的不足日益暴露出来。

帕特里克·邓利维（Patrick Dunleavy）等学者提出对于发展中国家来说，发展过程的高度时空压缩使问题更加严重。发展中国家在面临发达国家当前所面临的所有问题的同时，还必须面临那些历史上曾经出现并已经被发达国家有效处理的社会问题。也就是说，发展中国家需要同时面临西方国家从守夜人到现代福利国家历时 300—400 年间所处理过的所有问题的冲击②。

国内许多学者也对这一问题进行了探讨，杨冠琼③通过论述知识

---

① William Niskanen, *Bureaucracy and Representative Government*, Chicago：IL Aldine-Atherton, 1971, p. 112；A. Downs, *Inside Bureaucracy*, Boston：MA Little, Brown & Co. , 1967, p. 58；H. Kaufman, *Time. Change and Organization*, Chatham NJ：Chatham House, 1985, p. 122；D. Mueller, *Public Choice* Ⅱ , Cambridge：Cambridge University Press, 1989, pp. 28 – 34；A. Dunsire and C. Hood, *Cutback Management in Public Bureaucracies*, Cambridge：Cambridge University Press, 1989, pp. 7 – 10；L. B. Hill, *The State of Public Bureaucracy*, New York：Armonk, 1992, p. 27；R. Rose, *The Challenge to Governance：Studies in Overloaded Politics*, London：Sage, 1980, pp. 34 – 36；E. Etzioni-Halevy, *Bureaucracy and Democracy：A Political Dilemma*, London：Routledge & Kegan Paul, 1983, pp. 87 – 89.

② Patrick Dunleavy and Christopher Hood, "From Old Public Administration to New Public Management", *Public Money and Management*, No. 3, 1994.

③ 杨冠琼：《科层化组织结构的危机与政府组织结构的重塑》，《改革》2003 年第 1 期。

经济时代竞争优势基础的变迁和社会结构的转型，从政府面临问题的共时性、非结构化特征，政府之间的效能竞争、先进管理机制与方式的本土化困难，以及社会组织结构的日益网络化等问题出发，详细论述了科层化政府组织结构面临的危机；黄文菊①、赵蔚②、徐晓波③、江涛④等从信息社会的特点与要求的角度探讨了科层制政府组织结构的危机；田俊⑤、刘邦凡⑥等从中国行政改革的角度探讨了科层制存在的问题；还有一些学者希望通过对传统的科层制进行改进从而适应现代经济与社会的发展⑦。从他们的研究中可以得出如下基本结论：传统科层制已无法适应新的时代要求，主要问题体现在如下几个方面：层次多、机构设置僵化、重复、效率低、摩擦大以及存在信息孤岛等。经济与社会的不断发展对马克斯·韦伯的"理想的官僚组织体系"的观点提出挑战。但毫无疑问的是它也存在许多固有的缺陷，并且随着客观条件的变化，这些缺陷越来越明显，从而使体系本身逐渐陷入僵化状态。

三　知识经济与政府组织模式的百花齐放

知识经济是以创新为主要特征的社会形态，而创新的领域则覆盖经济社会发展的各个方面。创新以其多样化的表达方式带来了整合社会的复杂性和不确定性，并且这种复杂性和不确定性是之前任何一个时代都无法与之比拟的，因此有学者提出在这种情况下，20世纪的组织理论已经完全不能在当前的组织建构活动中发挥理论指导作

---

① 黄文菊：《政府信息化对传统科层制组织的冲击》，《行政论坛》2003年第5期。

② 赵蔚、庞娜：《论电子政府的价值内涵》，《山东社会科学》2005年第3期。

③ 徐晓波：《电子政务背景下的科层制》，《武汉科技学院学报》2006年第11期。

④ 江涛、陈红：《"科层制"理论在网络时代的再思考》，《研究与探讨》2007年第10期。

⑤ 田俊：《借鉴与超越：科层制对于中国行政体制改革的理性辨析》，《云南行政学院学报》2005年第4期。

⑥ 刘邦凡、李宏宇：《关于科层制和中国行政改革的一点思考》，《石家庄经济学院学报》2003年第3期。

⑦ 阚样才：《试论中国现代科层制的建构》，《科技进步与对策》2004年第8期。

用①。这种高度复杂性也就带来了理论研究的多元化，这一时期出现了许多新的政府组织模式理论。

（一）企业型政府组织模式

由于科层制政府组织模式与知识经济时代的需求存在较强的不适应性，学者们进行了大量的对政府新型组织模式的研究。戴维·奥斯本（David Osborne）等在《改革政府：企业精神如何改变着公营部门》一书中，通过对美国地方政府改革成功经验的总结将企业型政府理论归纳为"十大特征"：起催化作用的政府、竞争性政府、有使命感的政府、讲究效果的政府、受顾客驱使的政府、有事业心的政府、分权的政府、社区拥有的政府、有预见的政府、和以市场为导向的政府②。然而在理论界，企业型政府模式远不像它在实践中那样得到如潮的好评，相反，得到的大多是怀疑、挑剔、指责，甚至是激烈的批评③。德怀特·沃尔多（Dwight Waldo）④、加里·万斯莱（Gary Wamslay）⑤、欧文·E. 休斯（Owen E. Hughes）⑥等从政府的公共性角度质疑了企业管理理论移植于政府管理的可行性；张成福⑦等对新制度经济学应用于政府组织管理提出了质疑；张成福等⑧从企业型政府容易导致腐败等问题的角度提出了质疑。由上述分析可以看出，对

① 张康之：《组织模式变革是社会变革的先导》，《江苏行政学院学报》2015 年第 2 期。

② ［美］奥斯本、盖布勒：《改革政府：企业精神如何改变着公营部门》，上海译文出版社 2006 年版，第 6 页。

③ 孙学玉：《理论界对企业型政府模式的诘难》，《江苏行政学院学报》2006 年第 5 期。

④ Dwight Waldo, Hugh T. Miller, *The Administrative State*, New York: Holmes and Meier Publishers, 1948, pp. 104 – 107.

⑤ ［美］加里·万斯莱等：《公共行政与治理过程：转变美国的政治对话》，段钢译，《中国行政管理》2002 年第 2 期。

⑥ Owen E. Hughes, *Public Management and Administration* (2nd. edition), London: Macmillan Press Ltd. , 1998, p. 301.

⑦ 张成福：《公共行政的管理主义：反思与批判》，《中国人民大学学报》2001 年第 1 期。

⑧ 张成福、党秀云：《公共管理学》，中国人民大学出版社 2001 年版，第 55—58 页；Allison, Graham T. , "*Public and Private Management: Are They Fundamentally Alike in All Unimportant Respects?*", in Shafritz, Jay M. , Jr. ; Albert C. Hyde, *Classics of Public Administration*, Belmont, CA: Wadsworth Publishing Company, pp. 383 – 400.

于企业型政府的研究尚以其特征与可行性的探讨为主，而缺乏深入的对这种政府的组织结构与组织行为的研究。

（二）学习型政府组织模式

另一种探讨较多的政府组织模式为学习型政府，这方面的研究是在彼得·圣吉的学习型组织这一概念提出后出现的。有学者认为将新的组织管理理论——学习型组织理论与行政组织的创新问题联系起来，提出建设学习型政府的观点，充分体现了知识经济时代对组织管理模式变化的要求[①]。对于学习型政府组织的建设问题，学者们也进行了很多的探讨，但总体都是基于彼得·圣吉所建构的五项修炼的逻辑框架之下的丰富和细化，并未就这种组织模式的具体组织结构等问题进行研究。但可以发现的是，学习型政府组织的组织结构中具有更强烈的"横向型"组织特征，而非纵向金字塔形的组织结构。

（三）服务型政府组织模式

在服务型政府的概念提出后，中国学者侯玉兰[②]、张康之[③]、刘熙瑞[④]等结合中国国情对服务型政府的定义与内涵进行了探讨，认为服务型政府是在公民本位、社会本位理念指导下，在整个社会民主秩序的大框架下，通过法定程序，按照公民意志组建起来的以为公民服务为宗旨并承担着服务责任的政府。谢庆奎[⑤]、刘祖云[⑥]、胡兵[⑦]等从服务型政府的原则、理念与组织方式的角度探讨了服务型政府的框架，认为服务型政府是民主政府、有限政府、法治政府、责任政府、

---

① 陈敬德、安许英：《创建学习型政府——观念挑战与制度创新》，《福州党校学报》2003 年第 1 期。
② 侯玉兰：《论建设服务型政府：内涵及意义》，《理论前沿》2003 年第 4 期。
③ 张康之：《限制政府规模的理念》，《行政论坛》2000 年第 4 期。
④ 刘熙瑞：《服务型政府——经济全球化背景下中国政府改革的目标选择》，《中国行政管理》2002 年第 7 期。
⑤ 谢庆奎：《服务型政府建设的基本途径：政府创新》，《北京大学学报》（哲学社会科学版）2005 年第 1 期。
⑥ 刘祖云：《"服务型政府"价值实现的制度安排》，《江海学刊》2004 年第 3 期。
⑦ 胡兵：《服务型政府异化的学理原因分析》，《湖北社会科学》2005 年第 7 期。

绩效政府。在此基础上，服务型政府的组织结构应当是柔性化、扁平化的政府组织结构，而在政府的行为模式，即用权理念上，服务型政府是责任政府，其责任取向是对人民负责，它不同于追求向上负责和对规则绝对服从的传统责任政府①。对上述文献的整理可以发现，有关服务型政府的研究目前也多是从理念的角度开展的，对组织结构等的相关分析仍然是特征性和趋势性的。

（四）整体政府组织模式

整体政府是由英国于 1997 年提出并开始实施的，其目的在于改变新公共管理理论下政府各部门提供服务的碎片化方式，促使政府各部门间、政府与其他组织间以协同的方式共同提供公共服务②。整体政府的核心关键词就是协同，包括各个层面的协同，可以是一个小组、一级地方政府、一个政策部门，还可以是不同层级政府之间，甚至可以是政府与政府以外的组织。从结构功能主义和政府治理工具的视角看，"整体政府"通常被看成一种有意识的组织设计或机构重组。在英国于 1999 年颁布的《现代化政府白皮书》中，制定了一个实施"整体政府"改革的框架，主要内容包括五个方面③：改进政策制定、回应性的公共服务、提高公共服务质量、建立信息时代的政府以及重视公共服务的价值。与整体政府理念非常接近的还有学者们提出的"合作政府""协同政府"④ 等，但是同样可以发现，该领域的研究缺乏组织结构、组织运行机制等实际操作领域的研究成果。

（五）政府组织模式创新的类型

美国政治学家盖伊·彼得斯（B. Guy Peters）提出了政府创新较有影响力的四种模式：市场化政府、参与式政府、弹性化政府和解制

---

① 杨磊、马岩巍：《服务型政府理论研究综述》，《湖北行政学院学报》2006 年第 6 期。

② 周志忍、蒋敏娟：《整体政府下的政策协同：理论与发达国家的当代实践》，《国家行政学院学报》2010 年第 3 期。

③ 曾维和：《西方"整体政府"改革：理论、实践及启示》，《公共管理学报》2008年第 4 期。

④ 蒋敏娟：《从破碎走向整合——整体政府的国内外研究综述》，《成都行政学院学报》2011 年第 3 期。

型政府①（见表1－4）。

表1－4　　　　　四种类型的政府组织模式的比较分析

	市场式政府模式	参与式政府模式	弹性化政府模式	解制型政府模式
主要诊断	垄断	层级节制	永久性	内部管制
结构	分权	扁平组织	虚拟组织	没有特别的建议
管理	按劳取酬；运用其他私人部门的管理技术	全面质量管理；团队	管理临时雇员	更多的管理自由
决策	内部市场；市场刺激	协商；谈判	体验	企业型政府
公共利益	低成本	参与；协商	低成本；协商	创造力；能动性

　　从上述模式的分类可以看出，这些模式都是与新的复杂形势相适应的，而非在传统官僚制组织模式基础上的修补。这也充分证明了在当今复杂形势之下地方政府组织模式研究的百花齐放之势。这些概念的提出进一步证明了在新形势下开展组织模式变革的必要性。在这些研究的基础上，需要进一步结合中国的实际情况找出适合的组织模式，并对其特征、构成及具体操作化路径进行深入研究。

---

① ［美］盖伊·彼得斯：《政府未来的治理模式》，中国人民大学出版社2001年版，第23页。

第二章

三维框架下的服务型地方
政府任务结构分析

国内外学者从不同角度分析了地方政府组织变革的动因，有学者将其归纳为外部环境的影响，认为经济全球化、社会信息化、政治多元化的出现和发展是政府组织变革的根本原因①；有学者从技术的角度探讨了地方政府组织变革的动因，认为电子信息技术的冲击是促使地方政府变革的主要因素②；有学者从地方政府组织内部进行归因，认为政府的效率低下以及成本过高是政府变革的主因③；还有学者提出了以组织变革促进组织发展，即认为组织变革可以先于内外部环境变革发生并对其他领域的变革起到引领作用④。无论从哪个角度进行归因，这些推动组织变革的因素与组织变革之间都有一个中介变量，即组织面临的任务，在内外部环境的共同作用之下，组织所需要完成的任务结构发生了变化，因此完成任务的主体及其结构需要与组织的任务相适应。

从市场经济领域来看，工业生产型企业的任务往往是机械化的大

---

① Kenan Patrick Jarboe, "Globalization: One World, Two Versions. Globalization and Social Governance in Europe and United States", *Working Paper of the European Commission*, 1998, p. 1.

② Alfred Tat-Kei Ho, "Reinventing Local Governments and the E-Government Initiative", *Public Administration Review*, July/ August 2002.

③ David Osborne, "Reinventing Government", *Public Productivity & Management Review*, Summer 1993.

④ 张康之：《组织模式变革是社会变革的先导》，《江苏行政学院学报》2015 年第 2 期。

批量、重复性生产活动，这就需要具有较强的分工与整合能力的科层制组织结构作为支撑；而对于创新型组织而言，其任务则是独特性、创造性的，这就需要具有更强协同能力和信息沟通能力的组织结构作为支撑。因此在探讨地方政府组织模式变革时，应当首先对当前服务型地方政府的任务结构进行分析，从而通过任务结构的变化寻找更加适合的组织模式进行支撑。

第一节　"管理—服务"与政府职能转变

服务型政府概念的提出是与管理型政府相对应的，传统上中国地方政府的任务结构是以"管理"为主，包括各类行政审批、行业与区域管理、行政执法等，而服务型政府则以提供各类服务为主，这种转变将改变地方政府的职能，而职能是具体任务结构的基础，职能转变在具体操作层面的表现就是任务结构的改变。

一　服务型政府影响地方政府职能的三个根本转变

服务型政府理论的提出意味着中国地方政府必须开展三个方面的根本转变。

（一）地方政府主体地位：由"牵头"转变为"搭台"

地方政府由主导者变为支持者，也就是对"官本位"思想的改变。在理论研究领域始终存在有关"强政府"与"弱政府"之争，或者"大政府"与"小政府"之争，这些研究多从政府组织规模、政府职能的内容等方面对中国地方政府进行探讨，但究其根本，这些都不是服务型政府理论的基本出发点，服务型政府不在于政府规模的大小，或者政府自身的强弱，而在于政府与市场、社会之间地位的转变。传统地方政府在地区经济社会发展中始终处于核心地位，通过行政的手段干预区域、产业和社会的发展。

在这一过程中使用的工具主要是两类：第一类是政策工具，通过给予特殊的政策扶持来实现政府对区域发展的领导；第二类是政府投资，依靠政府强大的财政支持，或通过国有企业进行直接投资，或通过财政拨款或项目资金支持等方式为市场和社会间接提供资金支持。必须承认政府的主导在过去的三十年中确实为中国的经济社会发展提供了强大的动力，与此同时带来的一些问题也必须客观面对。以光伏产业的发展为例，中国电子材料行业协会2009年给国家发改委的一份行业报告显示，中国多晶硅总规划产能共计到2010年将超过10万吨，这些产能将超过全球需求量的2倍以上①。造成该产业产能过剩的原因之一与中央政策对光伏产业的支持有关，从西部到东部、从内陆省份到沿海地区，中国数十个城市都在打造光伏产业园，很多地方都提出了打造千亿级光伏、多晶硅产业园的目标。

服务型地方政府是对政府地位的调整与转变，地方政府将通过转变职能，处理好政府与市场之间关系等方式对之前"越位""错位""缺位"之处进行改革与调整。根据权变领导理论，地方政府正在由主导型向支持型转变，即由"牵头"转向"搭台"。

（二）地方政府行为导向：由"长官意志导向"转变为"顾客导向"

行为导向问题也是评判标准问题，是"指挥棒"在谁手里的问题。受到长期"官本位"思想的影响，地方政府及其官员的绩效评价通常是由上级领导决定，并且长期受到唯GDP论英雄的影响。在这种情况下，地方政府官员的行为往往是"长官意志导向"的。因此在各级政府的实际工作过程中，"人走政稀"的现象屡见不鲜，官员一旦离职，由其主导的政策容易发生变动②，很多政策措施正是因为缺乏连续性而对地方经济社会发展产生了负面影响。

由于服务型政府是以服务的方式开展各项工作的，而服务本身是以顾客为导向的，基于顾客的需求提供顾客需要的服务，因此服务型政府将地方政府的行为转变为"顾客导向"。这种变化集中体现在地

---

① 李晓辉：《中国太阳能多晶硅行业总体产能超全球需求两倍》，《东方早报》2009年10月30日。

② 柯尊清、蒋晓艳：《公共政策运行的连续性探析》，《辽宁行政学院学报》2015年第1期。

方政府绩效评估领域，目前各地方政府在绩效评价指标体系中基本都加入了公众满意度的评价，只是在评价方法和指标权重方面略有差异。从评价方法上，有通过报纸等平面媒体发放与回收问卷、邮寄问卷与电话访谈等不同的方式，在指标权重方面，总体上以 30%—40% 居多，虽然评价方法上尚存在很多不尽如人意之处，但顾客导向的趋势却能明显地体现出来。还有学者从更为广义的"公众满意"视角，研究了以"幸福指数"评价地方政府绩效的问题①，这种观点更进一步削弱了长官意志在地方政府行为中的作用，而将顾客感受作为对地方政府绩效评价的唯一标准。

行为导向的转变是地方政府价值观取向的转变，是从唯上级命令向进一步提高公众满意度转变，这种变化必将影响到地方政府的行为和任务结构，也将进一步提高地方政府政策的连续性。

（三）与其他主体间关系：由"领导型"转变为"合作伙伴型"

在学术界，政府与社会之间的关系基本上可以归纳为四种情况：第一，强政府、弱社会；第二，强社会、弱政府；第三，弱政府、弱社会；第四，强政府、强社会。传统上中国是属于强政府、弱社会型，许多在美国等发达国家由非营利组织和私人提供的服务在中国都是由政府提供的，政府在社会管理领域存在与经济领域类似的既"掌舵"又"划桨"的问题。地方政府与企业、社会组织及公众的关系主要是领导与被领导的关系，这样的结构一方面给地方政府造成了沉重的压力，另一方面也制约了市场和社会主体的发展。

服务型政府的建设则将发展的空间更多地留给了市场和社会主体，政府在这一过程中，承担搭台的职能。2013 年通过的《中共中央关于全面深化改革若干重大问题的决定》中，提出深化改革的"核心问题是处理好政府和市场的关系，使市场在资源配置中起决定性作用和更好发挥政府作用"，这一表述明确了政府与市场之间的关

---

① 李军：《以幸福指数为导向的地方政府绩效评估指标体系分析》，《理论学刊》2013 年第 7 期。

系。关系的调整将地方政府与市场和社会主体置于同等地位，这种身份和地位的变化使地方政府与市场、社会主体的合作具备了基本的基础。在美国，政府将许多"划桨"的职能交给非营利组织，根据美国法律，其非营利组织包括150多种类型，覆盖的领域非常广泛。美国还有84800个行业协会，非营利组织的服务在全部社会服务中的比例相当高，几乎占所有社会服务的一半，甚至更高①。然而美国的模式对于转型期的中国来讲并不完全适用，在当前中国各类社会组织发展尚不完善的阶段，因此政府支持和鼓励各类社会组织建设的作用仍应得到充分凸显，在社会组织发展的基础上，形成政府与市场、社会组织"共强"的格局，来解决中国转型期所面临的各种社会问题，进而与市场、社会主体建立起合作伙伴关系，以协商、协同的方式共同促进地区发展。例如，杭州市通过多方联动培育社会复合主体的模式，积极鼓励和推进党政界、知识界、行业界、媒体界等社会主体之间的互动，以满足社会多元化要求。

二 服务型地方政府带来的政府职能转变

基于上述三个根本转变的阐述，可以看出服务型地方政府不仅仅是一个理念转变，而是地方政府的整体性变革。其中职能转变是指导地方政府开展具体工作的基础，根据服务型政府的要求，地方政府应从以下几个方面实现地方政府职能的转变。

（一） 与地区发展相适应的政府职能"进退结合"

"转变"政府职能的具体含义既不是扩大，也不是缩小政府职能的问题，或者说既不是"大政府"也不是"小政府"，而应当结合经济发展的实际情况采取"进退结合"的方针，具体包括以下三个方面。

第一，实现政府职能向社会管理与公共服务的倾斜，重点包括三个方面：其一，政府职能向公共管理倾斜，包括建立健全城乡一体化进程中社会管理和公共服务体制问题；收入分配体制改革中效率和公

---

① 翟磊：《建立社会管理多元主体间的合作伙伴关系》，《杭州》2012年第3期。

平的协调问题；混合所有制社会格局下政府的有效社会管理和调控问题；社会事业、收入分配、社会保障、统一劳动力市场等领域的体制性障碍问题。其二，整合资源实现社会复合主体管理，将政府所承担的技术性、服务性、协调性工作，从政府职能中分离出去，交给社会中介组织、社会公共服务组织和社会自治组织。特别是要大力发展和规范社会中介机构和行业协会，增强社会自我管理的能力，构筑政府与社会共同治理的模式。其三，提供公共产品和服务，将地方财政投入的重心转向公共基础设施建设、生态建设、环境保护、基础教育、医疗卫生、社会福利和社会保障上来，建立健全公平公正、惠及全民、水平适度、可持续发展的公共服务体系，推进基本公共服务均等化。

第二，政府对经济干预的"以退为进"，具体来说，一是尽可能减少政府生产经营性投资，把财政收入更多地投向教育、医疗、社会保障和基础设施等公共产品的供给上。在市场经济领域，相对于民间投资而言，政府资金使用者的利益，与资金的使用收益并无直接的利益关系，因此必然无法与民间投资那样，做到斤斤计较、精打细算，造成效率低下、重复建设严重、浪费严重，并且还会导致对民间资本的挤出效应。二是要进一步缩小国有经济战线，国有经济要逐步从竞争性领域退出，向民营经济不愿、不能、不宜的领域集中。三是减少政府在招商引资中的业务性职能，包括招商引资的谈判、选址等，一些地方政府为实现地区经济跨越式发展和增加产值的目标，大搞招商引资活动，招商引资已经成为政府最大的政绩工程，各级政府招商引资的"门槛一降再降，成本一减再减，空间一让再让"，区域间招商引资的竞争逐渐演变成低水平的让利竞赛，大大损害了社会公众的利益。四是随着要素市场的逐步完善，渐进式地减少政府对于土地、能源、资本等要素的直接配置职能，现在各级政府在土地、信贷等资源配置中仍然有过大的权力，这些权力通过项目审批、信贷干预、减免税收、封锁市场等形式表现出来，使市场在资源配置中的决定性作用不能顺畅发挥。

第三，政府宏观管理的"先进后退"，具体讲要努力发挥好三种职能：一是战略引导职能；二是平衡协调职能，即保障社会总需求和总供给的平衡，逐步缩小区域差距等；三是保护职能，即合理保护市场与社会主体的合法正当权益。

（二）规范主体间关系实现"监管均衡"

地方政府职能转变并非地方政府的"独角戏"，在职能转变的过程中，需要通过建设和规范各类主体的运行，发挥各自的作用。其中最为关键的步骤即为"管办分离""政社分离"与"事企分开"。应合理划开政府、企业、事业单位和社会中介机构的职能，明确各自的事权，规范彼此的职能。即从"越位"的领域退出，使原先"缺位"的方面得到加强，把属于政府的职能还给政府，政府要加强宏观调控、社会管理、公共服务等方面的职能，把属于企业的经营自主权还给企业，实现政企分开，使企业成为市场主体，把属于市场调节的职能转移给市场，充分发挥市场在资源配置中的决定性作用，把属于社会性、公益性和服务性的职能交给事业单位和社会中介组织，培育和加强社会自我管理、自我服务的自治能力。通过上述改革与调整，政府、企业、社会三个主体的职能将更为明确，且相互交叉的问题将得到较好解决，从而使三个不同主体能够站在各自的立场上，差异化地发挥各自职能。必须要减少对市场机制的直接干预，切实把政府经济管理职能转到主要为市场主体服务和创造良好的发展环境上来，要深化行政审批制度改革，国家只审批关系经济安全、影响环境资源、涉及整体布局的重大项目、政府投资项目和限制类项目。其他项目由审批制改为备案制，由投资主体自行决策，依法办理有关手续。对必须审批的项目也要规范程序，减少环节，提高效率，加强监管。

在建设与规范各类主体的基础上，地方政府应强化监督职能实现"监管均衡"。地方政府应当加强对市场秩序的监督，包括法律监督和政府部门监督，实现对市场活动和微观主体的保护。但中国政府在这方面的职能转变始终未能到位，根据上海美国商会对中国营商环境的调查显示，监管环境不明确、合同执行困难和税收征管被列为美国在华投资企业 2014 年在监管方面面临的前三大挑战[①] (如图 2-1 所示)。政府应当进一步加强各种市场法规的制定，并加强执法监督力度。政府部门对经济的监督主要是指政府部门通过主动行使职权对经济运行、价格、食品安全、生产安全、金融安全等方面的监督职能，同时加强审计与税收监督职能，保障经济运行的稳定。

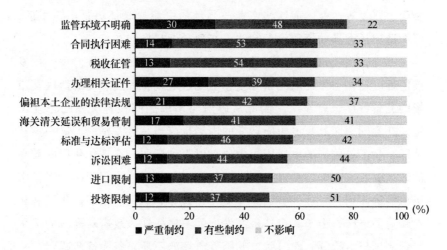

图 2-1 美国在华投资企业在中国面临的监管挑战

（三）经济发展不均衡条件下政府职能转变应具有差异性

从中国当前的经济发展情况来看，存在明显的不均衡性，其中有些不均衡是具有共性特征的，包括投资与消费的结构性矛盾、三次产业发展的结构性矛盾等，也有一些具有个性特征，包括资源禀赋的差别、现代化进程的不同以及城乡差异等，这些个性特征决定了不同地方政府的职能转变应当是差异化的。

第一，资源禀赋差别带来的转变政府职能的差异性。在中国不同的地区，资源禀赋的情况不同必然对其经济发展的路径、产业结构以及经济增长速度等产生影响，因此在转变地方政府职能的过程中，首先要对本地区的资源禀赋情况加以分析，并确定与自身资源禀赋优势

---

① 上海美国商会研究报告：《2015 中国商业环境》，2015 年。

相适应的发展目标与发展路径。与此同时，也要根据未来的发展目标与路径确定其政府职能转变的具体内容，绝不可"东施效颦""人云亦云"。例如中国在 2005 年，全国有 183 个城市提出建"现代化国际大都市"的目标，占城市总数的 27%，30 多个城市提出要建中心商务区①，为此，许多城市效仿伦敦、上海等城市的经验，大力发展金融、研发等产业，而这些产业与当地的资源禀赋优势是不匹配的，因而造成了大量的资源浪费却并未实现预期目标。

第二，现代化进程不同带来的转变政府职能的差异性。现代化发展的程度往往与市场的完备程度相匹配，现代化程度越高的地区其市场的完备程度也就越高。因此从政府与市场之间互补关系的角度出发，在不同地区其政府职能转变的内涵也应当是有差别的，这一点从美国、日本等国家的发展历程中也可以得到证明。在现代化程度较高的地区，政府职能转变应当更加弱化政府对经济的管制职能，强化市场机制的作用，发展社会保障、文化建设等职能；而在现代化发展相对滞后的地区，由于其市场机制发展的不完备性，政府对经济的干预与管制则仍将持续一段时间，并随着市场的不断完备而逐步减弱。从以上分析可以得出一个重要的结论，即一个地区转变政府职能的过程是分阶段的、循序渐进的，不能搞"一刀切"，在不同的经济社会发展阶段，政府的职能应本着与经济社会发展相匹配的原则进行相应调整。

第三，城乡差异带来的转变政府职能的差异性。城乡差异集中体现为教育差异、社会保障差异、基础设施差异等，也正是由于这一系列的差异性导致中国农村地区经济发展与现代化进程相对滞后。据《成都统筹城乡综合配套改革研究重大理论和支撑体系研究》课题组的调查结果显示，93.8% 的人主张政府要增强公共服务职能，84.4% 的人主张政府要增强社会管理职能②。尤其在城乡事业均衡发展，失

---

① 王红茹：《规划中的"大都市"冲动：先穿鞋还是先穿袜?》，《中国经济周刊》2005 年 8 月 16 日。

② 蒋家胜、易果平：《城乡统筹发展中的政府职能转变探析》，《华中农业大学学报》（社会科学版）2010 年第 4 期。

地农民的可持续发展，城乡公共服务与公共产品供给机制的公平正义，促进就业、医疗、养老等社会保障系统的完善等方面亟待加强。

第二节 "常规—独特"与工作内容转变

政府职能转变必然带来具体工作内容的变化，加之改革的不断深化、当前社会的复杂性不断提升与创新的层出不穷，使得地方政府的工作内容与以往相比有了很大的区别。总体来看，独特性任务，即项目在地方政府工作内容中的总量与占比均在不断提升。这种特征与社会经济发展是同步的，在知识经济发展的进程中，经济活动与社会活动中都呈现出了独特性任务高于常规性任务的特征，因此地方政府的这种工作内容的转变是与经济社会相适应的，是历史发展的必然。

一 服务型地方政府面临的各类项目

通过公开资料的检索，中国共有 16 个省级地方政府实施了大项目带动战略[①]。从前期案例分析及访谈中可以看出，各地在项目的选择、规划以及实施过程中，政府的主导作用较为突出。那么服务型地方政府究竟在开展哪些项目呢？基于对服务型地方政府职能转变的分析，可以进一步从地方政府职能分类的角度对其所开展的项目进行分析，将地方政府所面对的项目分为经济建设项目、社会发展项目、文化服务项目以及政府改革项目。

（一）经济建设项目

在探讨地方政府经济建设项目时，首先应明确的一点就是地方政府开展经济建设项目与充分发挥市场在资源配置中的决定性作用之间并不矛盾。深化经济体制改革并不意味着地方政府在经济职能领域的退出，而是要求地方政府必须转变履行经济职能的方式，减少对市场的直接干预，减少以"运动员"身份在经济领域的活动，但必须增

---

① 实施大项目带动战略的 16 个省级地方政府包括：吉林、陕西、江西、安徽、海南、天津、黑龙江、福建、湖南、山东、山西、广东、青海、内蒙古、西藏、广西。此外，河南、重庆等省市在旅游、农业、文化等产业发展中实施了大项目带动战略。

强"裁判员"与"平台建设者"的职能。并且地方政府在区域经济发展中所发挥的积极作用正是中国特色发展路径中的重要经验之一。从这种角色定位出发，可以将地方政府开展的经济建设项目分为三类。

第一，区域规划设计项目。在经济持续稳定发展和当前城镇化快速推进的大前提下，区域规划设计是各级地方政府面临的一项重要任务。当前中国地方政府在开展规划制定项目的过程中存在三个突出问题，其一是人文性规划与技术性规划脱节。目前地方政府的规划可以分为两类：一类是以五年规划为代表的偏重人文性的规划，另一类是以地区空间规划为代表的偏重技术性的规划。这两类规划之间往往缺乏有效的衔接机制，导致地理空间规划缺少人文方面的思考，带来了鬼城、化工区与居民区距离过近等问题。其二是规划之间的横向协调机制缺乏，导致同级别的地方政府间、地方政府部门间的规划各自为政，缺乏有机整合与协调，严重者甚至存在冲突。以省级政府"十二五"规划文本中的国内合作部分为例，经统计发现，合作双方在各自规划中均提及要与对方合作的共有 96 对，而非对等性合作关系，即其中一个省份希望与另一个省份合作，但在对方的"十二五"报告中并未谈及这种合作关系的则有 188 个，从比例上看，对等性与非对等性合作的比例约为 1∶2，大量"单相思"情况的存在暴露地方政府在规划过程中缺乏协调的问题。其三是大量规划无法有效实施，2015 年又是中国政府的规划年，在参与地方政府"十三五"规划制定的过程中发现，很多规划缺乏实施的可行性，以某地的体育事业发展规划为例，其中所提到的体育场馆数量和面积与当地土地供给之间存在巨大缺口，导致规划部门在规划过程中就断言该规划无法执行，但迫于国家在这方面提出的标准的压力，规划文本仍将这部分不切实际的内容保留下来。

第二，特定区域开发项目。这种发展经济的方式最早是从深圳特区建立开始的，之后中央及地方政府开展了一系列特定区域开发项目，包括经济技术开发区、高新区、保税区、各类产业园区以及自贸区等。根据数据统计，截至 2015 年 5 月，中国共设立 218 个国家级经济技术开发区，特定区域开发项目由此可见一斑。特定区域的开发项目对于地区发展通常有两个方面的作用：一是形成区域性的经济发展核心区，实现经济快速发展的同时对周边区域形成辐射带动作用；二是开展政策实验，通过给予特定区域特殊政策的方式促进该区域的发展，并为其他区域的发展提供经验借鉴。在特定区域开发项目中，需要完成各类子项目的开发建设，包括基础设施建设项目、招商引资项目、政策创新项目、地方政府组织建设项目等。

第三，特定产业发展项目。由于各个地区的资源禀赋、发展历史与路径不同，因此形成了各具特色的产业结构，例如东北地区工业发展基础雄厚，上海金融产业成为支柱产业之一，而深圳的电子信息产业则具有显著的比较优势。基于地方政府对本地未来产业发展的规划，往往会通过一些项目的实施来促进特定产业的发展，在这一领域常见的项目包括各类产业园区建设项目、组织特定产业的会议与会展项目、产业政策创新项目等。

（二）社会发展项目

由于服务型政府的突出特点之一即为服务民生，提供各项公共服务，促进社会发展，因此地方政府在社会发展领域开展的项目数量也在不断提升。

第一，基础设施建设项目。由于各类公共服务需要基础设施支撑，因此各级地方政府近年来在公共服务基础设施建设方面均加大了投入，开展包括教育、医疗、卫生、体育、民政等各类公共服务的基础设施建设。北京市于 2015 年 4 月专门出台了《北京市 2015—2020 年民政公共服务基础设施建设规划》[①]，针对养老、儿童、社区、救灾、救助、殡葬、优抚等 9 个业务领域的基础设施建设给出了具体方案。当前中国在公共服务基础设施建设方面存在两个不均衡的现象：一是城乡之间的不均衡，因此未来在对城市公共服务基础设施实施更新改造工程的同时，应更加重视新型城镇化地区以及广大农村地区的公共服务基础设施建设；二是地区间的不均衡，地方基础设施建设受

---

① 北京市政府：《北京市 2015—2020 年民政公共服务基础设施建设规划》，2015 年 4 月。

到地方经济发展和政府财政的约束而呈现出显著的不均衡性。

第二，公共服务创新项目。在各地建设服务型地方政府的实践中，开展了大量的公共服务创新项目，覆盖宏观到微观的各个层面。其中宏观层面的公共服务创新项目主要指的是公共服务的体制创新，例如对政府购买公共服务等的研究和实践项目；中观层面包括各类公共服务平台建设，其中既包括以电子信息技术为支撑的地方公共服务电子化平台建设项目，也包括以各类公共服务中心为代表的公共服务平台设施建设项目；微观层面的公共服务创新项目数量和覆盖范围则更为广泛，包括养老模式创新项目、医疗改革项目、基于互联网＋的各类公共服务创新项目等。这些创新项目的实施促进了地区公共服务能力的提升，也得到了广大人民群众的认可。

第三，科技研发立项项目。在创新型国家的建设过程中，科技进步与创新能力的提升日益受到各级政府的重视，研发产业作为新兴的以创新成果为产出物的高端服务业必将扮演越来越重要的角色，黄鲁成[1]、马林[2]等学者的相关研究认为从研发产业的从业人数日益增多的趋势来看，研发产业的产生和发展是经济和社会发展的必然。因而各级政府在科技研发立项方面不断加大力度，总类型上可以分为基础类研发项目和应用类研发项目两种。中国当前的科技研发立项项目尚存在三个突出问题：一是部门间缺乏整合与协调造成政府研发费用的重复投入，在这方面国家自然科学基金与国家社会科学基金已经开始协同与合作，对申请项目进行查重，相关经验值得地方政府各部门借鉴；二是成果的评价机制不健全，在科研立项项目管理方面，重视项目审批但缺乏对项目实施过程以及成果产出的监管；三是成果的应用程度不足，很多研究成果被束之高阁，并未对本区域的发展做出应有的贡献。

第四，突发事件应对项目。有资料显示，中国目前已进入危机频发的高危期，在中国仅公共危机一项造成的经济损失每年就高达

---

[1] 黄鲁成、陈曦：《研发产业主体研究》，《科技进步与对策》2008年第9期。

[2] 马林：《研发产业初论》，北京科学技术出版社2005年版，第17页。

6500 亿元人民币，占 GDP 的 6% 左右。各种公共危机在造成重大的人员伤亡和财产损失的同时，也对经济发展、环境资源及社会秩序等造成严重损害，对公共安全构成巨大冲击。在这种情况下，各级政府开展了一系列与突发应对有关的项目，包括应急预案制订项目、突发事件预警系统建设项目以及突发事件应对项目。但总体来看，中国地方政府在突发事件应对项目管理方面的能力尚显不足，以 2015 年 8 月 12 日"天津市爆炸事件"为例，突发事件处置能力、信息公开机制建设等均有较大的提升与改进空间。

（三）文化服务项目

"公共文化服务"的概念第一次正式提出是在 2006 年 9 月颁布的《国家"十一五"时期文化发展规划纲要》中，该纲要强调要"完善公共文化服务网络、创新公共文化服务方式、健全公共文化服务组织体制和运行机制、维护低收入和特殊群体的基本文化权益，以及加强农村文化建设"①。政府的公共文化服务职责主要包括战略规划者的职责、政策制定者的职责、绩效评估者的职责、基础设施建设者的职责以及网络文化信息平台搭建者的职责②。由上述职能分类可以看出这些职能的实现方式将主要依靠各类项目的开展。

第一，文体赛事项目。各类赛事是发展区域文体事业的重要组成部分，近年来中国除了举办各地区以及国家级文体赛事之外，还积极地参与到国际赛事的举办之中，以奥运会、冬奥会等为代表的一系列高水平赛事为中国文化体育事业的发展带来了活力。随着中国对文化事业的日益重视，各地也纷纷通过各类赛事项目来提升和带动文化产业的发展，例如动漫大赛、书法大赛等，通过系列公共文化服务活动的开展最终形成合力，促进本地区的文化事业发展。

第二，各类活动项目。这里主要指的是由地方政府提供财政资金支持或组织支持的各类文化服务立项项目，根据实施主体的不同又可以分为两类，一类是由政府财政支持，并由地方政府组织实施的文化

① 《国家"十一五"时期文化发展规划纲要》，《人民日报》2006 年 9 月 14 日。
② 杨杰：《中国政府公共文化服务职能解析》，《人民论坛》2011 年第 33 期。

服务项目，对于这类项目政府需要对项目实施的全过程开展具体管理工作，例如由地方政府承办的各类论坛。另一类是由政府财政支持，社会主体承办的项目，对于这类项目，政府则应从财政资金监管的角度，对项目实施的全过程进行监督。这类项目的具体内容较为丰富，包括各类展会项目，例如世博会、花博会等，还包括形式多样的艺术节、文化周等。

（四）政府改革项目

在深化改革的进程中，地方政府越来越重视自身的改革与创新，有的地方政府把创新纳入政府绩效考核范围，也有的将创新作为加分项，以此激励地方政府及政府部门不断通过创新的方式实现政府绩效提升。

第一，机构改革项目。讨论机构改革问题时，人们通常会想到中央政府的机构改革。最近的一轮大部制改革仍在逐步推进之中，似乎机构改革都是较大范围的轰轰烈烈的改革。其实地方政府的机构改革还有很多表现形式，包括开发区、保税区以及高新区的管委会模式改革，行政区划的调整以及部门机构的重组等。由于改革是独特性的任务，没有之前的经验可循，因此并非所有的机构改革都能取得预期效果，这也是地方政府持续开展机构改革，不断进行调整的原因所在。

第二，政策创新项目。这类项目的数量众多，总体可以分为两大类，一类是区域性的政策创新项目，例如上海自贸区实施了负面清单制，天津给予滨海新区各种优惠政策等，这类政策创新是以地区为界限的。另一类是部门的政策创新项目，以天津市为例，为了鼓励企业开展科技创新，天津市科委推出了"科技小巨人"计划，对于科技型企业给予特殊的政策和资金支持，该类政策创新项目的实施范围是以部门职责为边界的。

第三，流程再造项目。政府的流程再造项目往往是与机构改革同步开展的，流程再造的主要动因有两个方面，一是网络信息技术日益发达推动了地方政府电子政务的发展，与以往的传统行政方式相比，电子政务的方式更加便捷，因而受到普遍欢迎，在采用电子政务技术后，就需要地方政府开展相应的流程再造项目，从而使工作流程与电子政务方式相匹配。二是地方政府服务能力的提升需要进一步开展流程再造，基于更好地为社会提供服务的理念支撑，地方政府进行了一系列流程再造方面的改革与探索，例如实施并联审批、一站式服务等，将原有的政府外部流程内部化，大大提升了行政效率。

二 独特性任务的特征与地方政府工作内容变化

由于地方政府所开展的各类独特性任务，即项目的数量及其在地方政府工作中所占的比重日益增加，因此必将导致地方政府的工作内容与工作方式的变化。

（一）独特性任务的特征

独特性任务从特征上来看与常规性任务的差异十分显著（见表2-1）。

表2-1　　地方政府独特性任务与常规性任务的特征比较

特征	独特性任务	常规性任务
持续时间	临时性	持续性
承担部门	经常需要多部门合作	通常由相关权力部门独立完成
不确定性	不确定因素多	相对确定
相关利益主体	多元主体	特定主体
社会关注度	阶段性高度关注	持续性关注

由表2-1可以看出，地方政府所面临的独特性任务与常规性任务相比具有明显的差异：

第一，独特性任务具有临时性特征。地方政府所面临的独特性任务往往具有明确的起始与结束时间。以抗震救灾为例，当任务完成时即行终止，因此仅在某一特定时间段构成地方政府的阶段性任务。而常规性任务则具有持续性，以治安、行政审批为例，一旦依法确定即会持续实施，只有在社会经济发展情况发生重要变化时才会终止。

第二，独特性任务常需多部门合作完成。任务的独特性决定了其所需资源的种类、数量以及资源组合方式的独特性。以突发事件应急管理为例，突发事件的性质、范围与强度等的不同决定了应对部门、人员组成以及资源调配方式等的不同，因此往往需要相关部门配合完成。常规性任务则是基于部门分工设置的，因此通常由相关权力部门单独完成。

第三，独特性任务具有较高的不确定性。任务的独特性决定了初期信息的不完备性，而信息的不完备性将导致任务实施过程中具有较高的不确定性，在任务实施过程中经常需要根据情况的变化做出适时调整。常规性任务则已经形成了规范的程序并使用统一的工具方法，甚至有些已经通过法律法规的形式固定下来，因此任务实施过程中的不确定性较低甚至几乎不存在不确定性。

第四，独特性任务的相关利益主体具有广泛性。以地方政府改革为例，其所涉及的相关利益主体包括不同层级的相关政府部门、企事业单位甚至社区居民，可谓牵一发而动全身。因此任务执行过程中必须对多元相关利益主体的利益诉求加以分析并制订出合理的实施方案，以实现多元主体的利益最大化。常规性任务则往往只针对特定类别的行政相对人，其利益诉求相对单一。

第五，独特性任务的实施受到社会高度关注。一方面，由于独特性任务所涉及的相关利益主体数量较多，出于其利益考虑必然会高度关注该任务的实施；另一方面，从心理学的角度分析，独特性越强越容易引起人们的关注，这也意味着当任务圆满完成时将受到高度赞扬，相反，即使出现细微偏差也将引起全社会的较大反应，从而增加了管理的难度。常规性任务则因其周而复始、不断运行，已形成习惯，因此不容易引起社会的广泛关注。

（二）地方政府工作内容的变化

总体来看，地方政府正在由传统的以常规性任务为主转变为以项目为主。从问卷调查结果的分类统计来看（如表 2 - 2 所示），可以归纳出以下两个特点，其一是地方政府领导①的工作内容中项目占比更高，其中认为项目多于日常工作的占54%，认为项目与日常事务同样多的占21%，只有25%认为在其工作中日常事务比项目多。而对于地方政府公务员的调查则显示，38%的人认为项目比日常事务比重高，28%认为二者相当，另外34%的人则认为日常事务的占比更高。其二是区县政府与政府部门相比，其工作内容中项目占比更高，在区县政府的调查中，认为项目多于日常事务的占48%，认为二者同样多的占25%，而认为日常事务比重更高的只占27%。与之相比，政府工作部门的调查显示，认为项目多于日常事务的只有34%，认为二者同样多的占28%，认为日常事务占比高的则占38%。基于以上两个特征，可以得出以下结论：区县政府领导的工作内容中项目占比最高，58%的区县领导认为其工作内容中项目的比重更高，19%认为二者一样多，只有23%的区县领导认为其工作内容中日常事务的比重更高。

表 2-2　　　　**"项目与日常事务比重"分类统计结果**　　　单位：份

| | | 项目与日常事务比重 | | | | | 合　计 |
		0	两种一样多	项目少	项目多	项目很多	
调研对象的类型	市司局管理人员	1	30	41	26	2	100
	市司局领导	0	10	12	18	3	43
	区县政府管理人员	0	44	49	59	15	167
	区县政府领导	0	11	13	23	10	57
	合计	1	95	115	126	30	367

第三节　"当代—未来"与政府创新发展

组织模式与组织发展之间的互动关系是双向的，在组织不断发展

---

① 问卷调查中将地方政府领导界定为政府部门的正、副职，以及区县政府的正、副职领导干部。

的过程中，随着组织任务特点的变化，需要开展组织模式变革以适应组织发展。企业从大规模定制化时代的科层制组织模式转变为信息化时代的学习型组织模式的实践充分证明了这一点。另外，组织模式的变革也将对组织发展起到反作用，一个僵化的组织模式之下，即使拥有精英型人才也很难产生创新的成果，而率先开展的组织变革，则可能通过组织来调整人与人之间的关系，调整成果产出的方式和形态，以丰田为例，其所采用的"大部屋制"① 在很大程度上促进了部门间的信息交流，并促进了各种创新的产生。因此在探讨组织模式变革时，应当着眼于未来的发展来探讨组织任务结构可能发生的变化，从而使组织模式变革更加具有前瞻性并对组织发展起到引领作用。

一　内外部环境的复杂性日益增加

这里所指的内与外是相对于地方政府而言的，在分析组织所处的环境变化时，组织理论往往首先将组织所处的环境进行分层，较为公认的分层方式是将组织的环境分为内部环境、任务环境和宏观环境三个层次。从这三个层次对中国地方政府所处的环境进行分析可以发现一个相同的趋势，那就是地方政府未来将面对日益复杂化的内外部环境。

（一）地方政府自身的结构与文化日趋复杂

从本章第二节的分析可以看出，地方政府所面对的独特性任务的数量和比重都在不断增加，并且为了完成这些不同类型的项目，地方政府开展了很多适应性的结构调整。以开发区建设为例，不同地区在开发区建设过程中采用的组织模式就有三种不同的类型，有管委会主导型，有管委会与开发公司共同负责型，也有开发公司主导型。还有很多情况是在现有部门或机构的基础上加挂某一临时机构的牌子，但由于中国地方政府长期存在牌子"易挂不易摘"，机构"易设不易撤"的现象，这就造成了地方政府组织结构的日益复杂化。虽然当

---

① 所谓"大部屋"在日语中的含义就是大房间的意思，大部屋制的组织模式变革从形式上来看就是把之前分散在不同隔间中的部门集中在一个大房间里，从而通过空间的重组增加部门间的信息沟通与横向协调机制。

前正在推进大部制的改革，然而这些改革主要集中在常设性的部门与机构上，对于临时机构等现象并未给予足够的关注。

与地方政府组织机构复杂化并存的是地方政府组织文化的多元化，这并非地方政府特有的现象，而是整个社会多元化发展所带来的。根据相关理论的分析，多元文化将使组织在主流文化的基础上产生若干亚文化，从而削弱组织的整体性。

（二）任务环境中主体的差异性及对地方政府的评价标准日益提升

所谓任务环境指的是与组织发生直接业务关系的各类主体所构成的环境。由于地方政府的职能涉及整个地区发展的方方面面，因此地方政府的任务环境构成也相对复杂。大体可以将其分为三类：第一类是企业，也就是市场经济主体的主要构成；第二类是事业单位、人民团体和社会组织，其所承担的工作具有公益属性，因此运行机制与企业存在根本性差异；第三类是公民个人，其利益诉求具有多样性和差异性的特征。在创新发展的过程中，地方政府将面对三个方面的挑战，其一，各种新情况、新事物的出现使政府必须不断面临新的任务，例如对网络购物、跨境电商的监管，对科技企业的认定，对社会组织信用的评价以及对灵活就业人员的社会保障等。其二，对地方政府管理的精细化与差异化提出了更高的要求，创新的结果使得各类组织和个人之间的差异化程度提升，需要地方政府采取差异化的方式为其提供各种服务，以为老服务为例，地方政府需要根据老人的经济收入、居住条件及其偏好提供多样化、差异化的为老服务，方可满足不同人群的需求。其三，各类主体对政府的期望值不断提升，在服务型政府建设的过程中，各类主体已感受到地方政府的变化，并希望其不断向更好的方向发展，由此带来了期望值不断提升和对地方政府绩效评价标准不断提升的问题。以天津市对各区县的绩效评估结果为例，有的区县发展水平较高，却在公众评议中获得了低的分数，其原因并非该区县政府工作绩效的绝对水平低，而是评价主体的评价标准高所造成的。

（三）经济社会环境仍将不断向创新导向发展演化

创新导向的最直接结果就是差异性的进一步提升。根据美国学者对未来经济发展形态的判断，人类社会在经历了农业经济、工业经济、知识经济之后，未来将向体验式经济发展演进。体验式经济的价值创造模式是以给人们带来新的体验而获取收益，而非通过向人们提供物质产品而获得收益。虽然形式不同，但未来经济社会发展的内在逻辑与当代具有一定程度的一致性，即以创新和创造来获取价值。这就意味着未来创新的强度与频度仍将不断提升，从而使经济与社会环境日益复杂化。

二 市场与社会主体的成熟程度不断提升

与政府任务结构及内容变化相关的另一个重要趋势就是市场与社会主体的成熟度不断提升，这就意味着市场与社会主体的作用发挥将更加突出。在改革开放初期，由于市场与社会两类主体的成熟度不足，使得政府不得不承担起更多的地区发展与经济、社会建设职责。而当前中国市场经济体系已逐步完善，市场经济主体的地位与能力不断提升，这也是党的十八大提出让市场在资源配置中起决定性作用的前提。社会主体的发展与市场主体相比尚显缓慢，但其未来的发展趋势却值得给予更多关注。

（一）市场在资源配置中的决定性作用凸显

市场经济与市场主体的发展完善使其有能力在资源配置中发挥更为重要的作用，这是政府与市场关系调整的重要前提。经济学领域对于资源配置方式的研究始终未曾中断，在"守夜人"和凯恩斯主义之间一直存在争议，并且这一问题也成为世界各国所面临的共同课题①。其研究内容与结论，并非要从"看得见的手"和"看不见的手"中选择其一，而是在探讨二者之间如何有效互补的问题，也就是以一种方式来弥补另一种方式失灵的问题。从这一角度来看，在市场机制与市场主体不够完善的时期，政府在资源配置中的作用应当相应地强一些，当市场机制与市场主体构成日益完善时，市场就可以发挥更为重要的作用。未来中国市场机制将日益完善，市场主体的作用

---

① 马力宏、刘翔：《变化中的政府与市场关系及其影响》，《理论探索》2013 年第 5 期。

将更好地发挥出来，这一趋势是不容置疑的。在具体操作层面，学者们提出了通过中介组织来搭建企业与政府之间桥梁等具体建议①，以期加快政府与市场的协同关系建立。因此在未来的发展中，市场将在资源配置中发挥日益重要的作用，这就要求地方政府必须进一步转变职能和进一步调整工作任务结构。

（二）社会主体的总量增加，作用范围扩大

在这类主体中，最值得关注的是各类社会组织，根据发达国家的经验，社会组织发挥作用的领域十分广泛，在国家和地区发展中的作用十分突出，中国的公共服务供给与外国的重要差异在于社会组织角色的缺失②。党的十八大报告提出"在改善民生和创新管理中加强社会建设""加快推进社会体制改革""加快形成政社分开、权责明确、依法自治的现代社会组织体系"等一系列关于社会建设的重要思想，在很大程度上促进了中国社会组织的发展，形成了百花齐放的局面。截至 2014 年年底，全国共有社会组织 60.6 万个，吸纳社会各类人员就业 682.3 万人，形成固定资产 1560.6 亿元，社会组织增加值为 638.6 亿元③。社会组织总量的增长趋势如图 2-2 所示。

随着社会组织总量的增加及能力的不断增强，其在地区发展中也将日益发挥更加重要的作用。社会组织在公共服务等社会服务领域的能力和作用将显著增强，政府与社会组织合作的趋势将空前加强④。党的十八大报告强调要改进政府提供公共服务的方式，并发布了《关于政府向社会力量购买服务的指导意见》⑤，可见未来社会组织将在公共服务提供等方面发挥更为重要的作用。

---

① 白永秀、王颂吉：《中国经济体制改革核心重构：政府与市场关系》，《改革》2013 年第 7 期。

② 许光建、吴茵：《政府购买公共服务国际经验比较与借鉴》，《人民论坛》2013 年第 32 期。

③ 民政部：《2014 年社会服务发展统计公报》，2015 年 2 月。

④ 王名、丁晶晶：《中国社会组织的改革发展及其趋势》，《公益时报》2013 年 10 月 15 日。

⑤ 国务院办公厅：《关于政府向社会力量购买服务的指导意见》2013 年 9 月。

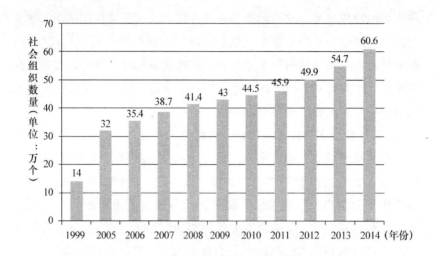

图 2 - 2　社会组织总量发展变化情况

三　地方政府将在地区发展中持续发挥重要作用

转变政府职能、调整政府与市场关系、建设服务型政府等都不意味着地方政府作用的削弱或者地方政府规模的缩小，而是意味着结构和功能的调整。不同的国家、不同的时期，地方政府在地区发展中的作用也是不同的，学术研究领域对此也多有争论。然而从中国的发展进程来看，地方政府对地区发展的作用是十分显著的。并且在中国经济社会发展进程中，政府的引领和带动作用也是中国特色的重要表现之一。虽然有学者提出了政府部门行为是导致历次宏观经济波动的一个重要因素①，或者地方政府的行为是中国经济波动的主要力量②等观点，但从长期历史发展来看，地方政府在推动并保持区域发展方面取得的成绩应当得到肯定。以天津滨海新区的建设为例，滨海新区将打好开发开放攻坚战细化为"十大战役"，涵盖功能区开发、产业结构提升、社会事业发展、生态环境改善以及人民生活水平提高等众多

---

①　魏杰、董进：《改革开放后中国经济波动背后的政府因素分析》，《中央财经大学学报》2006 年第 6 期。

②　参见李斌、王小龙《体制转轨，经济周期与宏观经济运行》，载刘树成《中国经济周期研究报告》，社会科学文献出版社 2006 年版。

领域①，大大加快了新区的发展进程。

基于上述判断，未来中国地方政府在地区发展中的重要作用仍应继续加强，所不同的是发挥作用的方式需要不断改革和创新。在经济职能方面需要加强与市场主体的协同，传统上中国的区域建设与发展主要依靠的是政策手段及土地、资金等资源支撑。随着市场经济日益发挥决定性作用，以及土地开发的日渐成熟，区域发展的主要动力将由对物质资源的高度依赖转变为对投资环境等软实力的依赖。在社会职能和文化职能领域需要加强与社会主体，尤其是社会组织之间的协同，可更多地通过政府购买公共服务的方式，通过招投标等市场化工具提高公共服务提供的效率和效果。

综上所述，这些变化最终的结果都将使地方政府面临与以往不同的新的任务，也就是说，在未来日趋复杂化的环境之下，地方政府的任务结构也将日益复杂化和具有更高的独特性。但与此同时，由于市场与社会主体的成熟程度提高，使地方政府与市场和社会主体协同、完善治理结构成为可能，这种协同可以进一步明确和突出各类主体在整个地区发展中的地位和作用，并通过协同形成推动地区发展的合力。

第四节 任务结构变化的总体特征与要求

本章前三节从"管理—服务"与地方政府职能转变、"常规—独特"与地方政府工作内容转变以及"当代—未来"与地方政府创新发展三个维度对地方政府的任务结构变化进行了分析，可以看出中国地方政府所面临的任务结构正在发生重大变化，并且这一趋势未来将不断凸显。

一 地方政府将面临双重任务的考验

从地方政府的工作内容分析可以看出，中国地方政府正在面对的

---

① 岳月伟：《天津滨海新区"十大战役"建设如火如荼》，《海南日报》2012年7月25日。

任务可以分为两种不同的类型，即重复性任务与独特性任务，或者也可以表述为常规性任务和项目，如图2-3所示。完成不同类型的任务需要不同类型的组织来支撑，使用不同的管理方式，通过对地方政府两种不同类型任务的比较分析可以看出，项目是有别于地方政府常规性任务的"新"任务。要求地方政府应当具备更为丰富的管理各类项目的经验，并通过主动调整组织结构来适应这种二元化的管理需求①。

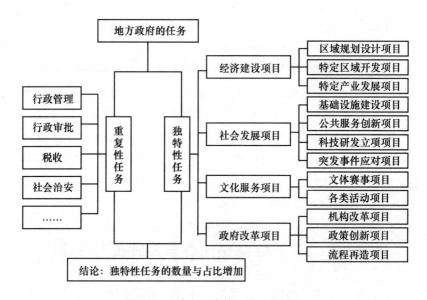

图2-3 地方政府的任务结构分析

　　任务结构的改变要求地方政府从理念与操作两个层面开展相应的变革。首先是理念层面，政府必须树立"以人为本"的发展观，强调"民本位""社会本位"，政府应当脱离社会管理者的定位，转变成为"中介人""裁判员""调停者"，政府应将权力回归社会，回归公民②。其次是操作层面，应根据任务结构的变化开展一系列操作

---

　　① 翟磊、柴立军：《面向危机应对的项目导向型组织模式研究》，第十一届中国管理科学学术年会论文集，2009年，第525—530页。

　　② 吕亚娟：《服务型政府：构建和谐社会的政治路径选择》，《前沿》2007年第8期。

层面的变革，具体包括动态与静态两个方面，其中静态变革主要指的是组织模式的变革，对组织的主体、结构等进行调整，提出适应地方政府双重任务的组织模式模型；动态变革则主要是组织运行机制的变革，通过对组织的资源配置方式、绩效评价方式以及决策方式的调整使新的组织模式正常运转并发挥其应有的作用。

二　地方政府的任务将具有更强的动态性

由于未来的发展使地方政府面对的内外部环境日益复杂，因此其所面临的任务的动态性也将随之增加。这种动态性主要体现在两个方面：

第一，地方政府任务结构的动态性。常规性任务与项目之间的比例关系的动态性，总体来看，地方政府常规性任务是相对稳定的，所需要的人员和资源也是可以预测的。但项目则具有更强的不稳定特征，其中大部分项目是依据规划开展的，从而可以提前做好资源准备，例如区域开发、重大活动项目等，但还有一些项目则是无法提前预测与规划的，例如突发事件应对项目，并且这类项目对时效性和资源等的要求呈现出短时期高强度的特征。由于地方政府在某一时期面临的项目数量和规模不同，导致地方政府的任务结构发生变化。这种结构变化与地方政府总体规模的相对稳定之间形成了矛盾关系，并将以动态发展的方式展现出来。

第二，项目具体构成的动态性。从地方政府面对的所有项目来看，其构成也是不断发展变化的。由于项目具有一次性、独特性等特征，因此只在特定的一段时期内发生，只是时间长短不同。例如区域开发项目的时间相对较长，而突发事件应对项目的持续时间则较短。随着新的项目开始，前期项目的结束，地方政府所面对的项目的具体构成也在不断发生变化，并且具有不稳定的特点。某一时期地方政府开展的项目可能以经济发展类为主，而另一时期则有可能以社会发展类为主，也就意味着项目所需要的人力、物力资源的结构都将具有不稳定性。与此同时，每一个项目自身都具有与其他项目不同的特征和需求，例如项目规模大小的差异、项目资源需求类型的差异、项目持续时间的差异、项目承担主体的差异等。由于地方政府所积累的经验多在于管理常规性活动方面，并且制定了一系列政策文件对常规性任务的履行方式等进行规定，以提高其标准化程度。但是在项目管理方面地方政府总体缺乏经验积累，面对这些独特性任务，更无法通过标准化的方式进行规范，因此地方政府将面临较大的管理难度。

三 地方政府完成任务需要更为广泛的资源支持

在地方政府面临日益增加的各类项目时，有一对矛盾就开始逐渐凸显，即政府自身资源的有限性与项目资源需求的不可预测性之间的矛盾。项目与地方政府的常规性任务不同，即使是提前规划实施的项目，由于项目实施初期存在大量信息缺口，导致项目实施过程中往往出现各种变更，从而需要更多或更广泛的资源支撑。以奥运会主场馆鸟巢为例，根据审计署发布的《北京奥运会财务收支和奥运场馆建设项目跟踪审计结果》显示，国家体育场初步设计概算批复总投资31.4亿元，但因结构复杂、技术难度大、工艺要求高、功能和标准调整以及主要建材涨价等原因投资超概算约4.56亿元①。还有一些项目则根本不具备提前规划的可能性，例如各类灾害和突发事件的应急工作，所需资源的数量、种类都无法提前做出预估，因此其资源需求的不确定性就更强。

面对项目的资源需求不确定性的特征，地方政府可以采取三种方式为其提供资源支持：第一种是在财政预算中预留准备金，这种方式在项目提出新的资源需求时可以迅速调动，但其规模受到限制；第二种是通过发行债券等方式筹集资金，2014年中国启动了地方政府债券自发自还试点工作，在上海、浙江、广东、深圳、江苏、山东、北京、江西、宁夏、青岛进行试点，财政部还印发了《2014年地方政府债券自发自还试点办法》②，进一步为地方政府筹集资金提供渠道，

---

① 审计署：《北京奥运会财务收支和奥运场馆建设项目跟踪审计结果》，2009年6月。
② 财政部：《2014年地方政府债券自发自还试点办法》，2014年6月。

这种方式的资金筹集能力强，但运作所需时间较长；第三种是通过与市场和社会主体协同的方式，调动社会资源共同为完成项目服务，例如在救灾应急过程中的多元主体参与等，这种方式则兼具时效性和规模性的特征。

四　地方政府完成任务需要更加有效的主体间协同

有关协同治理理论的研究中，埃莉诺·奥斯特罗姆（Elinor Os-trom）以"共用性资源"（Common-Pool Resouroes，CPR）的理论模型和分析框架所开展的研究工作具有较强的代表性，其研究深入阐释了以强有力的中央集权或者彻底的私有化来解决公共事务的悲剧原因[①]，从而找寻出了一条真正解决公共事务困境之道。从地方政府协同治理的动力因素进行考察可以发现，地方政府协同治理是政治、经济、社会、科技等发展过程中的共性要求，也是中国社会不同类型主体的普遍性需求。因此地方政府协同治理的动力机制是具有系统性与整体性的，并且这些动力因素之间也存在密切的相互影响。

由于地方政府的任务结构具有复杂性，单纯依靠地方政府这一单一主体来完成这些复杂性任务既不可行也不符合中国经济、社会主体发展成熟的现实要求。中国地方政府的协同治理已经具备了各方面的基础条件，包括技术基础、民主政治基础和政府治理能力基础等[②]。而经济、政治、社会的发展也对地方政府的协同治理提出了现实的需求。政府要摒弃传统的官僚制式的社会管制理念，树立政府与社会部门携手合作的社会治理理念，即政府要正视自身的社会位置和角色，实现权力和职能向社会的位移。地方政府协同治理具体可以从两个方面开展：一是政府内部的协同，具体表现为不同层级政府间的协同、

---

① 杨志军：《多中心协同治理模式：基于三项内容的考察》，《地方政府发展研究》2010 年第 5 期。

② 翟磊：《地方政府协同治理的模式与运行机制》，载魏礼群《创新政府治理，深化行政改革》，国家行政学院出版社 2015 年版，第 688—696 页。

同一层级政府之间的协同和政府内部各部门间的协同；二是政府与非政府部门（私营部门、第三部门或公民个人）等多元主体的协同，具体体现为政府与各类非政府部门中的一类或几类主体的协同。有关多元主体协同的动因、方式等将在第三章中详细探讨。

第三章

任务结构与组织模式四要素间的
匹配关系

任务结构的变化构成了地方政府组织模式变革的客观要求，与此同时，外部环境的复杂性也需要地方政府有更加敏捷的反应速度和灵活的应对机制。在这种情况下，地方政府现有的组织模式已经开始暴露出一些问题，例如开发区管委会与上级地方政府各部门间的衔接不顺畅、临时性机构设立后缺乏撤销机制导致机构设置混乱、应对突发事件过程中各部门间缺乏信息沟通与协同机制等，因此地方政府需要主动调整组织模式，在此基础上进一步调整组织运行机制，以适应任务结构的变化。

第一节　组织主体：多元主体协同

组织主体是组织结构的基本组成部分，从地方政府的任务结构特征分析可以看出，当前地方政府需要通过更为广泛的协同方式来完成许多独特性任务，因此可以将服务型地方政府的组织主体特征概括为多元主体治理。这就意味着服务型地方政府应当打破原有的组织壁垒，突破传统的"单一主体"模式，实现"开门办政府"，通过与不同类型主体的协同来完成地方政府的各项任务。在这里要强调的是多元主体本身是一个组织间关系的概念，因此学者们在探讨多元主体治理问题时，通常更强调地方政府与企业、社会组织等其他主体间的协同。这种理解是将地方政府的概念泛化了，如果从具体的组织结构出发对地方政府进行分析，可以将不同层级的地方政府以及地方政府的各个部门看作具有一定独立性的组织构成部分，因此站在某一个地方政府或者某一政府部门的角度看，协同治理还包括地方政府与其他地方政府之间以及地方政府部门与其他部门之间的协同。

另一个需要说明的情况是，中国地方政府及其构成部门总体具有"上下对口、左右对齐"的特征，并且上下级之间的工作模式以命令执行为主，虽然这种方式的合理性和有效性不断受到学者的质疑，并提出了不同层级政府职能"错位"等观点，认为各个层次的政府不应提供相同的管理和服务①，这样就为不同层级政府间协同与合作关系的构建提供了基础。但从当前的现实操作层面考虑，在上下级政府间构建协同关系的时机尚不成熟。因此在讨论协同问题时将主要从同级政府或同级政府部门以及政府与市场、社会主体协同的角度展开分析。

一 多元主体协同的动因分析

为什么任务结构变化就必须要开展多元主体协同呢？首先是由于在地方政府面临越来越多的项目时，很多项目仅靠地方政府单一主体无法完成，即使有些项目可以通过地方政府单一主体的方式完成，但其效率、效果等未必最佳。因此从更好地完成地方政府所面临的双重任务的角度分析，多元主体协同成为必然趋势。

（一）能力互补：弥补地方政府能力不足

在讨论这一问题时，并不是沿着经济学的常规方式来讨论政府失灵问题，而是从完成项目的角度来探讨地方政府能力不足的问题。地方政府能力的有限性主要是两个方面的原因造成的，第一，地方政府长期管理常规性任务带来了能力构成的结构性失衡。这个问题也是很多传统工业企业在向知识经济转型过程中所面临的重要问题，因此除了建委、规划局等以项目管理为主要职能的部门外，其他以常规性任

---

① 朱光磊：《要有清晰的"政府职责配置表"》，《北京日报》2015年1月26日第18版。

务为主的地方政府部门在执行项目的过程中缺乏足够的管理能力和管理技术工具支撑。第二，地方政府人才的知识结构同质性较强导致其在专业细分领域缺乏人才支撑。由于中国地方政府在公务员录用时采取逢进必考的方式，而考试内容决定了具有文科思维的人才通过考试进入地方政府部门的概率更高，同时从人才需求上，地方政府对具有管理、经济、政治等专业背景人才的需求占比高也是现实，这就造成了地方政府在技术型、理工类人才与能力建设方面的短板。

与地方政府能力结构性失衡相对应的是各类独特性任务对组织能力要求的多样性与不确定性。在项目开始前人们甚至无法预测项目将需要哪种类型的人才。与此同时，由于项目具有临时性的特征，因此对某种类型的人才或能力的需求均为阶段性的，地方政府为此而长期储备专门人才将会带来资源的浪费。

解决地方政府能力不足和结构性失衡的有效方式就是开展协同治理，以项目为导向，吸收市场及社会主体参与项目运行，以弥补地方政府的能力不足。

（二）资源整合：打破组织壁垒配置资源

本部分同样不是从经济学的视角探讨与分析资源配置主体的问题，而是从完成组织任务的角度分析其资源获取的来源、方式与路径问题。在地方政府开展各类项目管理的过程中，资源的需求只受项目自身特征的影响，因此具有非常强的独特性和难以预测性，这就造成地方政府在项目的资源配置上存在三个突出问题：其一，资源总量受限，由于政府财政的来源相对单一，且为了激发市场活力和保持社会稳定，不具备通过提高税率等方式临时性增加财政收入的可行性，从财政支出来看，在服务型政府的建设过程中用于民生方面的支出总量及占比不断提升，这就导致地方政府在项目的实施过程中可以调配的资源总量不足问题；其二，资源结构难以满足独特性任务的需求，由于不同项目对资源的需求具有较大差异性，并且有些突发性项目的资源需求又具有非常强的时效性，使得政府无法满足项目的资源需求；其三，政府的资源配置是以组织结构为基础的，即根据政府部门预算进行资源配置，各个部门出于部门保护主义思想，往往对分配到本部门的预算资金严格控制，造成资源在不同部门之间的"碎片化"问题，当政府为了实施某一项目而需要资源支持时，很难在各部门间重新进行资源配置。

面对地方政府在项目所需资源方面存在的上述问题，有效的方式即为调动市场和社会主体为项目提供资源支持，同时也必须对现有的政府组织模式进行改革，以避免因为部门利益而影响到各类项目的顺利实施。

（三）效率提升：发挥专长权保障项目运行

地方政府的权力分配机制是基于层级的，因此从现有的项目运行来看，地方政府往往任命一位具有一定行政级别的领导担任项目经理。然而从项目组织管理的角度来看，项目经理对于项目的总体方向、项目实施的过程等应当有足够的专业判断，从而避免由于存在信息缺口而导致项目的失败。专长权与行政级别之间并不存在必然的对等关系，因此在现行地方政府组织体制之下，对项目经理及项目管理人才的选拔任用就与当前的行政领导选拔任用机制产生冲突，从而无法确保让"专家"担任项目经理。同时由于项目存在独特性与差异性，每个项目对于项目经理专长权的需求不同，导致地方政府组织内部缺乏该类专业人才的情况时有发生，从而在项目实施中由于各种决策失误带来了项目执行效率与效果的下降。因此"基于专长权"的项目经理任用和项目团队成员选拔方式决定了地方政府应当广泛地从市场及社会选拔人才，从而以项目团队的专长权来提升项目运行的效率与效果。

二 多元主体协同治理的现实基础

俗语有言"一个巴掌拍不响"，多元主体协同治理的实现，需要各方具有协同的意愿和协同的能力，同时还要有协同的平台。

（一）地方政府：实质性民主促进协同治理能力的提升

民主政治是疏通意见表达渠道、扩大政治参与、实现有效的权力监督、协调利益关系的重要方式。中国进一步的现代化进程需要更加积极的民主政治建设，而实质性民主正是在这种情况下应运而生的。

以民主建设强化国家的社会职能是缓解乃至解决这些矛盾和问题的重要途径。实质性民主是希望在改善公共权力运用层面上发挥自己的作用，通过扩大有序参与，把解决民生问题与民主制度建设结合起来。在这一过程中，随着实质性民主的运用与发展，地方政府的治理能力也在不断提升，反过来又为进一步扩大实质性民主的空间与范围提供了可能。实质性民主可以具体表现为地方政府治理过程中的多元参与与协同治理，只有通过协同治理的方式，使实质性民主的实现有物质载体的支撑，才能进一步使实质性民主得到发展。

从地方政府治理能力提升的角度来看，能否有效协调多元主体是考量地方政府治理能力的重要指标。张成福等学者认为，地方政府协同治理能力着重体现为以下四个方面：一是导航能力，创造政府、企业、非政府组织和公民社会合作的政策环境；二是服务能力，通过多元主体的合作治理，提高公共产品和公共服务的质量、效益，推动多样化供给；三是制度供给能力，完善企业、非政府组织和公民社会参与公共事务的体制、机制和模式；四是提升决策的科学化和公开化，通过多元治理主体的平等沟通、谈判和协商，实现决策过程的科学、公开和公正，构建开放、负责、高效和民主的社会治理模式。[①]

由此可见，实质性民主和地方政府治理能力的提升使得地方政府协同治理的能力不断提升，为更为广泛地开展地方政府协同治理奠定了基础。

（二）市场与社会主体：发展完善并具备与地方政府协同的可能

从中国的现实情况来看，企业作为市场经济的主体在中国改革开放的进程中发展迅速，而社会主体的发展总体滞后于市场主体的发展。但从第二章的分析中可以看出，这两类主体的能力均在不断提升且参与地方治理的意愿也有了长足发展。

从企业来看，主体地位的提升和财富的积累使企业日益关注社会责任和商业伦理问题。相关研究显示，中国企业社会责任报告数量持

---

① 张成福、李昊城、边晓慧：《跨域治理：模式、机制与困境》，《中国行政管理》2012 年第 3 期。

续增长，发展速度保持良好态势（如图 3 - 1 所示）。从地区分布来看，北上广地区发布最多，占比为 40.1%；从企业性质来看，国有企业发布报告占比为 60.4%；从上市情况来看，上市公司占报告总数的 75.3%①。对社会责任重视程度的提升成为企业参与地方多元主体协同治理的客观基础。

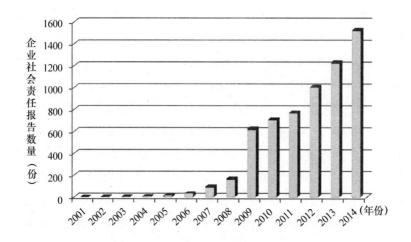

图 3 - 1　企业社会责任报告数量年度统计②

从社会组织来看，其设立的目的就是要为社会提供服务，近年来各类社会组织的建设受到了各级政府的大力支持，因此中国的社会组织与西方国家不同，在设立之初就拥有更好的与地方政府开展协同与合作的基础。

（三）科技发展：信息技术、"智慧城市"为协同治理创造平台

信息化革命是 20 世纪 80 年代以来世界发展的最重要特征，极大地推动了人类经济、社会、政治、军事等各方面的发展进程，创新了发展模式，提高了发展质量。在信息技术的支撑下，电子政务、政府

①　中国社会科学院经济学部企业社会责任研究中心等：《中国企业社会责任报告（2014）》，经济管理出版社 2015 年版。

②　同上。

信息化平台等建设加强了政府与非政府部门间的沟通与联系，同时也使不同地方政府间的信息共享成为可能。这就为地方政府的协同治理提供了信息共享的基础与平台。

另外，随着科技发展而产生的"智慧城市"建设思路，对于地方政府协同治理产生了巨大的推动作用。智慧城市是新一代信息技术支撑、知识社会下一代创新（创新2.0）环境下的城市形态。欧洲的智慧城市更加关注信息通信技术在城市生态环境、交通、医疗、智能建筑等民生领域的作用，希望借助知识共享和低碳战略来实现减排目标，推动城市低碳、绿色、可持续发展，投资建设智慧城市，发展低碳住宅、智能交通、智能电网，提升能源效率，应对气候变化，建设绿色智慧城市。[①]

在智慧城市建设方面，中国鼓励开展应用模式创新，推进智慧城市建设。深圳市、昆明市、宁波市等多个城市与 IBM 签署战略合作协议，迈出了打造智慧城市的第一步。北京市拟在完成"数字北京"目标后发布"智能北京行动纲要"，上海市将智慧城市建设纳入"十二五"发展规划。此外，佛山市、武汉市、重庆市、成都市等都已纷纷启动"智慧城市"战略，相关规划、项目和活动渐次推出。在这一过程中，由于智慧城市建设而产生的地方政府与智慧产业企业的协同，以及以智慧城市技术为平台所开展的地方政府间的协同、地方政府与非政府主体的协同，使得地方政府协同治理成为信息技术带动下的大势所趋。

三 地方政府多元主体协同的类型

在划分地方政府多元主体协同的类型时，首先需要对地方政府的组织结构进行细分，在本部分的讨论中，仅将地方政府细化至工作部门，工作部门以下的部门机构划分将不再讨论。因此地方政府的主体构成主要包括两个大类，一是某一级地方政府整体，二是某

---

① 《欧洲十大智慧城市深度研究报告》，中国产业洞察网（http://www.51report.com/free/）。

一级地方政府的工作部门。本部分在讨论协同治理的类型时将从地方政府总体角度出发，主要关注地方政府与同级地方政府或非政府部门间协同治理的模式，而不包括不同层级地方政府间的协同治理。根据协同的主体，可以将地方政府协同治理分为三种模式，如图 3 - 2 所示。

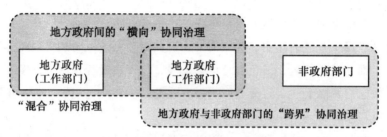

图 3 - 2　地方政府协同治理的模式①

（一）地方政府间的"横向"协同治理

地方政府间，尤其是地域相邻的地方政府间由于经济发展或者环境治理等共同利益问题而产生了协同的动力，通过地方政府间的"横向"协同治理，可以有效实现地区之间资源的合理配置、产业的合理布局、基础设施的共享以及环境污染的共治等。国外的地方政府间的"横向"协同治理所涉及的领域十分广泛，除了经济发展外，治安、消防服务等公共服务都可以通过地方政府间的"横向"协同治理来实现，某个地方政府可以向其他地方政府购买治安等公共服务，并可以从参与投标的不同地方政府中择优确定中标单位。

中国地方政府间的"横向"协同治理目前在经济建设方面已取得了较为突出的成效。以京津冀都市圈为例，在国家发改委地区司的统筹之下，京津冀三地共同对产业结构和布局进行了规划。北京市的重点发展领域是微电子、计算机、通信、汽车制造、光机电一体化、新材料、生物工程等为主的高新技术产业和现代制造业，以科研、文

---

① 翟磊：《地方政府协同治理的模式与运行机制——创新政府治理，深化行政改革》，国家行政学院出版社 2015 年版，第 688—696 页。

化、教育为主的创意文化产业以及以金融、保险、商贸、物流、会展、旅游等为代表的现代服务业。而天津在现有加工制造业优势与港口优势基础上，定位为大力发展电子信息、汽车、生物技术与现代医药、装备制造、新能源及环保设备等先进制造业，发展现代物流、现代商贸、金融保险、中介服务等现代服务业，适当发展大运量的临港重化工业。河北八市定位为原材料重化工基地、现代化农业基地和重要的旅游休闲度假区域，也是京津高技术产业和先进制造业研发转化及加工配套基地。

与经济发展的协同相匹配，中国的城市群或都市圈的建设大多包含地方政府在基础设施建设方面的协同治理，例如高铁、高速公路等，从而使城市群或都市圈的"距离"大大拉近。

（二）地方政府与非政府部门的"跨界"协同治理

地方政府与非政府部门间的"跨界"协同缘于单一治理主体在具体操作过程中往往会走入失灵的困境①。具体表现在：市场在垄断、公共物品及信息不完备等情况下失灵；政府部门在宏观调控的范围和力度或方式上选择失当，不能弥补市场失灵并在维持市场机制正常运行的合理需要时失灵；第三部门由于出现志愿主义和公益道德主义的理念不足或逐渐流失而导致"志愿性部门失灵"。由此可见，单一治理主体的失灵为"跨界"协同治理提出了要求。

这一模式下，协同治理的动力来自广泛的议题驱动，治理领域更加扩大，治理模式更加灵活多样，非政府部门参与更加广泛深入，治理主体的主动性和独立性增强以及共享利益共担风险的合作理念广泛形成。协同治理将形成多元自发的合作治理网络，治理主体可以参与并在多个治理网络之间变动。

多元驱动网络模式下，协同主体间将形成合作伙伴关系，参与者除地方政府、企业外，还包括社区组织、公民团体等广泛的第三方机构。协力合作的领域着重于基础性公共服务和公共设施建设，诸如科

---

① 刘晓：《协同治理：市场经济条件下中国政府治理范式的有效选择》，《中共杭州市委党校学报》2007 年第 5 期。

教文卫事业、社会治安、公共安全、公共危机等领域，实现对政府公共治理职能的补充或替代。例如，政府通过合同或协议等形式委托第三部门行使环卫等公共职能，通过这种方式操作的大多集中于专业性的行业和领域，第三部门中的一些社会团体通过独立自主开展公益性活动，从而在事实上起到替代政府职能的效果，成为参与社会治理的一种方式。

（三）两种模式并存的"混合"协同治理

所谓的"混合"协同治理模式，指的是协同治理的主体既包括同级的两个及以上地方政府，也包括非政府部门。这种"混合"协同治理模式在应对较大规模的突发事件或自然灾害的过程中具有其独特的优势。这种模式之下，全社会的资源能够有效地调动并得以整合，为实现地方政府阶段性目标而共同发挥作用。

"混合"协同治理的实现往往需要具备两个条件：其一，目标的高度统一性，这种目标的统一包括不同地方政府间的目标统一以及地方政府与其他非政府部门间的目标统一；其二，资源的高度分散性，即目标的实现需要各类资源的广泛支持，而这些资源广泛地分布于各类主体之中。以抗震救灾为例，自然灾害面前，人们的目标可以实现快速、高度的统一，并且抗震救灾所需资源量巨大，不同地区的地方政府以及各类非政府部门均拥有可以用于抗震救灾的资源，在这种情况下，"混合"协同治理应运而生。

但是"混合"协同治理的实现需要以各类主体的治理能力以及合作能力的提升为前提。"协"与"同"是协同治理的两个阶段，或者说是两种状态，如果协同主体的能力不足，则"协"的结果未必是"同"，反而可能是相互掣肘，"$1+1<2$"。只有当协同治理主体间拥有协同工作的方法，具备协同治理的能力时，才能实现"$1+1>2$"的结果。

第二节　组织规模与边界：弹性可渗透

从当前各级地方政府执行独特性任务的实践来看，项目组织的规模往往是随着项目的推进而不断发生变化的。以开发区建设为例，在开发区建设的初级阶段，管委会的主要任务包括土地整理项目、基础设施建设项目、招商引资项目等，在这种情况下，管委会的组织规模与机构设置总体相对精简。待开发区建设逐步成熟和完善时，管委会的经济职能呈现出与一般行政区政府趋同的特点，即对各类市场行为进行管理、监督与服务，与此同时，随着开发区企业与从业人口数量的增加，产生了对社会管理职能的需求，开发区管委会需要针对这些需求提供相应的社会管理与服务，包括教育、医疗、社会保障等，此时管委会的组织规模趋于扩大，机构设置趋于复杂。

这种组织规模的调整符合项目自身的发展规律，因此在地方政府任务结构改变的现实情况下，应当使地方政府的组织规模具有更强的弹性，使组织边界具有更强的可渗透性，以适应这种任务结构的变化。

一　组织规模具有更强的弹性和开放性特征

服务型政府的根本要求与出发点就是"服务"二字，政府组织要更好地为社会提供服务，就需要政府组织提高动态协调能力。由于各类项目对组织能力、组织成员构成、组织规模以及持续时间等的要求不同，这就要求地方政府根据项目的需求调整组织的规模及构成，弹性化是指政府及其机构有能力根据环境的变化制定相应的政策，而不是用固定的方式回应新的挑战[①]。

有关服务型政府的国内外研究均已证明，政府在提供公共服务的过程中需要扩大提供服务的组织范围，尤其要发展以项目的方式提供服务的组织，将社会组织吸收到提供公共服务的组织中来，由此可见，服务型地方政府的组织规模应当是开放的。从能力分析的角度着，封闭化的政府组织结构的结果是政府的协调只能在政府组织内部展开，组织规模的开放性有利于提高政府组织的动态协调能力，而服

---

① 参见［美］盖伊·彼得斯《未来政府的治理模式》，吴爱明译，中国人民大学出版社 2001 年版。

务型政府所需要应对的新情况有些是无法通过政府内部协调完成的，因此需要通过开放型的组织结构提高政府组织的动态协调能力，使政府在为特定顾客提供服务时可以充分整合与协调政府组织以外的组织。同时服务型政府要求地方政府对公众的需求有较强的回应能力，这也要求地方政府必须能够整合更多资源以增加回应的范围，增强地方政府组织的开放性，可以随时根据需要组织相关人员和社会组织为特定顾客提供服务。

（一）组织规模弹性化与开放化的含义

地方政府组织规模可以从广义与狭义两个角度理解，其中广义的理解可以将地方政府组织规模界定为为了完成地方政府任务而工作的所有组织及成员。因此在广义上地方政府组织规模的弹性化与开放化主要指的是根据地方政府任务的需要而与市场和社会组织开展必要的协同与合作。从狭义的角度来讲，地方政府组织规模指的就是地方政府的机构及人员构成。因此狭义角度的地方政府组织规模又可以从两个角度进行探讨，即机构规模与人员规模。

地方政府组织弹性化的问题是由盖伊·彼得斯首先提出的，中国学者是在各类突发事件频发的背景下才开始关注组织弹性问题的，之后这个概念又被学者们放在网络社会等情境下进行更为深入的研究[1]。有学者认为，弹性政府是政府能够根据社会情势的变化，及时回应社会需求，以提高组织效能、效率、适应性和创新能力为目标，通过改变组织目标、组织结构、组织形式、责任机制、激励机制、权力结构以及组织文化等来实现的一种新的政府治理模式[2]。而开放则意味着弹性化并不仅限于现有地方政府组织内部，而是面向市场、社会，以开放的方式实现地方政府的弹性化。

（二）地方政府机构规模的弹性化与开放化

从机构规模的角度分析，目前中国地方政府的机构设置总体是较为固化的，并且各个机构在设立后均具有相对稳定的特点，机构改革

---

① 王彬彬、刘祖云：《网络时代的政府组织特质展望》，《未来与发展》2010 年第 5 期。
② 靳文辉：《弹性政府：风险社会治理中的政府模式》，《中国行政管理》2012 年第 6 期。

与调整需经过编办调整"三定"方案，其程序相对复杂。但近年来随着地方政府改革的日益深化，各地方政府的组织机构中已经涌现出了一批具有地方特色的组织机构，例如，重大工程项目指挥部、各类特殊政策区域管委会以及重大活动组委会等，由此可见，随着地方政府面临的项目数量与种类的提升，各类项目型组织将不断增加，需要地方政府根据项目的数量、结构等灵活设立相应的机构与部门。从这个角度上分析就会发现在服务型政府建设的过程中，需要地方政府的机构规模具有弹性化的特征，可以根据项目的需求设立相应的机构，当然也应当在项目结束时予以撤销①，从而使地方政府机构的规模具有动态性的特点。这就要求地方编办对于机构设置应当采取两种不同的管理方法，对于履行日常行政职能的部门应当严格按照现有程序进行审批，但对于项目型组织则应当采取更为灵活和具有时效性的方式进行审批和管理，尤其应当重点监督管理的是项目型组织的撤销问题，应当制定相应的规章制度，确保项目型组织在完成项目任务后能够及时撤销。

（三）地方政府人员规模的弹性化与开放化

从人员规模分析，当前中国地方政府的人员规模严格受到编制控制，这对地方政府的预算管理来说是十分必要的。但是从完成地方政府所面临的各项任务，尤其是独特性任务的角度来看，严格的编制管理可能会影响到项目的顺利进行，原因可以归纳为两个方面：其一，项目所需人员数量的变动性强，并且地方政府在某一时期可能并行开展多个项目，从而带来对人员需求的短期性大幅度增加，在这种情况下现有的公务员队伍将无法满足这种人员需求；其二，项目所需人才的专业技能差异大，现有的公务员队伍中很可能面临没有相关专业人才的问题。因此就需要以更为灵活的方式对现有的公务员管理机制进行补充，具体可以采取以下三种主要方式。

第一种方式是通过聘任制解决地方政府对人员需求不稳定的问题，罗纳德·克林格勒（Donald E. Klingner）和约翰·纳尔班迪

---

① 张璋：《弹性化政府的组织设计》，《学习时报》2003 年 9 月 29 日。

（John Nalbandian）在《公共部门人力资源管理：系统与战略》中对美国人事制度改革进行了梳理，把美国公共人事管理历史大致分为四个过程，并且最终走向了"可选择的、弹性的雇佣关系"①，指出公共部门适用临时性兼职或者季节性雇员的数量明显增多。聘任制的方式是以平等自愿、协商一致的原则与拟聘人员签订聘任合同，让其受聘于专业性较强的职位和辅助性职位，并在任期之内享有行政编制②。这种方式对于解决地方政府项目型组织人员需求问题具有较强的适用性。目前中国深圳、浦东等地都在公务员聘任制方式上开展了大量有益的实践。

第二种方式是高级文官弹性任用与薪给制，实施公务员员额编制弹性化以及弹性运用临时人员。英国、新西兰、澳洲目前采用高级公务员的弹性任用制，相关法律规定高级文官可由民间企业中甄选任用，双方订定约五年的契约，视绩效情况制定弹性薪给制度③。

第三种方式是服务外包，借助专业组织及人才的力量协助地方政府完成项目工作。中国公共服务合同外包的发展总体上呈上升的趋势，到 2006 年有了井喷式的发展，而后虽略有下降，但基本保持了稳定④。这种方式之下，地方政府完成各项任务的人员规模将更加具有弹性和开放性。

二　组织边界具有较强的渗透能力与调整修复能力

在科层制地方政府组织模式之下，组织的边界十分清晰，包括上下级政府组织的边界、同级地方政府间的组织边界、各工作部门的组织边界以及地方政府与市场和社会的边界。地方政府依据这些边界来

---

① ［美］罗纳德·克林格勒、约翰·纳尔班迪：《公共部门人力资源管理：系统与战略》，中国人民大学出版社 2010 年版，第 32 页。

② 苏礼和：《公务员聘任制面临的困境及其对策分析》，《西南交通大学学报》（社会科学版）2009 年第 5 期。

③ 容志、胡象明：《信息、弹性与治理：弹性政府的理论与实践》，《兰州学刊》2009 年第 2 期。

④ 句华：《中国地方政府公共服务合同外包的发展现状》，《北京行政学院学报》2012 年第 1 期。

开展各种管理活动和进行资源配置，因此这些边界就构成了地方政府进行职能分工、权力分配的基础。然而根据当前地方政府任务结构的变化，需要地方政府开展各种层面上的跨界协同，因此就要求地方政府的各种组织边界具有较强的渗透能力，从而更好地发展各种协同关系，或者突破现有边界整合与建立各种项目组织。与此同时，地方政府的各种组织边界还应当具有迅速调整与修复能力，也就是说，应当在各种组织边界调整的过程中能够迅速适应并通过适当调适同时为完成组织原有任务和新任务而服务。

（一）预留与市场和社会组织接口

通过地方政府与市场和社会主体的合作，一方面可以更为广泛地调动资源，另一方面还可以发挥各类组织的专长权，更好地完成地方政府面临的任务。然而从地方政府科层制组织结构分析中可以发现，传统的地方政府及其组成部门缺乏与市场和社会组织的接口，导致地方政府有与市场和社会组织协同的意愿，却无法实现有效的协同。所谓的"接口"具体可以通过组织和机制设计来实现。

在组织设计方面，以杭州市城市品牌网群为例，以"让我们生活得更好"为核心价值，杭州城市品牌网群构建起了一个"研究院（中心）＋研究社团＋展览、推广、制作机构"为一体的复合社会主体，形成党政界、知识界、行业界、媒体界四界联动，聚集了一大批涉及社会各门类的专家学者群体和媒介人士，围绕推进城市品牌与行业品牌、企业品牌互动，从事开展城市品牌的研究与推广、评价活动[1]。这种网群平台的搭建就为杭州市政府与市场和社会组织的协同预留了接口。

在机制设计方面，以杭州市"红楼问计"为例，"红楼"是杭州市城市规划陈列馆的别称，自开馆以来，就尝试着用自己的方式搭建政府与百姓沟通的桥梁，搭建百姓参与城市建设重大项目的平台。杭州市城市建设重大项目规划，都会在这里公开展出，展前做好媒体的

---

① 朱光磊：《中国政府发展研究报告》（第三辑），中国人民大学出版社 2013 年版，第 237—240 页。

信息发布，展中反复征询、收集市民的意见和建议，展毕认真梳理意见和建议，以深化和优化建设方案①。2009 年还进一步将问计的载体拓展到网络平台上，通过这种机制设计，实现了地方政府与市场和社会组织之间的互动，并促进了地方政府与市场、社会间的协同。

（二）同级地方政府间、政府部门间边界可渗透

当前中国的城市群建设、环境治理、突发事件应对等的不断发展要求地方政府必须适时调整府际关系，打破原有的界限，增强协同的能力。增强同级地方政府间、政府部门间边界可渗透能力的方式也主要涉及组织设计和运行机制设计两个方面。

从组织设计的角度分析，国外的相关经验可以借鉴。以治理多瑙河为例，流域的 18 个国家共同成立了保护多瑙河国际委员会，主席由轮值的方式产生，负责协调各个国家开展流域治理、防灾预警体系建设等，这种组织机构的设置突破了各国政府组织的边界，实现了政府间的良好协同。而中国当前在地方政府之间和政府部门之间的协同机构建设方面尚较为缺乏，组织制度的缺乏大大增加了区域政府间的合作成本。同时，由于行政壁垒的存在，导致统一的市场与社会体系被行政区划和机构设置所割裂。

从组织运行机制角度分析，中国长三角地区的协同运行机制建设最为完善，长三角区域合作已形成了四个层次的区域合作机制。一是沪苏浙一市两省的党政会晤机制。2004 年以来，沪苏浙党政主要负责人每年举行会晤，商议、提出推进长三角区域合作的要求及合作重点领域，由一市两省政府分组织落实。二是沪苏浙经济合作与发展座谈会机制，这一机制始于 2000 年，是沪苏浙一市两省政府建立的由常务副省长参加的议事协调的机制，座谈会以轮流做东的形式每年召开一次会议，沟通协商合作领域及合作内容。三是长三角城市经济协调会议合作机制。在 16 个城市之间以专题合作的形式进行不同领域的合作，主要开展规划、旅游、科技、信息、产权、港口、交通等专

---

① 朱光磊：《地方政府职能转变问题研究：基于杭州市的实践》，南开大学出版社 2012 年版，第 329—330 页。

题项目的合作。四是部门间及行业间的合作机制。2000 年开始，一市两省和 16 个城市政府各个工作部门间也建立了联席会议、论坛、合作专题等合作机制。这些机制建设增加了组织边界的可渗透性，从而为进一步的合作与协同奠定基础。

第三节　组织结构：扁平化与网络化

组织结构是组织模式构成要素中显性化程度最高的一个，也是人们谈到组织模式时首先想到的内容。组织结构要解决的是如何将组织的各个单元有机结合起来形成协同运行的整体的问题。学者们在网络社会、风险社会、创新社会等前提下对地方政府组织结构变革问题已经开展了很多相关研究，提出了地方政府的任务型组织[①]、网络型组织、虚拟型组织[②]等新型组织结构。那么在建设服务型政府的过程中，地方政府任务结构的变化究竟对组织结构提出了哪些要求呢？

一　组织结构特征分析框架

理查德·L. 达夫特（Richard L. Daft）将组织的维度分为两种：结构性维度和关联性维度。结构性维度描述的是一个组织的内部特征，为衡量和比较组织提供了基础。关联性维度则反映了整个组织的特征，描述了影响和改变组织维度的环境。由此可见，所谓结构性维度实际上反映的是组织结构的特性。达夫特认为，组织的结构性维度有 8 个：规范化、专门化、标准化、权力层级、复杂性、集权化、职业化特性和人员比例[③]。斯蒂芬·P. 罗宾斯做了一个综合分析，认为主要的结构维度有以下 13 个：管理人员构成、自主性、集权性、复杂性、职权代理比例、差异化、规范化、一体化、职业化、控制幅

---

①　张康之、李圣鑫：《拉开任务型组织研究的帷幕》，《南京工业大学学报》（社会科学版）2006 年第 12 期。

②　张璋：《弹性化政府的组织设计》，《学习时报》2003 年 9 月 29 日。

③　Daft, Richard L., "Can Organization Sdudies Begin to Break out of the Normal Science Straitjacket: An Editorial Essay", *Organization Science*, No. 1, 1990.

度、专业化、标准化和垂直层级。斯蒂芬·P. 罗宾斯在综合其他研究者的基础上，提出了组织结构的三大特性，以此来描述组织结构的内部特征，这三大特性是复杂性（complexity）、规范性（formalization）和集权性（centralization）①。总结上述观点，并结合地方政府组织的特点，本部分将从如下三个方面来探讨地方政府的组织结构问题，如表 3 - 1 所示。

表 3 - 1　　　　　　　　　　组织结构特征分析框架

横向差异性	部门化
	团队化
纵向差异性	高耸化
	扁平化
空间差异性	分散化
	集中化

（一）横向差异性

组织结构的横向差异性是指一个组织成员之间受教育和培训的程度、专业方向和技能以及工作的性质和任务等方面的差异程度，并由此而产生的组织部门个人与个人之间、部门与部门之间或单位与单位之间的差异程度。横向差异性的大小主要取决于组织结构是部门化还是团队化，部门化的组织结构所带来的是部门内部员工的差异化程度低，而部门与部门之间差异性高，不同单位组织结构的同构性强，单位与单位之间的差异性弱。而团队化的组织结构则主要是针对一项独特性任务而构建的，因此团队成员之间的差异程度高，团队与团队之间由于组成团队的成员要求不同也具有较高的差异性。

（二）纵向差异性

纵向差异性是指组织结构中的深度，即组织结构中纵向垂直管

---

① Stephen P. Robbins, *Essentials of Organizational Behavior*, Englewood Cliffs, N. J. : Prentice Hall, 1988, pp. 54 - 55.

理的层级数及其层级之间的差异程度。管理层级越多，纵向沟通就越困难，层级之间信息传递失真的可能性越大，纵向的协调就越困难。因此，组织中的纵向管理层级数越多，纵向差异性就越大，纵向的复杂性程度就越高。与纵向差异性密切相关的是管理人员的控制幅度（span of control），它是指一个管理者直接有效地指导、监督或控制下属的人数。根据管理幅度的宽窄，可以将组织结构分为两种类型：高耸化（tall structure）和扁平化（flat structure）。一般而言，组织纵向管理层次增加，会使组织结构的纵向差异程度提高。

（三）空间差异性

空间差异性是指一个组织所管理的机构及其人员在地区分布上形成的差异程度。空间差异性可以看作横向和纵向差异性的扩展和延伸程度。由于组织的发展以及任务和管理权力在地理上的可分性，形成空间的扩展和分散的可行性。这种分散体现为分布距离的远近和分散数量的多少。空间分布越广、分布的数量越多，组织中纵向和横向的沟通与协调就越困难，组织结构的复杂程度就越高。

当一个组织规模不变时，分工越细，协调的任务越为复杂，监督和控制也更为困难。此时可以通过缩小管理幅度，增加管理层次，提高纵向差异性等方法来解决；也可以通过扩大管理幅度，减少纵向差异性，增加横向差异性等方法来解决。

但是如果一个组织的不同机构分布在不同的地区，空间分布越广，地区之间环境的差异性越大，组织结构中的横向和纵向差异性会增加，相应地组织结构的复杂性也会增加。

二 地方政府任务结构变化对组织结构的要求

科层制组织结构是一种能够适应地方政府常规性任务的组织结构，但是随着任务结构的变化，这种组织结构已经越来越不适应发展的需要。为了使组织与任务结构之间具有更强的匹配性，中国地方政府已经开展了很多组织结构的创新，例如建立领导小组、指挥部、管委会等，但这些并未形成一个完整的组织结构体系，而是在传统科层制的基础上"打补丁"，短时期来看这些组织结构变革能够为完成各种任务起到积极作用，但从长期来看可能造成更多更深层次的问题，例如，机构数量膨胀、运行机制不协调等。

要真正形成完整的地方政府组织结构体系，就必须从任务结构对组织结构的要求开始分析，进而探讨组织结构变革的总体趋势，并在此基础上提出系统化的地方政府组织结构变革的解决方案。

（一）常规性任务对地方政府组织结构的要求

在常规性任务对地方政府组织结构的要求方面，不仅可以从理论上加以探讨，更有丰富的实践经验支撑，总体来看可以概括为以下三个方面。

第一，组织内部趋同而部门间差异显著。常规性任务也是地方政府主要的日常行政职能的具体体现，通过长期的经验积累，形成了相对完善的分工体系，并在这种分工体系之上构建了不同的地方政府部门，由不同部门通过各司其职的方式履行对地方政治、经济、社会、文化领域的管理与服务职能。这样的任务构成就决定了地方政府各个不同部门内部的人员构成具有同质性的特征，其原因是任务所属领域具有同质性。例如财政部门由于主管地方财政事务，因此其内部成员的知识结构、能力结构均偏重财政领域，而教育部门则拥有更多有教育管理背景的公务员。组织内部的趋同性带来的是组织内部沟通交流丰富的"共同语言"，专业能力强。从部门间的差异性角度分析，常规性任务的部门分割必然带来部门间的差异性显著，从而带来跨部门沟通与协调的难度增加。在常规性任务的语境之下，对于部门间的沟通协调没有太高的要求，各部门各司其职才是常规任务对组织结构的最主要要求。

第二，科层制结构下的层级压缩。常规性任务的特点就是不断重复运行，并且这些常规性的行政管理与服务职能对于地区的正常运行与秩序维护具有基础性作用，也是不同时期地方政府职能构成中必不可少的部分。实践证明，常规性任务适合采用科层制的组织结构进行管理，以分工的方式提高工作效率。但这并不意味着这种组织结构不需要变革，近年来对于科层制组织结构进行批判的主要原因就是由于层级的高耸带来了组织的僵化，使组织应对环境变化的反应速度下降。因此学术界与实践领域在知识经济与信息社会发展的背景下，对于科层制组织开展了"扁平化"的再造运动，以期通过层级的减少来提升组织的反应速度。地方政府适当压缩行政层级也是提升政府反应速度的重要途径。从相对宏观的层面分析，中国近年来出现的省直管县的改革就是将省—市—县三级压缩为省—市县两级的一种地方政府扁平化的实践。

第三，较强的空间集聚性。由于常规性任务是通过组织内部分工方式展开的，虽然不同任务在地方政府部门之间体现出的是各自独立的特点，但是各种职能之间存在较强的相互关联性。尤其是对于行政当事人而言，往往需要同时面对不同的行政部门，这就要求地方政府各个部门具有空间上的集聚性，从而以更为便捷的方式为市场和社会服务。从地方政府内部管理的角度分析，统筹协调与整体性管理工作的开展也需要政府组织部门之间具有空间的集聚性。因此中国地方政府往往采用建设集中化办公场所的方式使各部门具有空间上的集聚性，在组织变革的过程中，行政审批中心、一站式行政服务大厅等都是使政府服务职能更为集中化的具体体现。

（二）独特性任务对地方政府组织结构的要求

独特性任务与常规性任务不同，常规性任务是系统性的，而独特性任务在地方政府组织中则体现为散点式的，具有一次性、局部性的特征。理念性、根本性的变革具有整体性、广泛性影响，例如服务型政府建设项目是作用于地方政府整体的。大部分地方政府的变革，即使是较大范围实施的改革项目，例如地方政府组织机构变革，也是在某几个重点机构的重组与整合领域体现出较高的强度，而对于大部分地方政府组织则影响并不显著。还有大量的项目其范围仅限于某个地方政府部门，或者某一特殊区域，如社会保障改革项目、开发区建设项目等。这些独特性的任务对地方政府组织结构的要求体现在如下三个方面：

第一，组织内部与组织间差异均较为突出。项目的独特性决定了每个项目都有与其他任务所不同的特征和要求，因此项目组织间的差异性相对容易理解，例如区域开发项目与文化及建设项目的组织成员构成具有显著差异。项目组织内部成员构成的差异性也是由项目的特点所决定的，作为地方政府的一项独特性任务，往往需要拥有不同专家技能的专业性人才共同完成。以区域开发项目为例，既需要建设方面的专业人才，又需要招商引资方面的专业人才，若将建设领域专业人才进一步细分，又可分为规划、设计、土建、道路、桥梁、管网、电力等，这些不同领域的专业人才通过合作的方式方可共同完成一个项目，由此可见，项目组织内部与职能部门相比应当具有更强的差异性。

第二，高度扁平化。任务的独特性和组织内部成员构成的差异性决定了项目组织完成任务的方式必然是各类专业人才的合作。由于项目组织成员的专业技能各有差异，因此与常规性任务组织相比，不易通过工作的共性而组成职能部门，应当是各自发挥其技能的互补性，通过合作与协同的方式共同完成组织使命。由此可见，独特性任务所需要的组织结构不是科层制的，而是团队式的，这种组织结构通常没有严格的组织层级划分，而是呈现出高度扁平化的特点，项目经理在项目组织中的作用主要是协调与沟通。

第三，较强的空间分散性。独特性任务要求其管理组织与任务之间具有空间上的一致性，即采用"现场指挥"的方式。原因在于独特性任务的性质决定了在项目的执行过程中将不断产生新的问题，即使充分运用项目管理的理论与工具也是无法完全提前预测的，因此管理者的现场指挥就显得尤为重要。然而由于地方政府所面对的各类项目在空间范围上呈现分散性的特点，以各类基础设施建设项目为例，其实施地点分布广泛，因此项目管理组织也必须随着项目分布的空间特点而呈现出空间上的分散性，从而确保项目管理工作的顺利开展。

三 地方政府组织结构变革趋势的具体表现

根据地方政府任务结构变化对组织结构的要求可以看出，虽然常规性任务与独特性任务对地方政府组织结构的要求不同，但从总体上仍可以归纳出两个显著的变革趋势，即扁平化与网络化。

（一）扁平化

组织的扁平化是指减少组织层级，对于中国地方政府来说，是对中国地方政府组织层级的压缩，尤其是行使行政审批与管理职能的部门层级的压缩。实践证明，高耸型的组织结构是与工业社会相适应的政府组织结构，原因在于这种组织结构有利于行政命令的贯彻与执行。

在信息化时代，许多学者均提出了政府组织结构扁平化的建议，因为扁平化有利于提高组织的动态协调能力。多层级的组织结构其协调机制必须依靠层层上报，再逐层下达命令实现，这种协调方式刻板且效率低下，而扁平化的组织结构则可以很好地克服这一问题。扁平化还有利于提高信息获得能力，因为扁平化在减少组织层级的同时，增加了管理的幅度，加大了政府组织与外界接触的范围，使得信息获取更加有效。同时扁平化使组织在面对新需求时的审批层级减少，有效增加了政府组织回应新需求的能力。

（二）网络化

从提高组织动态协调能力的角度对组织结构进行考察，这种动态协调能力是服务型政府以顾客为导向的服务理念的集中体现，由于服务型政府要求政府以顾客为导向，而顾客的需求是个性化的，这就要求政府机构具有动态协调的能力，协调本机构内的各个部门，甚至不同的政府机构为其服务。由此可见，团队化的项目型组织结构更有利于动态协调能力的提高。

从提高信息获取能力的角度考察，获取信息是为了使政府在为社会提供服务时能够更加主动。部门化的组织强调的是组织分工，组织成员的精力多集中于做好职责范围内的工作，眼光仅盯住所负责事项，而团队化的组织则更强调组织整体观念，使组织成员眼界放宽，有利于信息的收集。

从提高对公共需求的回应能力考察，对公共需求的回应即为服务，而部门化的组织在回应公共需求方面存在明显不足，当遇到新问题时，无法在部门间形成协商机制和做出快速有效反应。而团队化组织则可以在遇到新问题时迅速组织项目团队，进行有效应对。

第四节　工作流程：制度化与柔性化双轨运行

　　组织结构探讨的是如何将组织划分为更小的组成部分，并如何安排各个组织部分之间的关系问题，而工作流程则是探讨如何使组织的各个组成部分运转起来的问题，其中也包括组织构成部分之间的工作衔接关系问题。组织工作流程是反映组织各部门、各层级之间连接关系的，组织工作流程的标准化程度越高，可以反映出该组织的层级与部门设置越规范，如果组织工作流程具有较高的灵活性，则可以反映出组织的层级与部门设置也具有较高的灵活性。服务型政府的任务结构变化对于地方政府的工作流程也提出了挑战。从中国政府发展的总体趋势来看，制度化与规范化是当前各级政府面临的一项重要任务，要把"权力关进制度的笼子里"[①]，工作流程的制度化与规范化是其中重要的组成部分。流程再造理论认为任何组织的行为都可以细化为一系列流程，任何一项组织变革也都需要由流程变革来支撑。

一　任务结构变化对地方政府工作流程的要求

　　中国学者借鉴了 1993 年迈克尔·哈默（Michael Hammer）和詹姆斯·钱皮（James Champy）《再造企业》中所提出的相关理论，系统全面地提出了流程再造的概念和基本理论[②]。政府流程再造是对政府整个组织结构及其工作方式的调整，因而必须对政府体制作整体性的检验，全方位地思考未来政府的角色定位和任务结构变化问题。

　　（一）常规性任务对工作流程的要求

　　地方政府的常规性任务，具有不断重复的特征，使管理者可以在不断重复的过程中寻找规律并提出优化与改进的方案，从而提升服务

---

　　① 出自习近平总书记在中国共产党第十八届中央纪律检查委员会第二次全体会议上发表的重要讲话。

　　② 参见席西民《管理研究》，机械工业出版社 2000 年版。

型政府的服务能力，例如行政审批。在地方政府创新的过程中，涌现出了大量政府工作流程优化的案例，例如基于电子政务的审批流程优化，地方政府并联审批、一站式服务等，都是从流程的视角出发做出的有益探索。从当前地方政府常规性任务对工作流程的要求来看，可以归纳为三个方面。

第一，提高行政效率。提高行政效率既是地方政府自身的要求，也是市场与社会对政府常规性任务的要求。组织运行效率提升主要来源于两个因素的共同作用：其一，组织成员的积极性是否得到了有效的发挥，也就是组织个体工作效率提升的问题；其二，组织工作流程是否合理，也就是完成任务的过程设计问题。其中激励组织成员发挥主观能动性的问题将在后续讨论运行机制时着重加以论述，本部分将重点分析地方政府的流程再造问题。为了提高行政效率，地方政府可以采取两种形式开展组织流程再造，一种是基于新技术应用的组织流程再造，以电子政务技术为代表①，当前又有了云政务、智慧城市等技术的支撑，这些新技术的应用，可以使地方政府通过流程再造大幅度提升常规性任务的工作效率。另一种是基于组织结构调整的组织流程再造，这种方式在地方政府行政审批改革中体现得尤为突出。

第二，提高满意度。有学者提出，建设服务型政府，实际是建设人民满意的政府，最终还是要看人民群众是否满意和满意度的高低②。因此在服务型政府建设的大前提下谈流程再造问题，最终的落脚点应当是提升人民群众的满意度，这也是"服务"意识所追求的价值核心。这就要求地方政府的流程设计应当以人民群众的需求为出发点。这就衍生出了两个问题，第一个问题是了解居民对公共服务的实际需求，有学者提出这是有效供给公共服务的关键命题③，认为蒂布特"用脚投票"模型正试图构建一个半市场的"投票"机制，在

---

① 高小平：《服务型政府建设下一步怎么走》，《人民论坛》2006 年第 3 期。
② 薄贵利：《服务型政府建设战略：目标与重点》，《人民论坛》2012 年第 5 期。
③ 郁建兴、高翔：《中国服务型政府建设的基本经验与未来》，《中国行政管理》2012 年第 8 期。

确保地方政府回应居民需求的同时，使地方居民表达他们的真实需求，从而避免有限政府资源的滥用①。在了解需求的基础上，第二个问题才是如何满足需求的问题。这两个问题的解决都需要在地方政府流程设计上进一步进行优化，从而通过合理的流程来获取人民群众的需求信息和为其提供满意的服务。

第三，规范运行。即依据国家法律法规，研究制定政府提供公共服务的基本程序和行为规范，并要求政府公务员严格按照既定程序和规范办事，防止和克服行政运行的随意性②。地方政府流程设计的规范化与标准化是有效克服由于"自由裁量权"过大而带来寻租、腐败等问题的方法，也是建立地方政府监督机制的前提。这就要求地方政府在对常规性任务进行充分的分析和流程优化的基础上进一步进行流程的制度化与标准化，从而使地方政府的权力运行真正实现公正、公开、透明。

（二）独特性任务对工作流程的要求

由于规范是通过不断重复与总结而得来的，因此项目的独特性与一次性特点决定了该类任务是无法进行规范化的。同时规范化的工作流程也无法满足项目的独特性要求。从项目自身的信息完备特点可以将项目分为两大类，即开放性项目与封闭性项目，封闭性项目的独特性较弱，或者说封闭性项目具有较高的信息完备程度，因此组织可以对封闭性项目进行较为粗略的规范化流程设计，但却无法像常规性任务那样编制出明确的岗位责任书与岗位工作流程。对于开放性项目而言，由于信息缺口大，因此在项目实施过程中将面对更多的不确定因素，因此工作流程的规范化就更加不现实了。基于独特性任务自身的特点，其对组织工作流程的要求主要体现在如下几个方面。

第一，提高信息获取能力与组织学习能力。信息是项目顺利运行过程中不可缺少的部分，从信息获取角度进行分析，项目管理过程本身就是一个不断完备信息的过程（如图 3 - 3 所示）。

---

① Charles M. Tiebout, "A Pure Theory of Local Expenditures", *The Journal of Political Economy*, No. 5, 1956.

② 薄贵利：《服务型政府建设战略：目标与重点》，《人民论坛》2012 年第 5 期。

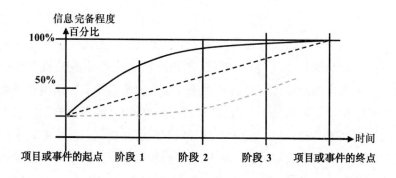

图 3 - 3　项目管理过程与信息完备程度的关系①

由图 3 - 3 可见，在项目起始阶段，存在较大的信息缺口，项目管理工作的重要任务之一即为尽快弥补这一信息缺口，如图 3 - 3 中实线所示，从而提高决策的准确性与有效性，更好地为项目的实施配备资源。自古以来，中国人在项目管理领域始终重视信息收集的重要性，这一点从兵家古语"知己知彼，百战不殆"中即可看出。如若项目的信息收集是沿黑色虚线方向进行，则将导致在项目运行初期阶段由于信息缺口而带来的资源浪费；如若项目的信息收集是沿灰色虚线进行，则可能由于缺乏信息而导致决策的失误，使项目最终无法达成目标。

基于信息在项目管理中的重要性，地方政府在执行各类项目的过程中应不断增强组织的信息收集与信息沟通能力。规范化的组织工作流程适合完成各项行政管理与服务任务，然而在这一过程中也正是由于工作流程的规范化而降低了组织对信息的捕捉能力。因此项目管理的组织工作流程应当是柔性化的，在柔性化的流程中，组织成员需要不断思考，并加强与组织外界的各种联系，增强组织获取信息的能力。在组织内部则需要建设学习型组织，这就要求项目组织在内部建立全通道式的组织信息网络，通过信息的传播与共享来提升项目组织对项目运行过程的把握能力和决策能力。

---

① 戚安邦：《项目管理学》，科学出版社 2012 年版，第 185 页。

第二，具备快速应变与创新能力。当项目组织收集到与项目相关的各类信息后，就需要根据所收集的信息进行快速应变。而缺乏快速应变能力是规范性工作流程与科层制组织结构受到诟病的最主要原因。工作流程的规范程度越高，快速应变能力则会越弱，原因在于规范化的工作流程是以分工为前提的，而分工所带来的条块分割必然带来组织应变能力的减弱。应变能力与地方政府在提高行政审批效率的过程中提出的增强反应能力、缩短审批周期等不同，最本质的差别在于应对的是"变"还是"不变"。如果任务是"不变"的，可以通过流程的规范化提高效率，如果任务是"变化"的，那么则需要通过增强组织工作流程的柔性来应对。项目运行过程中的各种变化是由于不确定性带来的，这些变革很可能会打破项目组织现有的工作优先次序安排，需要组织通过迅速调整来应对。与应变能力具有密切联系的就是组织的创新能力，由于每一次的变革都是具有独特性的，因此就要求项目组织具有较强的创新能力。根据郭济等学者的观点，政府只有不断提升创新能力，才能在构建和谐社会中，不断解决新矛盾，处理新问题，实现新进步、新发展、新突破①。从创新活动本身的程序特征来看，创新的流程是差异化的、无法进行规范的。

第三，具备应对复杂局面的能力。项目的独特性决定了其运行过程中的复杂性，尤其是对于区域性的复杂项目而言，例如突发事件应急项目，项目执行过程本身受到诸多因素影响，包括自然因素、技术因素、社会因素、组织因素等，同时还可能存在多重复杂性叠加的局面，例如对抗自然灾害的同时还要对抗疫病及开展心理辅导等，而且这些因素相互交织、相互影响，表现得错综复杂，甚至十分尖锐。这就要求地方政府在充分掌握信息和及时开展应对工作的同时，具备全局意识和应对复杂局面的能力。这种能力在组织工作流程上将体现为高度的灵活性，要求组织能够根据复杂局面的要求，随时调整工作流程，并迅速在组织内部组织实施。

---

① 郭济：《充分发挥政府在构建和谐社会中的作用》，《中国行政管理》2005 年第 10 期。

二　地方政府工作流程变革的总体特征

由于常规性与独特性任务对地方政府的工作流程有着不同的要求，因此在开展地方政府工作流程变革的过程中，总体思路可以概括为：制度化与柔性化的双轨运行，即在常规性任务组织中采用制度化的方式对工作流程进行规范，在独特性任务组织中采用柔性化的方式实现项目目标。工作流程的柔性化与行政行为的规范化并没有本质上的冲突，两种方式都是为了提高行政的效率与效果。采取工作流程灵活化的办法更好地服务于市场与社会正是提高行政效率与效果的有效方法。

（一）常规性任务：在流程优化基础上加强制度化建设

地方政府行为规范化可以从两个层面加以探讨，一个是从相对宏观和具有普遍指导意义的层面分析，即地方政府行为的法治化问题，强化行政自由裁量权的司法控制[①]，使用立法与司法的方式规范地方政府的职能及其运行。另一个是从具体操作层面分析，即地方政府行为的制度化问题，学者们对政府不同领域工作内容的制度化问题开展了一系列研究工作，包括地方政府创新的制度化[②]、政府购买公共服务的制度化[③]、社会管理的制度化[④]等，这些制度的构建将对地方政府的行为起到规范化的约束作用。

但制度化或规范化并不意味着僵化，在服务型政府建设的过程中，制度化与流程优化应当是交替进行的，通过流程优化在新技术、新需求的条件下为地方政府各项工作寻求优化的解决方案，之后以制度化的方式将其固定下来。在制度执行的过程中，继续根据技术及需求的变化寻找新的流程优化的突破口，优化之后再以制度的形式予以

---

① 申来津、朱颖慧、叶敏：《论政治文明视域下的政府法治化路径》，《社会主义研究》2013 年第 1 期。

② 王焕祥、黄美花：《东西部地方政府创新制度化能力及其可持续性的实证比较》，《社会学辑刊》2008 年第 1 期。

③ 陆春萍：《中国政府购买公共服务的制度化进程分析》，《华东理工大学学报》（社会科学版）2010 年第 4 期。

④ 教军章：《政府社会管理制度化建设及其限度——社会稳定发展的视角》，《苏州大学学报》（哲学社会科学版）2014 年第 5 期。

固定。这样就可以在地方政府执行常规性任务的过程中实现持续改进的目标，从而以更有效率和更为满意的方式满足市场与社会不断变化的需求。

（二）独特性任务：在柔性化基础上加强监督机制

地方政府中负责项目管理的组织的工作流程与常规性任务组织的工作流程应具有显著的差异性，最主要的体现就在于，项目管理的流程是高度柔性化的，地方政府除了可以对一些具有共性的项目进行阶段划分之外，具体任务执行过程中的工作流程却因项目的独特性而不具备制度化的可能。这就需要项目管理组织充分发挥自主性，根据项目自身的特点和需要灵活掌握项目运行的流程，并不断根据变化对工作流程进行调整与修正。

工作流程的高度柔性就意味着在地方政府项目管理领域将始终保持较高的自由裁量权，这就带来了另一个问题，即如何对其执行过程及效果进行监督的问题。从目前中国地方政府对项目的绩效评估可以看出，当前的监督方式主要是以结果为导向的，通过对项目最终产出成果、项目决算等进行验收和评估来实现对地方政府项目管理工作和财政资金运用效果的监督。但这种监督方式相对被动，不利于问题的及早发现与解决。在监督机制建设方面，世界银行和亚洲银行等组织已形成了一系列行之有效的机制与方法，对项目运行的全过程进行监督。地方政府可以借鉴相关经验，建立对项目的跟踪评估以及后评估的机制，而且这种监督机制是可以通过制度化的方式固定下来的，这样就可以"防患于未然"，避免"秋后算账"。

第四章

项目导向型组织理论的适用性

项目导向型组织（Project Oriented Organization，POO）的概念最早可以追溯到 1991 年罗兰·格里斯（Roland Gareis）提出的项目导向型企业（Project Oriented Company，POC）[①]，根据他的观点，项目导向型企业是一种在复杂的环境中能够应对各种挑战并抓住机遇的组织形式，这种组织可以在正常开展运营工作的同时实施多个项目。在这一概念的基础上，西方国家的学者们又提出了项目导向型社会（Project Oriented Society，POS）[②]、项目导向型政府（Project Oriented Government，POG）[③] 以及项目导向型国际社会（Project Oriented International，POI）等概念，并将这一组概念中的共性特征进行总结归纳，称之为项目导向型组织[④]。综合其观点，项目导向型组织是在组织结构上兼具常设性与临时性的二元组织，具有较强的多元相关利益主体协调能力、较高的从宏观到微观的项目管理能力，同时具有学习型与合作型的特征。国外学者的相关研究大多针对一般性组织，对政

---

① Roland Gareis, "Management by Projects: the Management Strategy of the 'New' Project-Oriented Company", *International Journal of Project Management*, No. 2, 1991.

② Roland Gareis and Huemann M., *Specific Competences in the Project-oriented Society*, *PM Research Workshop Vienna* Ⅵ, Vienna: Vienna University of Economics and Business Administration, 1999, pp. 13 – 17.

③ Roland Gareis, *Management of the Project-oriented Company*, New York: Wiley, 2004, p. 1.

④ Roland Gareis, *Knowledge Elements for Project Management and Managing Project-Oriented Organizations*, Vienna: University of Economics and Business Administration, 1999, p. 1.

府组织的研究尚停留在"项目导向型政府"这一概念的提出阶段。从国内的相关研究来看，张康之等学者基于政府独特性任务不断增加的现状提出了任务型组织的概念①，从任务型组织资源获取②、组织结构③、组织设立到解散的过程④等角度开展了系列研究工作，并在此基础上对中国行政改革提出若干建议⑤。但对于任务型组织与政府常规组织间的衔接、协同等问题涉及较少。戚安邦等学者则将国外项目导向型组织的概念引进国内，并结合地方政府的实际情况开展了有针对性的研究工作⑥，但总体尚处于起步阶段。

第一节　项目导向型组织与项目导向型政府

有关项目导向型组织、项目导向型政府、项目导向型社会和项目导向型国际社会的研究工作始于 20 世纪末 21 世纪初，至今只有 20 多年的时间。但是由于全球化的知识经济发展与推进，在此方面的研究发展十分迅速。

一　项目导向型组织的相关研究

项目导向型组织模式的概念和模型首先是由罗兰·格里斯⑦和特纳·J. 罗德尼（Turner J. Rodney）⑧ 等人在 1999 年提出的，基于项

---

① 张康之、李东：《任务型组织之研究》，《中国行政管理》2006 年第 10 期；张康之、李圣鑫：《拉开任务型组织研究的帷幕》，《南京工业大学学报》（社会科学版）2006 年第 12 期。

② 张康之、李东：《论任务型组织的资源获取能力》，《公共管理学报》2008 年第 1 期。

③ 张康之、周雪梅：《论任务型组织的结构》，《江苏行政学院学报》2007 年第 3 期。

④ 张康之、李圣鑫：《论任务型组织的解散》，《中国行政管理》2007 年第 1 期。

⑤ 李圣鑫：《任务型组织：政府改革的新组织取向》，《宁夏社会科学》2006 年第 5 期。

⑥ 戚安邦等：《面向知识经济与创新型国家的项目导向型组织和社会研究》，《科学学与科学技术管理》2006 年第 4 期；翟磊：《面向独特性任务的地方政府组织模式模型与变革途径——基于项目导向型组织理论的研究》，《项目管理技术》2011 年第 12 期。

⑦ Roland Gareis, *Knowledge Elements for Project Management and Managing Project-Oriented Organizations*, Vienna: University of Economics and Business Administration, 1999, p. 1.

⑧ Turner J. Rodney, *Handbook of Project-Based Management: Improving the Processes for Achieving Strategic Objectives*, London : Mc Graw-Hill, 1999, pp. 1 – 10.

目导向型组织的概念，他们进一步提出了项目导向型社会的概念，格里斯和国际项目管理协会的研究成果认为，项目导向型社会是一种实现对各种创新活动进行有效管理的社会组织形式，他们对此的定义是：在这种社会中营利与非营利组织经常使用基于项目和项目集管理的方法开展具有独特性和复杂程度较高的工作，这样的社会就被称之为项目导向型社会。这种社会所具有的特征包括：全社会有较强的项目管理教育、项目管理研究和项目管理营销服务能力，构成这种社会的项目导向型组织具有很高的项目、项目集、项目组合管理能力，这些项目导向型组织中的个体管理、团队管理、二元化组织设计都是为开展各种项目（尤其是创新性项目）服务的。

在系列概念提出后，相关研究大体可分为三个方向：一是对项目导向型组织的评价，格里斯等开发了项目导向型组织的评价指标体系，以雷达图的形式对英国、瑞典等国开展了系列的实证研究[①]，这方面研究还包括美国项目管理协会所发布的组织项目管理成熟度模型，通过"最佳实践"、能力、结果和绩效指标，评估组织通过管理单个项目和项目组合来实现战略目标的能力[②]；二是对项目导向型组织的具体管理方法与管理工具的研究；三是偏重于从战略的角度研究如何通过项目导向型组织的建设来提升组织竞争力[③]。

（一）项目导向型组织的评价

2000 年，以欧洲国家为主体的国际项目管理协会（International Project Management Association，IPMA）委托奥地利维也纳经济管理

---

① 参见 Roland Gareis and C. Gruber, *Final Research Report*：*Analysis of Austria as a Project-Oriented Nation*, Vienna：University of Economics and Business Administration, 2005；Roland Gareis and C. Gruber, *Analysis of Project-oriented Companies and of Austria as a Project-oriented Nation*, Vienna：University of Economics and Business Administration, 2005, pp. 3 – 11；Greeting L., *Maturities of Project-oriented Companies of about 15 Project-oriented Nations*, Vienna：Vienna University of Economics and Business Administration, 2006, p. 2。

② PMI, *Organizational Project Management Maturity Model*（*OPM*3）, Pennsylvania：Project Management Institute（PMI）, 2008, p. 3.

③ Morris, P. and Jamieson, A., *Translating Corporate Strategy into Project Strategy*：*Realizing Corporate Strategy through Project Management*, Pennsylvania：Project Management Institute（PMI）, 2004, pp. 13 –15.

大学项目管理小组开展了有关项目导向型组织和社会评价的课题①，该研究课题分两批对以欧洲国家为主的 10 个国家进行了项目导向型社会的评价和研究，并发表了系列研究评价报告②，对奥地利、英国、瑞典等国开展了实证研究。这些研究评价报告显示：由于瑞典和英国等国家的项目导向型组织和社会发展较为成熟，所以它们的创新型国家建设和知识经济发展水平较高，而有些国家因项目导向型社会建设方面的不足而严重影响了创新型国家的建设。随后，IPMA 还进一步开展了项目导向型组织与社会的系列研究课题，并且从 2004 年起由奥地利维也纳经济与管理大学开展了项目导向型国际社会的研究③。他们的研究结果表明，一个国家要建设创新型国家和发展知识经济就需要开展项目导向型组织和社会的建设。

与此同时，以美国为主的项目管理协会（Project Management Institute，PMI）也开展了相关研究工作，他们从研究如何提高各种组织的项目管理成熟度入手，最早他们也是在 1999 年由卡洛斯·A. 阿托（Karlos A. Artto）等人提出了项目导向型公司的管理办法④，随后在 2001 年推出了项目管理成熟度模型试行标准⑤。随后，哈罗德·R. 科斯纳（Harold R. Kerzner）等分别推出了项目战略计划管理成熟度

---

① Roland Gareis, *Research Report: Assessment and Benchmarking of Project-oriented Societies: Results of the POS Benchmarking Group*1, Vienna: University of Economics and Business Administration, 2001, pp. 1 - 2.

② Roland Gareis and Gruber C. , *Final Research Report: Analysis of Austria as a Project-oriented Nation*, Vienna: University of Economics and Business Administration, 2005, pp. 1 - 3; Roland Gareis and Gruber C. , *Project management in Austria: Analysis of the Maturity of Global Project Management Handbook, Austria as a Project-oriented Nation*, New York: Mc Graw Hill, 2006, p. 1; Roland Gareis and Gruber C. , *Analysis of Project-oriented Companies and of Austria as a Project-oriented Nation*, Vienna: University of Economics and Business Administration, 2005, p. 1.

③ Huemann M. , etc. , *Proposal of Project Orientation International*, Boston: IPMA and Project Management Group, 2005, pp. 3 - 7.

④ 参见 Karlos A. Artto, "Project Portfolio Management-The Link Between Projects and Business Management", *Helsinki University of Technology, Finland*, 2001。

⑤ 参见 Schichter J. , "PMI's Organizational Project Management Maturity Model", *PMI Nashville Annual Symposium*, 2001。

模型和项目管理成熟度模型①。最终，PMI 于 2004 年推出了组织的项目管理成熟度度量模型的规范（OPM3，Organization Project Management Maturity Model）②，经过多年的验证现在 OPM3 已经变成了 PMI 的规范，并使用它为各种组织的项目管理能力提升服务，其研究成果是从组织建设的角度对项目导向型组织相关研究的补充与丰富。在设计 OPM3 时，项目团队审查和分析了 27 种同时代的成熟度模型来识别需要模仿或避免的事宜。OPM3 由三个相互联系的要素组成，即知识、评估和改进，包括了数百个最佳实践，数千种能力、输出和关键绩效指标以及最佳实践之间的数千种依赖关系。基于 OPM3 对组织的项目管理成熟度进行评价的实践活动已在世界各国展开。PMI 的实证研究结果表明，OPM3 模型和方法的确能够提高社会各种组织的项目管理成熟程度和能力，从而能够很好地推进知识经济和创新型国家的建设与发展，所以是一种更加直接的项目导向型社会建设方法和途径。

欧洲的一些学者也在进行 OPM3 模型和方法的研究，并发表了他们对于 OPM3 的应用研究成果③。上述研究虽然出发点与研究途径不同，但研究结论却殊途同归，从不同的角度论证了基于项目的组织变革的重要性并提出了理论模型。

欧美的这些研究成果表明，一个国家要建设创新型国家和开展有效的创新活动，首先需要设法提升全社会的现代项目管理能力，这就需要开展项目导向型社会和项目导向型企业与政府的转变和建设。因为在创新型国家中需要使用项目导向型社会和项目导向型组织为各种创新活动提供组织和管理保障，这是一种为以创新为主的先进生产力提供支持和帮助的生产关系。国内的相关研究尚处于起步阶段，研究内容以在国外项目导向型组织相关研究的基础上结合中国国情的适应

---

①　参见 Harold R. Kerzner, *Strategic Planning for Project Management Using a Maturity Model*, New York: John Wiley & Sons, 2001。

②　参见 PMI, *PMI's Organizational Project Management Maturity Model Standards*, USA: PMI, 2004。

③　Michel Thiry and Manon Deguire, *Recent Developments in Project-based Organizations*, Brighton: Proceedings of IRNOP Ⅷ, September 2007, pp. 649－658.

性研究为主①，初步提出了项目导向型组织的模型②，还有学者对项目导向型组织、项目导向型社会、项目导向型企业以及项目导向型政府的基本特征与组织结构开展了相关研究③，并就这些理论在中国的本土化应用提出了对策建议。④

（二）项目导向型组织的管理方法与工具

在这一领域开展的研究工作类别众多，主要集中于实践领域的具体管理与操作层面。从组织运行的角度来看，有学者对项目导向型与问题导向型组织学习方式进行了分析，并从宏观、微观两个维度提出了项目导向下基于问题的学习模型，以此提升组织自我学习与改进的能力⑤；有学者针对项目管理办公室的职能问题及其职能发挥提出具体建议，并对项目管理办公室的具体作用以及与组织其他职能部门间关系问题进行了探讨⑥。从人员管理的角度，人力资源管理问题始终是项目导向型组织研究关注的重点，这些研究大多是基于学习型组织的理论对项目导向型组织的人力资源管理问题的探讨⑦，包括知识吸

----

① 戚安邦、翟磊：《论面向创新的项目导向型社会和组织的建设方法》，《中国科技论坛》2008 年第 5 期；卢向南、朱祥松：《浅议项目导向型企业组织结构的设计》，《技术经济与管理研究》2004 年第 4 期。

② 戚安邦、于波：《面向创新的项目导向型企业体制与机制的集成模型与方法》，《南开管理评论》2007 年第 5 期。

③ 戚安邦、于波：《面向和谐社会与创新型国家建设的项目导向型政府研究》，《生产力研究》2008 年第 1 期；戚安邦等：《浮现中的中国现代项目导向型社会与组织》，电子工业出版社 2009 年版，第 6—25、106—121、183—207 页。

④ 侯海东、姜柏桐、李金海：《知识经济下项目导向型企业组织结构模式研究》，《科学学与科学技术管理》2008 年第 11 期。

⑤ Qureshi, Umair Mujtaba, etc., "Project Oriented Problem Based Learning: A Wireless Sensor Network Perspective", *Wireless Personal Communications*, Vol. 76, No. 3, 2014.

⑥ M. Parchami Jalal and S. Matin Koosha, "Identifying Organizational Variables Affecting Project Management Office Characteristics and Analyzing Their Correlations in the Iranian Project-oriented Organizations of the Construction Industry", *International Journal of Project Management*, Vol. 33, 2015.

⑦ Turner R., "Human Resource Management in the Project-oriented Organization: Employee Well-being and Ethical Treatment", *International Journal of Project Management*, No. 5, 2008; Huemann M., "Considering Human Resource Management when Developing a Project-oriented Company: Case Study of a Telecommunication Company", *International Journal of Project Management*, No. 4, 2010.

收能力与组织项目管理绩效之间的关系研究①等。

（三）组织战略目标与项目导向型组织

战略是组织未来发展的方向，从组织战略与组织发展现状之间的关系来看，战略目标是组织发展未来的、高级的形态，而达到战略目标需要组织开展一系列的活动和组织变革，具体而言需要依靠一系列项目来支撑②。因此如何基于组织发展目标为组织选择适合的项目，即项目组合管理的问题日益受到学者们的关注③。近年来，相关学者在该领域开展了操作层面的研究工作，例如对项目组合执行效果进行评价④、构建项目导向型企业项目战略符合度评价指标体系并对项目战略符合度进行评价⑤等。

二 项目导向型政府的相关研究

根据 IPMA 等相关研究结果可知，项目导向型政府是项目导向型社会中的一种新型政府，项目导向型政府是一种以创新活动为主导，面向知识经济与社会的服务型政府。在项目导向型社会中各种项目导向型组织是项目导向型社会的基本单元，项目导向型政府是为知识经济与创新型国家提供管理和服务的项目导向型组织。所谓"项目导向型政府"是一种存在于项目导向型社会中的政府组织，而所谓"项目导向型社会"是一种以创新与项目为主导活动的知识经济的社

---

① Sujinda Popaitoon and Sununta Siengthai, "The Moderating Effect of Human Resource Management Practices on the Relatio nship between Knowledge Absorptive Capacity and Project Performance in Project-oriented Companies", *International Journal of Project Management*, Vol. 32, 2014.

② 参见 Morris P. and Jamieson A., *Translating Corporate Strategy into Project Strategy：Realizing Corporate Strategy through Project Management*, Pennsylvania：Project Management Institute (PMI), 2004。

③ Gutjahr, Walter J, etc., Multi-objective Decision Analysis for Competence-oriented Project Portfolio Selection, *European Journal of Operational Research*, Vol. 205, No. 3, 2010.

④ Purnus, Augustin, Bodea and Constanta-Nicoleta, "Project Prioritization and Portfolio Performance Measurement in Project Oriented Organizations", *Procedia-Social and Behavioral Sciences*, Vol. 119, March 2014.

⑤ 吴卫红、李小伟、张爱美：《基于战略层次的项目导向型企业项目组合选择》，《技术经济》2013 年第 4 期。

会形态。在项目导向型社会中各种创新和项目成了全社会创造财富和福利的主要手段，"科技成为第一生产力"且知识经济成为人类社会发展的主导方式。中国开展创新型国家建设和提升自主创新能力都是为知识经济发展服务的，所以需要建设面向知识经济的项目导向型社会，继而需要建设项目导向型政府。

（一）项目导向型政府的特征

从社会科学的角度来看，项目导向型政府和项目导向型社会的建设实质上是通过先进生产关系的建设去促进知识经济的先进生产力（即科技与社会创新能力）不断发展的手段和途径，现在中国正需要依据这方面的研究成果去开展先进生产关系的建设和变革，然后用其产生的反作用去大力促进中国知识经济的先进生产力的发展[1]。从服务型政府建设的角度来看，学者对项目导向型政府和服务型政府之间的关系进行比较研究，并认为建设项目导向型政府与构建服务型政府是同向的过程[2]，并且对服务型政府的具体建设过程进行分析，认为对社会公共需求应在战略上以项目的形式进行分解，并以项目管理的内在要求分重点有步骤地逐步满足[3]。除了对项目导向型政府的性质、概念进行研究之外，有学者进一步总结归纳了项目导向型政府的模型与特征[4]（见图4-1）。

由图4-1可以看出，项目导向型政府与科层制的政府在组织结构、服务内容、组织文化和组织能力等各方面都有所不同，项目导向型政府所具有的特征主要包括如下几个方面。

第一，具有项目、项目集和项目组合管理能力。项目导向型政府要有对于单个项目、项目集和项目组合开展管理的广义的现代项目管

---

① 黄范章：《双重身份和双重职能的改革应是政府体制改革的重点》，《东南大学学报》（哲学社会科学版）2006年第2期。

② 韦如梅：《论项目导向型政府及其对于构建服务型政府的意义》，《江苏行政学院学报》2009年第3期。

③ 惠冰、杨国鹏：《中部地区城市政府公共服务的工具选择——构建项目导向型政府》，《天津师范大学学报》（社会科学版）2008年第4期。

④ 戚安邦、于波：《面向和谐社会与创新型国家建设的项目导向型政府的研究》，《生产力研究》2008年第1期。

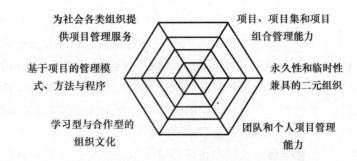

为社会各类组织提
供项目管理服务

基于项目的管理模
式、方法与程序

学习型与合作型的
组织文化

项目、项目集和项目
组合管理能力

永久性和临时性
兼具的二元组织

团队和个人项目管理
能力

图 4 - 1　项目导向型政府的模型和基本特征蛛网图

理能力，因为各级政府首先需要按项目组合的方式去制定和实施其社会发展战略，然后要按照项目组合、项目集和一个个具体项目去组织实施并最终实现社会发展的战略目标。

第二，采用永久性和临时性兼具的二元组织结构。项目导向型政府既要有永久性的行政和职能管理部门，又要有临时性的项目团队去完成独特性任务（即项目），而且要以项目为导向（Project Oriented，PO）去建设这种二元组织结构。因为项目导向型政府既要开展依法行政和日常管理与服务活动，还要应对各种具有一次性和独特性特征的项目工作。

第三，具有良好的团队和个人项目管理能力。项目导向型政府必须做好政府公务员个人的项目管理能力与政府跨部门项目团队管理能力建设工作，因为这种项目导向型政府的管理与服务能力首先是由政府的工作人员个人、工作部门和跨部门的项目团队所具有的管理和服务能力构成的。

第四，建设学习型组织与合作型的组织文化。项目导向型政府的重要特征之一是它必须具有很好的学习能力，它必须是一种学习型组织，因为成员应对各种独特性任务（项目）本身就是一个学习的过程。同时，由于项目导向型政府以基于项目的管理模式和方法为主导，而项目和项目管理都必须是按照团队合作的模式去实现，所以项目导向型政府还必须是一种具有合作精神和意识的政府组织。因此项目导向型政府需要建设一种学习型和合作型的组织文化，并且需要使用这种文化去同化和规范政府公务员，尤其是项目团队成员的价值观和行为。

第五，使用基于项目的管理模式、方法与程序。项目导向型政府必须要按照基于项目的管理模式去开展各种行政、管理和服务活动，因为服务型政府多数的管理和服务活动是独特性和创新性的项目活动，既包括政府需要开展的各种"社会创新"和"科技创新"活动，也包括政府要为基层和群众提供的独特性服务活动，这些活动都属于项目的范畴而要求使用项目管理的方法去完成。

第六，为社会各类组织提供项目管理服务。包括项目管理教育、研究和销售方面的服务。当然这种独特的服务并不都是由项目导向型政府独立承担的，但是项目导向型政府负有组织和配置好相关资源并会同社会化服务组织去共同提供这种服务的义务。这既是项目导向型政府最重要的服务职责，也是项目导向型政府不同于传统政府职责的区别所在，这是因为知识经济时代的经济社会发展对项目导向型政府提出了各种独特性服务需求。

（二）任务型组织的相关研究

在研究地方政府对独特性任务管理的组织模式过程中，任务型组织的相关研究受到了中国学者的广泛关注，任务型组织（Task-Oriented Organiztion）这一概念的提出可以追溯到 1958 年詹姆斯·G. 马奇（James G. March）和赫伯特·A. 西蒙（Herbert A. Simon）共同出版的《组织》一书[1]，认为任务型组织与常规组织之间存在显著差别，但并未将这种组织类型的应用范围划定出来。之后很多学者关注到了组织的灵活性这一问题，并认为在面临非常规性任务时，需要非常规的组织，并提出了一系列相关概念，包括专案决策组织、创新性组织、未来组织等[2]。其中亨利·明茨伯格（Henry Mintzberg）提出的"全面组合"的构造方法，即将一个组织分为若干组成部分：操作中心、战略最高点、中层管理人员、技术结构、辅助部门、笼罩在组织上方的意识形态和围绕外部影响者形成的外部联合[3]，这一概念及其

---

[1] James G. March & Herbert A. Simon, *Organizations*, New York: John Wiley & Sons Inc., 1958, p. 118.

[2] 张康之、李圣鑫：《任务型组织研究的前史》，《行政学研究》2007 年第 5 期。

[3] ［加拿大］亨利·明茨伯格：《明茨伯格论管理》，中国劳动社会保障出版社 2004 年版，第 87—88 页。

内涵更加强调了组织中常规性与非常规性任务并存的情况下，组织的系统性与灵活性问题，这一研究与项目导向型组织的相关研究具有高度的内在逻辑一致性。

中国学者在任务型组织方面的研究以张康之教授所带领的研究团队开展的一系列研究工作为代表，认为任务型组织是从"低度不确定性"向"高度不确定性"的社会和从"低度复杂性"向"高度复杂性"社会转变的过程中产生和发展起来的[①]，任务型组织与常规组织之间的差别在于：第一，任务型组织是任务导向的；第二，任务型组织更加关注任务本身的解决；第三，任务型组织能够获得组织成员的合作效率；第四，任务型组织应当因时、因事而变[②]。在基本概念阐述的基础上，学者们又开展了一系列更加偏重于应用层面的具体研究工作，包括任务型组织的目标[③]、任务型组织的结构[④]、任务型组织的资源获取能力[⑤]、任务型组织的人力资源管理[⑥]以及任务型组织的解散[⑦]等。

在任务型组织的具体应用方面，有学者认为这种组织是与服务型政府建设相适应的组织结构，认为服务型政府要实现对管理型政府和统治型政府的超越，建立起真正的服务导向，可以采用任务型组织来改变政府的控制导向[⑧]，有人提出政府所属的议事协调机构（临时机构）是典型的任务型组织[⑨]，还有人将这种组织应用于街道办事处的改

---

① 张康之、李东：《任务型组织之研究》，《中国行政管理》2006 年第 10 期。

② 张康之、李圣鑫：《历史转型条件下的任务型组织》，《中国行政管理》2006 年第 11 期。

③ 张康之、周雪梅：《论任务型组织的目标结构》，《四川大学学报》（哲学社会科学版）2007 年第 2 期。

④ 张康之、周雪梅：《论任务型组织的结构》，《江苏行政学院学报》2007 年第 3 期。

⑤ 张康之、李东：《论任务型组织的资源获取能力》，《公共管理学报》2008 年第 1 期。

⑥ 张康之、李东：《论任务型组织的人力资源管理》，《中国石油大学学报》（社会科学版）2007 年第 2 期。

⑦ 张康之、李圣鑫：《论任务型组织的解散》，《中国行政管理》2007 年第 1 期。

⑧ 张乾友：《变革社会中的服务型政府建设——任务型组织的途径》，《北京行政学院学报》2014 年第 1 期。

⑨ 王伟、曹丽媛：《作为任务型组织的政府议事协调机构》，《中共中央党校学报》2013 年第 4 期。

革之中，提出了在地方政府基层组织建设任务型组织的对策建议①。

从上述研究的分析中可以看出，任务型组织与项目导向型组织研究的现实基础是相同的，二者之间的差别在于，任务型组织是针对地方政府组织的局部调整，而并非对地方政府的总体性改革，任务型组织所针对的是地方政府面临的各种独特性任务，而项目导向型组织是对地方政府组织的整体性研究，这种组织结构具有较强的适应性，既可以完成各种常规任务，又可以完成各类非常规任务。因此任务型组织的相关研究对于完善和丰富项目导向型组织的理论与实践具有借鉴意义。

（三）项目导向型政府理论研究存在的不足

通过对上述国内外相关研究现状和文献的综述可以看出，这些研究开创了面向知识经济的项目导向型政府模式与建设方法研究的先河。但是从现有研究成果来看还存在不足和问题，现有的研究问题和不足主要涉及以下三个方面：

第一，尚未提出项目导向型政府的具体组织模式模型。在欧美学术界现有研究成果中对项目导向型组织与社会的研究相对成熟，而对项目导向型政府的研究尚处于起步阶段，虽然已经有一些对于项目导向型政府概念与特征的研究和论述，但至今尚未提出一套完整而实用的项目导向型政府的基本模型。由于政府是一类较为特殊的组织，其与一般组织之间的差别较大，因此现有的项目导向型企业的相关研究无法直接应用于政府组织之中；而现有的对于项目导向型社会的研究则是对于社会这一整体所开展的，这些研究对于项目导向型政府研究的贡献在于可以对项目导向型政府提出一系列的要求，并可结合项目导向型社会建设对项目导向型政府的特征进行分析。然而现有研究对项目导向型政府的模式的特性描述也很少，这样无法指导地方政府开展项目导向型组织的建设工作。

第二，对于项目导向型政府的运行机制缺乏研究。从目前的研究现状来看，国内外学者在提出项目导向型政府概念之后，并未对项目导向型政府的运行机制，例如资源配置、绩效评价与决策方式等进行深入研

---

① 孔繁斌、吴非：《大城市的政府层级关系：基于任务型组织的街道办事处改革分析》，《上海行政学院学报》2013 年第 6 期。

究，这就使得项目导向型政府在实际操作过程中存在一系列问题。主要体现在如下两个方面：一是项目导向型政府应当采用何种运行机制，二是项目导向型政府与传统的科层制地方政府组织模式之间在运行机制方面的主要差别是什么。运行机制是项目导向型政府组织模式得以运行的组织模式要件，对运行机制研究的欠缺将导致项目导向型政府缺乏实际操作的可能，使这一理论无法在实践中充分发挥作用。

第三，国际上的研究成果在中国的适用性问题。现有这些研究成果都是针对欧美发达国家面向知识经济的项目导向型政府和社会模式及建设方法的研究，这些研究成果最大的问题是它们并不能很好地适用于中国的国情。与欧美发达国家相比，中国政府和社会所面临的经济基础、社会体制和文化背景等与欧美国家具有显著差异，发展的历史也大不相同，这些都使中国政府组织结构有着与欧美国家完全不同的特点，中国的政府组织变革的途径与方法也与欧美等发达国家相去甚远。基于上述分析可知，国际上现有的研究成果不能在中国"照搬照抄"，而必须结合中国国情，对现有理论进行调整，研究出一套适合中国的项目导向型政府组织模式和建设方法。

第二节　项目导向型组织的概念与特征

在具体对这一概念进行界定之前，需要对概念的选择与使用做简单说明。本书将选用"地方政府项目导向型组织"这一概念，而非"项目导向型政府"，原因有两个方面：一是项目导向型政府的本质是在探讨地方政府组织变革问题，但是概念本身的中心词并非落脚在"组织"二字上，存在概念"泛化"的问题；二是后者容易给人带来误解，将其理解为与服务型政府、学习型政府、创新型政府等并列的地方政府创新理念，而实质上本书是在服务型政府建设这一大背景下，对地方政府组织变革问题进行研究，因此使用"地方政府项目导向型组织"这一概念更符合研究的本意。

一　项目导向型组织的概念与内涵

国内外学者在对项目导向型组织进行定义时，提出了两种不同的观点，一种观点认为项目导向型组织就是项目型组织。麦克·霍布戴（Mike Hobday）[1] 基于各行业中的企业都在越来越多地开展各种类型的项目这一事实，提出了项目引导型组织（Project-led Organization），并在此基础上提出了基于项目的组织（Project-based Organization）。罗伯特·J. 德菲利皮（Robert J. DeFillippi）和麦克·B. 亚瑟（Michael B. Arthur）认为基于项目的组织是通过临时性的项目组织单元来管理其生产运营各个环节的组织[2]。拉斯·林德维斯特（Lars Lindkvist）认为基于项目的公司是以项目的模式来管理其主要活动的公司[3]。霍布戴提出在基于项目的公司中，决策的过程需要更多地考虑项目的情况，他认为基于项目的公司是一种纯项目化的公司[4]。

另一种观点是以罗兰·格里斯为代表的，他提出了项目导向型组织的概念，认为项目导向型组织是将"通过项目进行管理"纳入组织战略之中，采用兼具临时性与永久性的二元化组织结构，并拥有项目管理文化的组织[5]。这种组织与项目化组织不同，在项目化组织中，组织的资源完全被分配给项目使用[6]，而项目导向型组织则采用以项目为优先的资源配置方式。同时项目导向型组织也与矩阵制组织具有显著差异，矩阵组织被顾伯里（Gobeli, D.）和拉森（Larson, E.）定义为一种功能型、平衡型的项目矩阵组织[7]，而项目导向型组织则强调项目管理在组织中的优先地位。

---

① Mike Hobday, "The Project-based organization: an Ideal Form for Managing Complex Products and Systems?", *Res Policy*, Vol. 29, 2000.

② Robert J. DeFillippi and Michael B. Arthur, "Paradox in project-based enterprise: the case of filmmaking", *California Manage Review*, No. 2, 1998.

③ Lindkvist L., "Governing project-based firms: promoting market-like processes within hierarchies", *Journal of Management and Governance*, No. 8, 2004.

④ Hobday, M., "The project-based organisation: an ideal form for managing complex products and systems?", *Res Policy*, No. 8, 2000.

⑤ Roland Gareis, *Knowledge Elements for Project Management and Managing Project-Oriented Organizations*, Vienna: Vienna University, 1999, p. 1.

⑥ PMBOK, *A Guide to the Project Management Body of Knowledge*, 3rd ed, Project Management Institute, 2004, p. 7.

⑦ Gobeli, D. and Larson, E. "Relative Effectiveness of different project structures", *Project Manage*, No. 18, 1987.

　　卡洛斯·阿托进一步从组织任务的角度对项目导向型组织进行了阐述，其核心观点认为项目导向型组织是能够高效地开展项目组合管理的组织模式①，而进行项目组合管理不仅包括运用项目组合管理的方法对组织中的各种项目进行管理，还包括从组织战略层面开展基于项目组合的战略管理，以及在项目组合管理之下的单个项目的管理，它们共同构成了组织中公司层面与项目层面的纵向集成管理，同时在项目的执行过程中还应当开展横向的集成管理，包括时间维度上的项目前期阶段、实施阶段以及项目后期阶段的集成管理（见图4-2）。

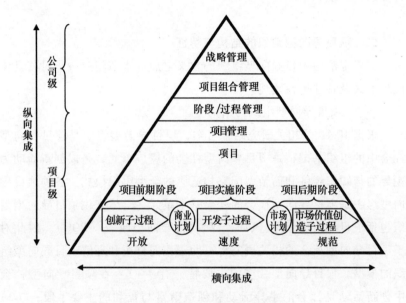

图4-2　项目导向型组织的集成

　　资料来源：Artto, K. A. , *Management of Project-oriented Organization-Conceptual Analysis*, In：Artto, K. A. , Martinsuo, M. , Aalto, T. （eds.）*Project Portfolio Management：Strategic Management through Projects*, Project Management Association Finland, Helsinki, 2001, pp. 5–22。

---

　　① Artto, K. A. , *Management of Project-oriented Organization-Conceptual Analysis*, In：Artto, K. A. , Martinsuo, M. , Aalto T. （eds.）. *Project Portfolio Management：Strategic Management through Projects*, Project Management Association Finland, Helsinki, 2001, pp. 5–22.

综合以上学者的观点，可以将项目导向型组织定义为：有能力将组织战略转化为一系列项目，在临时性与永久性兼具的二元组织结构下，综合运用运营管理与项目管理的方法实现组织目标的新型组织模式。从这一定义可以看出，项目导向型组织具有典型的二元化特征，包括组织结构的二元化、能力结构的二元化、任务结构的二元化、绩效评价的二元化等，要求组织在具备传统运营管理的知识与能力的同时，拥有项目组合管理、项目集管理以及项目管理等全方位的项目管理能力。这样的组织模式具有较强的适应性特征，能够更好地适应各种复杂的环境和组织任务变化。

二　项目导向型组织的结构与特征

在界定清楚项目导向型组织的含义之后，本节将进一步对其具体展现形式及特征进行阐述。

（一）项目导向型组织的结构

根据 IPMA 等相关研究结果可知，项目导向型组织是项目导向型社会中的组织基础，是项目导向型社会的组成单元，是以创新活动为主导的与知识经济和创新型国家相适应的新型组织模式。各种项目导向型组织是项目导向型社会的社会基本单元，具体来说项目导向型组织包括项目导向型企业（POC）和项目导向型政府（POG）。因此对于项目导向型社会的相关研究将有助于我们分析和理解项目导向型组织的模型。项目导向型社会的主要特征有：（1）在项目导向型社会中创新活动是社会的主导活动和创造财富与福利的主要手段；（2）构成项目导向型社会的社会基本单元是项目导向型组织，即项目导向型企业和项目导向型政府，且项目导向型政府是核心；（3）项目导向型社会中的各种项目导向型组织都具有项目导向型的组织结构和基于项目的管理模式与能力（Management By Project，MBP）；（4）项目导向型社会的主流文化是一种有利于创新活动和以学习与合作为主流价值观的社会文化；（5）在项目导向型社会中由项目导向型组织负责组织和开展各种项目管理教育、研究和营销等方面的服务。

在项目导向型社会的相关研究基础上，罗兰·格里斯等学者提出了项目导向型组织所追求的目标①。他们认为在项目导向型组织中，并不仅仅将项目看作完成复杂任务的工具，而是组织设计的一种战略选择，通过运用"基于项目的管理方法"，追求以下组织目标：第一，组织的差异化与管理职责的扁平化；第二，通过项目活动与项目的定义来保证工作质量；第三，所有活动都是基于目标而开展的；第四，有利于组织学习。

　　基于对组织目标的描述，罗兰·格里斯进一步提出了项目导向型组织的结构（见图4–3）。

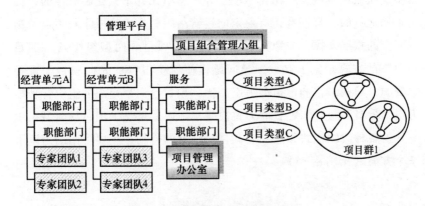

图4–3　项目导向型组织的结构

　　这种新型组织结构体现出一种新的管理范式，具体包括以下几个方面②：第一，将组织模式视为一种竞争优势；第二，员工将享有更多的权利；第三，基于流程的管理方式；第四，在扁平化的组织中开

---

　　① Roland Gareis and Martina Huemann, *Project Management Competences in the Project-oriented Organisation*, in JR Turner and SJ Simister (eds.), *The Gower Handbook of Project Management*, Aldershot: Gower, 2000, pp. 709–721；参见 Roland Gareis, *PM-Research at the turn of the millenium*, Project Management Institute (ed.), 2001；Artto, K. A., *Management of Project-oriented Organization-Conceptual Analysis*, In: Artto, K. A., Martinsuo, M., Aalto, T. (eds.) *Project Portfolio Management: Strategic Management through Projects*, Project Management Association Finland, Helsinki, 2001, pp. 5–22。

　　② 参见 Roland Gareis, *PM-Research at the Turn of the Millennium*, Project Management Institute (ed.), 2001。

展团队合作；第五，开展持续性与非持续性相结合的组织变革；第六，基于顾客；第七，与顾客以及供应商开展网络化的合作。

（二）项目导向型组织的特征

这里探讨的是一般性的项目导向型组织，它既包括项目导向型企业，也包括项目导向型政府组织①。从项目导向型组织的定义与结构可以看出这种组织模式与其他类型的组织之间具有显著的差异。与科层制组织相比，项目导向型组织在管理和执行各类独特性任务方面具有更强的优势，且组织的灵活性与应变能力远超出科层制组织；与项目型组织或任务型组织相比，项目导向型组织并不只是临时性的，而是长期运行的，且拥有相对稳定的运营组织，这也构成了对项目及项目团队的重要支撑；与矩阵型组织相比，项目导向型组织以"项目导向"的方式避免了双重领导问题，使组织得以优先向项目配置各类资源；与网络化和虚拟型组织相比，项目导向型组织的组织管理能力更强，资源整合与配置能力也更突出。由此可见，项目导向型组织与其他各种组织模式相比，有其自身独有的特征，主要可归纳为以下三个方面（见图4-4）。

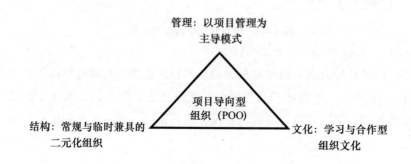

图4-4 项目导向型组织的三角模型②

资料来源：戚安邦、翟磊：《论面向创新的项目导向型社会和组织的建设方法》，《中国科技论坛》2008年第5期。

---

① 戚安邦、翟磊：《论面向创新的项目导向型社会和组织的建设方法》，《中国科技论坛》2008年第5期。

② 同上。

1. 结构：常规与临时兼具的二元化组织

从组织结构特点来看，项目导向型组织既不同于以常规任务管理为主要职能的科层制组织，又不同于以独特性任务管理为主要职能的项目型组织和任务型组织，而是这两种类型组织结构的有机融合。二元化的组织结构适用于不同类型的任务需求，也就是说，项目导向型组织所适用的组织是兼有常规性与独特性两种任务的组织。项目导向型组织并不是简单地将两种不同类型的组织"粘贴"起来，而是在这两种组织之间寻求融合与共通机制，使二者能够在组织的统一框架下各自有效运作。同时项目导向型组织并不刻意追求两种组织类型之间的"平衡"，事实上在更多的情况下，永久性组织与临时性组织的规模之间是不平衡的，其主要原因是项目组织是因需设立的且具有临时性特征，当组织所需完成的项目多时，项目型组织的规模则较大，当组织当前需要完成的项目少时，项目型组织的规模则较小。在这两种组织结构之间还存在互通和转换关系，也就是说，当项目组织需要人才时，可以从常规组织中抽调，当项目组织完成使命撤销时，其成员也可以回到常规组织之中。

2. 管理：以项目管理为主导模式

在项目导向型组织中，由于组织结构是二元化的，因此其所采用的管理方式也是二元化的，在常规型组织中采用运营管理的方式，在临时性项目组织中采用项目管理的方式。在管理实践中，优先次序的安排是管理者所面临的重要问题，在科层制组织中也会发现同样级别的不同工作部门的权力、权威性是存在差异的，例如在企业中，主管销售和生产的部门往往更受到高层的重视，在支持性部门中人力、财务更受到高层重视，主要原因就在于高层管理不同部门时赋予了其不同的优先级别。在项目导向型组织中，项目型组织被赋予更高的管理优先级别，其原因有两个方面：一是项目在组织发展战略中的作用突出，因为项目往往是由组织发展战略拆解而来；二是项目管理相较于常规任务管理需要投入更多的精力来应对不断出现的变更，而常规性任务已经形成规范，甚至在制度体系完备的情况下可以做到"无为而治"，这就导致项目导向型组织是以项目管理为主导管理模式的。

项目管理的方法与技术具体可以分为三个层次，即项目组合管理、项目集管理和项目管理，其中项目组合管理的主要任务是将组织战略分解为若干项目，并对其实施的时间、资源等进行规划，因此项目组合管理的目标主要是项目的选择和统筹规划；项目集管理是对一系列相互有关联的项目进行统筹协调的过程，是保证在组织开展项目的过程中，项目之间不会"顾此失彼"，其主要工作就是协调各项目的进度计划和范围计划等，并在项目实施过程中确保组织资源的有效配置；项目管理是对每一个项目的具体管理，包括时间、成本、质量等九大知识体系，以实现对项目实施过程的管理与控制。

3. 文化：学习与合作型组织文化

组织文化是组织内部软环境的重要构成要素，对组织成员的态度、行为等将产生潜移默化的影响，因此也日益受到学者与实践领域的广泛关注。文化建设又与组织的特点和要求直接相关，例如，在中国的煤炭企业中，有的企业建立起了部队组织文化，强调对生产过程采取"准军事化"管理的方式，这种文化对于企业实现安全生产和确保产品质量有巨大的促进作用。而在创新型组织中，则更强调具有柔性和弹性的组织文化，戴尔的组织文化就是鼓励"试错"，鼓励员工思考如何能打破规则，从而激发员工创新的积极性。在项目导向型组织中，组织文化的特点是学习与合作，从而有助于打破部门间的界限实现资源配置与人员整合，从而使组织以更加柔性化的方式面对各类独特性任务，并且完成任务的方式是"团队式"的，而非依靠"个人英雄主义"。

三　项目导向型组织的建设方法

项目导向型组织建设的基础是当前现存的组织。中国学者通过对97 位高级管理人员的调查归纳总结出当前中国的各种组织，包括政府组织与企业组织在知识经济、创新型国家建设等新形势下所存在的主要组织问题有如下几个方面：第一，科层制组织体制根深蒂固，由于中国总体上正处于后工业化时期，因此各类组织的主要活动仍然以周而复始、不断重复的日常运营活动为主，虽然创新活动正在迅猛增加，但是由于组织惯性的原因，中国的多数组织仍然使用直线职能制的"科层式"组织体制；第二，仍然使用以计划为主的资源配置方式，这是由传统科层制组织结构所决定的，在资源配置过程中采用的主要方式是：首先由各部门制订资源使用计划，之后由组织根据整体情况协调确定资源计划，并按照计划配置资源，然而这种资源配置方式在管理各种独特性任务即项目的过程中显得过于呆板而无法实现项目的差异化与灵活化的资源配置；第三，管理模式以面向日常运营的基于分工的职能管理模式为主，但是在项目管理过程中，由于项目具有独特性的特征，因此无法对项目的所有活动进行清晰的识别，也就无法对其开展分工；第四，在组织文化与价值观层面，基于分工的"克己复礼""中庸持守""令行禁止""各负其责"等价值观仍在组织中占主导地位，制约了组织的创新精神与创新能力。

针对以上问题，中国项目导向型组织建设的主要任务可以概括为五个方面（见图4-5）。

图4-5　中国项目导向型组织建设的主要任务

资料来源：戚安邦、翟磊：《论面向创新的项目导向型社会和组织的建设方法》，《中国科技论坛》2008年第5期。

（一）组织战略：基于项目的战略管理和战术管理

基于项目的战略管理和战术管理就是指在制定战略与战术的过程中，首先对要开展的各种项目进行规划，结合这些项目再来制定发展战略与战术，其中对长期性、全局性、关键性问题的总体构想叫做战略，短期、局部的发展构想则为战术。无论是战略还是战术，均需要结合地区及政府的实际情况，否则战略将成为空中楼阁。那么如何才能将发展战略与战术落到实处呢？这就需要通过完成各种改革与发展的项目，因此项目是实现战略与战术目标的途径，这也就要求地方政府在制定战略和战术时以项目为导向，在战略与战术的实施过程中更要以项目为导向。

首先，在战略与战术制定过程中坚持以项目为导向。要对未来发展过程中所要开展的项目的可行性进行分析，并对各种项目进行项目组合设计，包括各种项目的优先顺序、项目范围与所需资源等，在保证各种项目可行性的基础上所制定的发展战略与战术方可具有可实施性，才是符合地区与政府发展要求的战略和战术。

其次，在战略与战术的实施过程中坚持以项目为导向。在战略与战术制定之后，其具体实施过程就是各种创新与发展项目的实施过程，在此期间，需要根据已制定的战略对新立项的项目和已开展的项目的实施状况进行考察，保证项目与战略之间匹配，最大限度地服务于战略目标的实现过程。

（二）资源配置：项目导向的资源配置方式

项目导向的资源配置方式强调的重点有两个方面：第一，给予项目在资源配置过程中的优先权，组织各类资源优先保障项目运行，这也是直观和字面上的意思；第二，打破部门界限对组织内部资源进行整合，由于项目在使用各类资源的过程中常因部门间的壁垒而无法实现组织内部资源的有效整合，以研发项目的资源整合为例，国家科技部调查显示[1]中国科学仪器的利用率只有25%而远低于发达国家170%—200%的利用率（按8小时/日为100%计），中国某种卫星地面接收系统仅民用就有31套，甚至两所大学之间仅仅一墙之隔竟各有一套，而同样的设备美国只有1套，欧盟仅有3套[2]，由此可见，部门分割的资源配置方式在组织项目实施过程中将带来资源的浪费与闲置，应当将现有基于部门和单位的资源配置模式转变为基于项目的资源配置方式。

---

① 顾卫临：《整合分散重复的科技资源》，《瞭望新闻周刊》2003 年第 38 期。
② 谭清美：《区域创新资源有效配置研究》，《科学学研究》2004 年第 5 期。

（三）组织结构：实现常规组织与项目组织的有机协调

通过研究和分析现实发展对组织结构的要求，学者们认为传统直线职能型的企业和政府组织结构并不能有效地服务于独特性任务。因为现有的直线职能型组织结构是一种面向日常运营的组织结构，它们通过职权授予和使用的方式开展组织管理，这种组织结构能"有效地管理大量投资、劳动分工和大规模机械化生产[①]"。但独特性任务是一种临时性、不确定性的任务，需要的是基于工作授权的项目团队式的组织管理和项目导向型的组织结构。对于大多数组织而言，两种组织结构不是一个简单的取舍问题，而是整合问题。

（四）管理方法：加强项目管理能力建设

日常运营活动和创新活动各自有不同的管理机制和方法，日常运营活动使用以基于分工的职能管理方法为主，而创新活动使用以基于合作的项目管理方法为主。项目管理的方法就是一种管理具有不确定性和独特性任务的方法，所以欧美国家十分注重企业项目管理机制和方法的转变以及组织项目管理成熟度的提升。经历了工业经济的长期洗礼，中国各类组织对日常运营管理方法均相对熟悉，但是对于如何管理独特性任务的项目管理方法则需要大力提升。

（五）组织文化：营造鼓励团队式创新的软环境

中国社会的主文化和企业的亚文化都更适于日常运营，这是我们经历了数千年以"年种年收"为主的农业经济造成的。由于创新文化是全社会共有的关于创新的价值观、态度、信念等构成的整体。这种创新文化所蕴含的是崇尚、激励和提倡创新，宽容失败的价值观、理念、制度、环境和氛围。从这个角度来看，组织文化建设并不只是组织自己的事情，而应当从国家到地区、从政府到企业、从社会组织到公民个人等各个层面去营造这种文化氛围，并且采取加强知识产权的保护等措施使创新的权益得到保障[②]。

---

① ［美］保罗·麦耶斯：《知识管理与组织设计》，蒋惠工等译，珠海出版社 1998 年版，第 741 页。

② 翁建明、张建军：《全球化背景下的科技创新与文化建构》，《武汉理工大学学报》（信息与管理工程版）2007 年第 5 期。

第三节　项目导向型组织理论在地方政府
组织变革中的适用性

从项目导向型组织的结构、特征分析来看，项目导向型组织理论与中国地方政府当前所面临的二元化的任务结构之间具有较强的匹配关系，本节将进一步从任务结构和组织变革的可行性角度，对项目导向型组织理论在地方政府组织变革中的适用性进行分析。

一　地方政府任务结构与项目导向型组织间的匹配关系

在第二章中已经对地方政府的任务结构变化的现状及未来趋势等做了详细的分析，并在第三章中分析了任务结构对组织要素的要求。那么项目导向型组织理论究竟能否与地方政府的任务结构相匹配呢？

（一）地方政府任务结构变化对组织模式的要求

随着经济社会的发展，地方政府的工作任务日趋呈现二元化的趋势。以天津滨海新区为例，滨海新区将打好开发开放攻坚战细化为"十大战役"，涵盖功能区开发、产业结构提升、社会事业发展、生态环境改善以及人民生活水平提高等众多领域①。这就要求地方政府应当具备更为丰富的管理各类项目的经验，并通过主动调整组织结构来适应这种二元化的管理需求②。根据两类任务的不同特性可以进一步对其相应的组织特征进行分析，根据分析的结果可以发现两类不同任务所要求的组织特征具有显著差别，也就是说，地方政府任务的二元化决定了地方政府组织也应当是二元化的（见表 4－1）。

---

① 岳月伟：《天津滨海新区"十大战役"建设如火如荼》，《海南日报》2012 年 7 月 25 日。

② 翟磊、柴立军：《面向危机应对的项目导向型组织模式研究》，载《第十一届中国管理科学学术年会论文集》，2009 年，第 525—530 页。

表4－1 地方政府任务与组织的二元化

地方政府任务的二元化			地方政府组织的二元化		
特征	常规性任务	项目	特征	常规工作	项目
持续时间	永续性	临时性	存续时间	永久性组织	临时性组织
承担部门	部门分工	多部门合作	集权程度	高	低
不确定性	低度	高度	组织规模	大	小
相关利益主体数量	少	多	规范程度	高	低
社会关注度	持续关注	阶段性高度关注	工作流程	固定	非固定
举例	行政审批、行政执法	园区建设、大型基础设施建设	举例	工商、税务	园区建设管委会、工程指挥部

由表4－1可以看出，在传统组织中，地方政府强调的是通过条块间分工的方式完成各种政府职能。然而这种条块分割的组织在执行独特性任务的过程中存在资源配置壁垒高、权力集中、决策过程缺乏快速响应机制、组织间横向沟通协调困难、人员构成相对单一等问题，从而使得传统政府组织无法很好地管理各种项目。

地方政府项目导向型组织模式就是一种结合传统的适于完成重复性的日常行政工作的科层制组织模式与适于完成独特性任务的项目型组织模式的中间型组织模式（见图4－6）。

图4－6 地方政府项目任务与组织的二元化特征

根据以上对地方政府项目导向型组织模式的界定可以清楚地看

到，地方政府项目导向型的组织模式就是结合科层制组织模式与项目型组织模式的，具有二元化特征的组织模式，其基本模型如图4-7所示。

图4-7　地方政府项目导向型组织模式的基本模型

由图4-7可见，地方政府项目导向型组织模式的基本模型中包括两个主要的组成部分，即科层制组织与项目型组织，而这两类组织中由于项目的独特性与紧急性的特点决定了地方政府在配置资源的过程中必然优先向项目型组织配置资源，这也就是项目导向型组织模式的核心内涵的具体体现。

（二）社会发展总体趋势与地方政府组织模式变革

组织模式是组织完成各项任务的依托，因此组织模式从本质上来说是根据组织的任务而设计和建设的。根据地方政府任务的分解可以看出，中国地方政府任务已由以重复性的行政管理任务为主逐渐转变为常规性与独特性任务兼具，并以独特性任务为主，这就要求地方政府的组织模式也要转变为适应上述任务变化的新型地方政府组织模式，即地方政府项目导向型组织模式。地区发展、地方政府的任务与组织模式之间的匹配关系如图4-8所示。

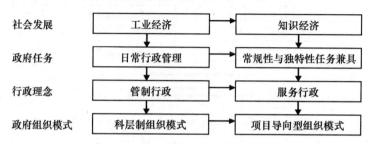

图4-8　社会经济发展与地方政府组织模式的匹配关系

二　地方政府组织变革现状：项目导向的横向型组织结构初露端倪

地方政府在对各类项目进行管理的过程中，已逐步开展了对传统条块分割的组织结构的变革工作，使地方政府的项目管理组织初步具备了横向型组织的特征。

（一）区域与产业开发项目："管委会"与"投资公司"组合

区域与产业开发项目主要包括开发区、园区等的建设项目，从目前中国区域与产业开发项目的实践来看，基于管委会与投资公司的职能及相关关系的差异，可以将其归纳为三种具体的组织模式：第一种是政府主导型，特别强调政府在功能区管理过程中的作用。也就是说，功能区所在地的政府或政府委派的工作部门对功能区内的经济、社会等各方面的工作进行直接且全面的管理，具体体现为单一窗口、一站式服务等形式。第二种是企业化运作型，也被称为"公司型管理体制"。在这一管理体制下，开发公司或者运营公司成为功能区建设的管理主体，某种意义上代替了政府主导模式中行政组织的管理职能，全面负责规划、投资、开发和管理功能区。第三种是"政府＋企业"型，即"管委会＋投资公司"模式，是在功能区属地政府或者管理委员会下设立一个投资公司或者发展总公司，由管委会负责决策并提供服务，投资公司承担经济发展建设的任务。虽然投资公司是经济实体，但管理上仍有较强的行政性质。图 4 - 9、图 4 - 10 与图 4 - 11 可以较为直观地反映出"政府主导"和"企业化运行"以及"管委会＋投资公司"三种组织模式的结构。

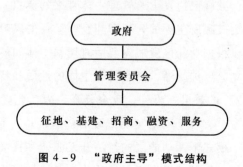

图 4 - 9　"政府主导"模式结构

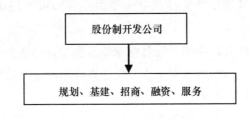

图 4 - 10 "企业化运行"模式结构

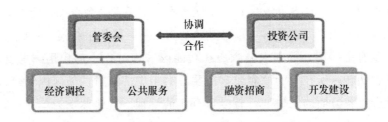

图 4 - 11 "管委会 + 投资公司"模式结构

以园区建设的"管委会 + 投资公司"模式为例,其管委会的机构是根据各类园区的需要设置的,所需人员是通过从各工作部门抽调的方式获取的。管委会作为地方政府的派出机构,对该项目的实施行使管理职能。可见管委会是由传统政府组织机构通过跨部门协同方式所组成的横向型项目组织。在园区建设过程中,管委会进一步打破政府组织边界,与开发公司开展横向协同,共同完成区域的开发任务。此模式的特征为:第一,政府与企业主体协同,充分调动政府和企业两方的积极性,减轻单边发力给管理主体带来的负担,有效避免越位和缺位现象,突破政府主导的死板和纯企业运行的风险。第二,机制灵活性强,可以根据功能区发展需要适时调整主体间的作用关系。机构设置和职权划分更加明晰,并且符合主体的性质和特点,相互协调产生"1 + 1 > 2"的效果。第三,政企分开,为功能区的管理建设搭建更广阔的平台,有利于真正实现"政府创造环境,企业发展经济"的格局。在这一模式下,功能区的经济开发职能和社会管理职能的界限不清、交叉相融问题可以得到很好的化解。这种模式因为双方协同的关系，在变革过程中更能保证功能区的正常生产和建设不因体制变化而出现明显的波动或下滑，实现体制机制的平稳过渡。

（二）基础设施建设项目："指挥部"与"委员会"模式

"指挥部"模式是指在已确定的重大项目建设中，由所涉及的各级政府和相关工作部门组成一个全权指挥的项目建设指挥部，就地解决项目建设相关问题的管理模式。指挥部一般按照"指挥长—副指挥长—办公室"三个层次设立机构、配备人员。"指挥部"模式将管理和服务有效联结，实现相关工作部门和项目业主有机联动，从而有效加大项目的协调服务力度，加快信息的横向与纵向流通。重点工程指挥部的基本框架是：政府分管领导任总指挥，各工作部门和区主要领导参加，项目业主、设计部门、建设部门共同参与。指挥部的主要职能是发挥协调作用，使相关各工作部门、各建设单位通力合作，为重点工程建设提供保障，加快工程建设的步伐，确保工程按质按量完成。

"指挥部"模式的主要特征表现在以下几个方面：第一，"横向型"组织结构，以"协调"为主要职能。协调的主体既包括政府各工作部门，也包括设计单位、建设单位等非政府部门。以天津市轨道交通工程建设指挥部为例，其指挥由分管副市长担任，常务副指挥由建交委主任担任，成员包括发改委、财政局、规划局、国土房管局、市容园林委、公路局、交管局、消防局、电力公司、城投集团等部门及单位的主要负责人。第二，以兼职工作为主，政府分管领导以及相关工作部门的主要领导在指挥部的工作方式多为兼职，这样的优势在于可以有效调动部门资源为项目服务，缺点在于相关领导在项目上投入精力不足。第三，机构具有"临时性"特征，指挥部的主要职责是：全面协调和组织推进轨道交通工程建设，及时解决建设中的重要问题，确保工程建设进度、安全、质量、投资等各项目标的实现。该组织只在项目建设期内存在，项目完成后将自行撤销。

"委员会"模式主要应用于跨省的国家重大项目管理中，以"国务院三峡工程建设委员会""国务院南水北调工程建设委员会"最为典型。以"国务院南水北调工程建设委员会"为例，其任务是：决定南水北调工程建设的重大方针、政策、措施和其他重大问题。国务院南水北调工程建设委员会办公室（正部级）是国务院南水北调工程建设委员会的办事机构，承担南水北调工程建设期的工程建设行政管理职能。与"指挥部"模式相比，"委员会"模式同样具有"横向型"组织结构的特征，同时委员会模式也具有一些与指挥部模式不同的特点：第一，委员会的主要任务是决策，决策事项包括各种重大方针、政策、措施和其他重大问题，而协调工作则由委员会办公室负责；第二，权力范围更广，包括研究提出南水北调工程建设的有关政策和管理办法，起草有关法规草案等；第三，组织的管理范围更宽、层级更多，由于委员会模式主要应用于跨省的项目组织与管理中，因此其组织的管理幅度更大，除了各相关部委外，还包括所涉及的各省级地方政府，管理层次上，在指挥部模式的"指挥长—副指挥长—办公室"的基础上进一步向下延伸，办公室下设七个司，各司又下设若干内设处室，以国务院南水北调工程建设委员会投资计划司为例，该司又下设综合处与计划处两个内设处室。

（三）活动类项目："组委会"模式

对于周期性项目，即每隔一段固定时间，定期在同一地点举办的活动类项目，常用"组委会＋办公室"模式。以杭州市西湖博览会为例，2000年以来，西湖国际博览会每年举办，西博会组委会负责总体策划和总体协调，进行项目管理，但不直接运作项目，所有项目都由项目责任单位运作。该模式的特点主要体现在：第一，拥有常设的"项目管理办公室"，即市西博办，负责各年度西湖国际博览会项目的全过程管理工作，从组织协调的角度来看，常设的项目管理办公室在与相关政府部门协调时具有更强的组织合法性与持续性；第二，双层次的组织横向协调机制，当西博办面临一些难以独立协调的事项时，可以由组委会从市委市政府的层面进一步开展协调工作，从而保证项目的顺利进行；第三，拥有一批专职、长期性工作人员，与其他的地方政府项目组织模式相比，该模式中组织成员既有专职又有兼职，其中组委会办公室作为常设机构，其成员多为专职、长期性工作人员，除了具有工作稳定性和持续性特征外，专职工作也解决了工作人员的晋升与绩效考核问题，而组委会则以兼职工作为主，更利于各部门间的组织协调。

对于一次性、非周期性的活动类项目，常见的组织模式是"组委会＋临时机构"。以 2013 年举行的第十二届全国运动会为例，辽宁省为完成该项目，于 2011 年 6 月正式成立了第十二届全运会组委会，并确定了组委会的部门构成。该模式的特征主要有以下三个方面：其一，组织机构具有临时性，即该组织只为完成特定的非周期性项目而成立，在项目结束后该组织将宣告解散，也就是说，在组织成立之初就已确定组织解散的时间，因此该模式也是地方政府项目管理组织模式中退出机制最为健全的；其二，组织成员只在一段时间内兼职或专职为项目组织工作，其中专职工作人员多采用抽调的方式，项目组织解散后，人员将回归原单位，这就为项目团队成员的绩效考核及晋升带来了一系列问题，包括项目工作期间的成绩如何被原单位认可，并在原单位获得相应晋升机会等；其三，信息整合与部门协调具有临时性的特点，这就决定了其无法通过政府常规的信息获取及部门协调机制实现信息共享与部门协同，往往需要依靠组委会领导的"高配"，从而以其在地方政府中的较高的行政级别来实现部门及信息的整合。

（四）政府改革项目："领导小组"模式

"领导小组"是中国中央政府和地方政府在自身改革的过程中常用的项目管理组织模式，能够高效地集中行政资源，处理跨部门、跨区域的公共事务[1]，是广泛存在于中国各级党政机关中以议事协调机构和临时机构名义存在的一种特殊组织模式[2][3]。以上海市于 2014 年成立的全面深化改革领导小组为例，该小组由上海市委书记韩正任组长，负责上海市改革的总体设计、统筹协调、整体推进、督促落实。主要职责是：组织落实中央重大改革举措；研究确定上海市各方面重大改革的总体方案；统一部署全市性重大改革；统筹协调处理上海市

---

① 赖静萍、刘晖：《制度化与有效性的平衡——领导小组与政府部门协调机制研究》，《中国行政管理》2011 年第 8 期。

② 周望：《中国"小组"政治组织模式分析》，《南京社会科学》2010 年第 2 期。

③ 赖静萍：《当代中国领导小组类型的扩展与现代国家成长》，《中共党史研究》2014 年第 10 期。

全局性、长远性、跨区县跨部门的重大改革问题；指导、推动、督促上海市有关重大改革政策措施的实施。① 除了这种地方政府全局性的改革领导小组外，各个职能领域的改革也有不少采用这种领导小组模式，例如，天津市在推进卫生体制改革的过程中，成立了天津市深化医药卫生体制改革领导小组，由市委常委、主管副市长担任组长，负责统筹组织推动天津市深化医药卫生体制改革工作；组织制订、论证和审议深化医药卫生体制改革三年实施方案和专项改革方案，以及各部门拟定的政策措施，报市人民政府批准后实施；研究涉及深化医药卫生体制改革工作的重大问题，提出政策建议并向市委、市政府报告。② 福建省在自贸区批准设立后，成立了自贸试验区推进工作领导小组，由省委书记担任组长，而工作小组的成员则包括省直 47 个部门。

该类项目组织的特点可以概括为：第一，持续时间较长，改革项目在地方工作中占据重要地位，改革项目内涵相对广泛，领导小组虽为项目型组织，但由于任务的复杂性，决定了其将持续相对较长的一段时间。第二，成员构成范围广泛，往往由地方政府若干个相关工作部门共同参与其中，因此也就需要开展更为广泛的横向协调工作。第三，领导小组干部高配，往往由本地区负责该项改革事务的最高领导担任，这种高配的方式一方面有利于项目资源的优先配置；另一方面也能促进各部门之间的横向协调，在具体工作方式上，领导小组通常负责全局性的重大决策，具体工作的落实则由具体部门负责。

三 存在的问题：组织模式与组织运行机制尚不健全

虽然在地方政府中已经存在不同种类的横向型组织结构，并且在具体的项目实施过程中对于项目的推进起到了积极的作用，但是这些横向型组织结构的存在也给地方政府的组织带来了问题，主要体现在这些组织与原有地方政府科层制组织之间无法很好地融合，造成了地方政府组织"碎片化"的问题。另一个更现实、影响更广泛的问题

---

① 缪毅容：《上海成立全面深化改革领导小组》，《解放日报》2014 年 2 月 15 日第 1 版。

② 天津市政府办公厅：《关于成立天津市深化医药卫生体制改革领导小组的通知》，2009 年 6 月 16 日。

是横向型组织给地方政府"因人设岗"提供了操作空间，为了给某个领导干部解决"级别"或"待遇"问题，有些地方政府巧立名目，增设任务型机构，造成了地方政府组织结构的混乱。

（一）项目组织性质不明确导致其数量有增无减

以各类园区管委会为例，作为地方政府派出机构的管委会，主要为了该区域的开发、建设并实施招商引资等，也就是说，管委会的职能主要集中于该区域的建设期。但由于管委会的性质不明确导致其缺乏退出机制，因此管委会往往具有成为一级政府的倾向，在数量与规模上均呈现有增无减的特征。导致项目组织数量有增无减的另外一个原因是"人"的问题，由于项目组织设立后解决了一批干部的"级别"问题，一旦项目组织撤销，则相关领导干部的安置就成了十分棘手的问题，加之中国地方政府干部任用中存在"能上不能下"的传统，为了保持队伍的稳定而宁可长期保留项目组织的现象在中国也是时有发生。

（二）对于地方政府项目导向型组织的认识停留在"碎片化"阶段

从地方政府所开展的"横向型"组织结构变革实践来看，多是为了解决某一现实问题而开展的应对性创新，虽然对于解决特定问题，完成特定项目具有十分积极的作用，但是对于如何与传统的地方政府组织衔接的问题却缺乏系统性的思考。例如开发区管委会与其所在地政府之间的关系问题、职能分工问题等，以某开发区为例，管委会作为地方政府的派出机构，其主要职能集中于经济领域，但是当其发展到一定程度后，社会管理的任务日益凸显，而属地政府总体的社会管理能力和资源有限，无法达到开发区的要求，而管委会负责社会管理又缺乏法律依据，因此如何对开发区进行有效的社会管理这一问题日益突出。同时地方政府也未对当前的组织模式做整体性的分析与研究，导致各种横向型、项目型的组织创新带来地方政府组织结构"碎片化"的问题。

（三）运行机制的差异导致地方政府内部的不协调

科层制组织与项目组织在运行机制方面存在非常大的差异，从资源配置机制来看，科层制的资源配置是基于部门与层级的，而项目的资源配置则需要打破这些部门与层级的界限；从决策机制来看，科层制的决策体系是基于层级划分的，而项目组织的决策体系是基于专家技能的；在绩效评价方面，科层制的评价体系是基于分工的，而项目组织的是基于目标的。这些差异性的运行方式在地方政府组织中并存，带来了内部协调不畅的问题，以人员激励为例，项目组织的主要职责是在项目实施过程中实行集中管理，因此项目组织应当在其使命完成后宣布解散，所抽调人员回归原单位继续任职。然而从前期调研结果来看，项目组织所抽调人员一旦离开原单位就很难回归，人员的单向流动现象普遍，从而使项目组织成员的工作积极性受挫。两种运行机制之间无法协调配合所带来的一系列问题随着地方政府横向型、项目型组织的不断增加而日益凸显。

第五章

服务型地方政府的组织模式变革：
项目导向型组织

服务型政府最核心的变化是理念的变化，即由"管控"向"服务"转变，由此带来了任务结构的变化，通过对项目导向型组织的分析发现，这种组织模式能够较好地与当前地方政府的任务结构相匹配。本章将具体对地方政府的项目导向型组织模式进行探讨，构建起服务型地方政府项目导向型组织模式的模型，并对其组织模式要素特征进行进一步阐述。

第一节　服务型地方政府项目导向型组织
模式模型的构建

既然项目导向型组织与当前地方政府所面临的任务结构变化具有较强的适应性，那么与服务型政府相适应的地方政府项目导向型组织究竟如何构建呢？本节将尝试建立地方政府项目导向型组织的基本模型，从而将这种组织模式以显性化的方式展现出来。

一　服务型地方政府项目导向型组织模式设计的原则

由于地方政府在中国地区发展过程中的作用突出，且其变革关系到区域稳定可持续发展的重要问题，同时又需要兼顾不同层级、不同区域地方政府的特点，探讨可行的方案，因此地方政府的组织变革与某个企业或社会组织的变革相比具有更强的系统性和影响力，需要考虑的因素也就更多。同时地方政府组织变革的"试错"成本也远高于其他组织，因此更加需要以系统性的思维方式提出系统化的解决方案。在提出服务型地方政府项目导向型组织模式模型时，应特别注意遵循以下原则。

（一）保持稳定原则

由于服务型政府建设是对政府提出的一项整体要求，其所涉及的不是政府中的某一个、一些机构或者某一个、一些部门，而是涉及政府的所有机构和部门。其中又以行使政府行政审批与政府管理职能的传统部门为主，而这些机构与部门是中国地方政府的主体组成部分，因此在组织模式设计的过程中，必须始终坚持保持这些部门稳定的原则，要在保持稳定的基础上，结合服务型政府建设的要求对这些机构与部门的组织模式进行设计。这样做的主要目的是更好地保持地方政府行政工作的稳定性，从而使政府的组织模式变革不对地方的稳定与发展产生负面影响，而是以相对平稳的方式实现地方政府向服务型政府转变的目标。

（二）系统性原则

地方政府组织变革是一项系统性工程，在方案设计的过程中也应当充分重视方案的系统性，主要体现在三个方面：一是地方政府项目导向型组织模式自身的系统性，包括组织主体、组织结构、组织规模与边界以及组织工作流程等要素之间的系统性；二是地方政府项目导向型组织与外部环境之间的系统性，需要保持地方政府组织与外部环境之间具有高度的匹配关系，从而使这种组织模式适应社会的发展并且能够充分实现资源整合的目标；三是各层级、各地区地方政府项目导向型组织模式的系统性，要保持不同层级与地区的地方政府间模式的相对一致，因此需要这种组织模式具有较强的适应性，而并非仅适用于某一特定的地方政府。

（三）顾客导向原则

这里的"顾客"是一个广义的概念，不仅仅指那些到地方政府办事的人，而是指所有地方政府"服务"的对象，顾客导向的原则是与"官本位"相对应的，在组织设计过程中应更多地考虑市场与社会的各种需求，并通过组织模式设计来满足这些需求。顾客导向原则是中国服务型政府以人为本的基本体现，也是服务型政府的基本要求，因此在组织模式设计过程中，将以顾客的需求为出发点，根据顾客需求对地方政府组织模式进行设计，即通过地方政府的组织模式设计，使地方政府的组织模式能够更好地满足顾客的需求。这就需要对顾客的需求进行分析，进而分析顾客需求所涉及的地方政府组织机构与部门，并对所涉及部门的特征进行分析，根据顾客需求所涉及地方政府机构或部门在地方政府中的层级等特征，具体开展地方政府组织模式设计，其主要目标是解决地方政府机构间或部门间的协调问题。

（四）可行性原则

在进行政府组织模式的设计时，由于政府组织的形成与发展都有较长的历史，而这些历史原因造成了地方政府组织行为等具有惯性，要通过改变政府组织模式而改变政府组织成员的行为方式与行为理念就必须要考虑这些惯性问题，使新的组织模式设计在现实环境中具有较强的可行性。同时，经过各国学者的研究发现政府的组织模式表现出强烈的路径依赖性，这就要求在组织模式设计的过程中必须考虑到后续改革如何进行的问题，从有利于组织模式改革顺利开展的角度对中国服务型地方政府的组织模式设计进行再思考，使其符合中国国情的需要，同时又能够在地方政府中良好地运行，并收到预期的效果。

二 服务型地方政府项目导向型组织模式模型

作为地方政府系统性的组织构成，服务型地方政府项目导向型组织模式是地方政府组织变革方向与目标的集中体现。对于组织模式的描绘与刻画将有助于更好地理解服务型政府建设情境下的地方政府组织变革问题。

（一）地方政府项目导向型组织的基本模型及其构成

基于项目导向型组织的定义和特征，结合中国地方政府运行的实际特点和需要，着眼于更好地完成地方政府的各种常规性与独特性两类任务，可以对地方政府项目导向型组织的基本模型加以勾画（见图 5 - 1）。

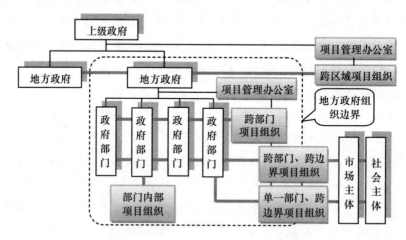

图 5 - 1 地方政府项目导向型组织的模型

资料来源：翟磊：《项目带动战略下的地方政府组织变革研究》，《中国行政管理》2013 年第 10 期。

在图 5 - 1 中，虚线代表地方政府的组织边界，在地方政府组织中，白色框所表示的是传统的条块分割的政府组织，灰色框所代表的是项目型组织。其中除了项目管理办公室应为常设机构，负责协调和统一管理各类跨组织项目外，其他五类项目组织均为临时性组织，为项目的实施而组建，在项目完成后即宣告解散。

在五类项目组织中，除部门内部项目组织不需要开展跨部门的横向资源配置外，其他三类项目组织均呈现出典型的横向型特征，即需要开展跨部门甚至是跨越政府边界的资源配置工作，包括人力、财力、物力等。项目组织将根据项目的需要确定所需资源，并由该项目组织以及项目管理办公室联合协调资源的配置。但部门内部的项目组织也同样具有横向型的特点，只是其所跨的是政府部门内部的各个处室，其资源配置同样需要跨越不同处室的界限。以人员配置为例，在项目团队成立时，需要从各处室甚至各部门抽调人员，当某一政府公务员被抽调到某一项目组织时，其在该时间段内只接受项目经理的领导，从而避免双头领导带来的各种弊端。因此传统组织与项目组织之间是相互独立的，即"非嵌入式二元组织"。需要说明的是，对于原单位确需补充人员的，可通过聘用制的方式招募临时性雇员。

在项目组织中，项目经理是项目的主要责任人，项目经理的选任将以"专家技能"为首要条件，而非以行政级别为标准。在跨越政府组织边界的项目团队中，项目经理可以由政府公务员担任，也可以由企事业单位、NGO 或专家担任。

项目管理办公室主任应由该地方政府的副职领导担任，使其从行政级别上高于各工作部门，从而在协调跨部门资源配置的过程中能够更为有效。项目管理办公室将根据项目的需要，以不同方式、不同程度参与到项目实施与管理过程之中。对于自运行机制顺畅、资源配置到位的项目，可以采取备案与登记的方式进行管理，而对于协调难度大、资源配置不足的项目则需要项目管理办公室以项目专员、联席会议等深度嵌入的方式进行跟踪管理。

（二）地方政府项目导向型组织模式模型与任务的匹配关系

项目导向型组织是一种结合传统的适于完成重复性日常行政工作的日常运营组织结构与适于完成独特性任务的项目型组织结构的新型政府组织模式。地方政府项目导向型组织模式的基本模型包括两个主要的组成部分，即日常运营组织与项目型组织，分别与地方政府的两类任务，即常规性任务与独特性任务相对应。

1. 日常运营组织的任务与范围

地方政府项目导向型组织中的日常运营组织就是那些承担政府日常行政管理职能的组织，也是政府组织结构的基础。日常运营组织的任务就是开展政府的各项日常行政管理工作，包括政府的税收、工商管理、行政审批等。

政府组织结构中的大部分是以日常运营组织的形式出现的，根据政府日常行政管理工作的内容可以分为不同的政府部门，下设各个处室；根据管辖的范围可以分为各个不同的层级，包括中央与地方各级政府，通过这些日常运营组织间的分工负责来完成本地区的日常行政管理工作，并形成监督与制约机制，有相对完善的规章制度约束，绩效考核与奖惩制度也相对完善。

2. 项目组织的任务与范围

地方政府项目导向型组织中的项目组织就是指地方政府在开展各种项目的过程中所形成的横向型的项目团队，其任务是完成政府的各种项目，包括重点工程建设项目、危机应对项目、政府服务项目、改革创新项目等。

地方政府项目导向型组织中的项目组织大致可以分为五种类型：当独特性任务需要由政府部门中某一处室的两个以上人员共同完成时，就由该处室的相关人员组成临时性的项目团队，共同完成该任务；当独特性任务需要由政府部门中两个以上不同处室的成员共同完成时，就由这些处室的相关人员组成临时的项目团队；当独特性任务需要由地方政府两个以上不同部门共同完成时，就由这些部门组成临时的项目团队；当独特性任务需要不同层级政府共同完成时，就由这些政府协调人员共同组成项目团队；当独特性任务需要协调政府与市场、社会的资源共同完成时，则由政府、市场和社会共同组建项目团队。

项目组织的边界是开放性的，其开放性主要体现在这些项目团队的组建上，政府将根据需要，组织政府内部甚至非政府工作人员加入项目团队，项目团队的规模也随其任务的不同而不同，当该任务完成后，项目团队成员又将返回原工作岗位。

上述组织结构中的项目团队设置是根据独特性任务的需要而设的，独特性任务可能来源于社会组织与公民，也可能来源于政府自身，政府将根据独特性任务的特点建立独特性任务的项目团队。

项目团队设置的基本出发点是更好地完成该项独特性任务，因此总体设计思路是从独特性任务的需要出发，对现有政府的组织结构进行调整。中国传统的行政管理模式是由当事人根据需要到不同的政府工作部门办理相关事宜，在这种组织结构下，政府所体现出的主要是管制的职能，而由于政府与行政当事人之间的地位不平等，导致许多协调不力、互相推诿的现象发生，因此根本的办法是从组织结构调整入手，改变政府的组织结构，依靠新型组织建设，将政府组织间协调的任务与职能转移到政府组织之中。

3. 日常运营组织与项目组织之间的关系

在地方政府项目导向型组织中，日常运营组织是政府的常设性组织，而项目组织则是临时性的，根据独特性任务的要求而组建，并在该独特性任务完成后解散。

从组织成员的来源来看，项目组织的成员均来源于日常运营组织之中，根据独特性任务的需要，从日常运营组织中抽调组成项目组织，在一段时间内为项目服务，当项目结束后，项目团队成员还将回到原来的日常运营组织中去。

从数量与规模来看，日常运营组织的数量与规模相对固定，而项目组织的数量则是根据独特性任务的数量而定，在地方政府项目导向型组织中，项目组织的数量非常多，但却不是固定的。项目组织的规模也是不固定的，有的项目组织可能只有几个人，有的则可能包括多个政府部门，其人员的数量可能达到数千人甚至上万人。

地方政府项目导向型组织主要解决的是政府日常运营组织与项目组织之间的协调问题，也就是横向的协调问题。在地方政府项目导向型组织的组织结构设计过程中，始终考虑的是项目组织与政府日常行政管理组织的协同，以及政府组织与社会组织之间的协同。地方政府所面临的各种独特性任务需要在不同项目间建立组织结构的接口机制，在政府多样化的组织结构中形成协调机制。这种协调机制包括如何组织各政府部门中的人员与资源组成项目团队，如何协调政府日常行政组织与项目组织之间的关系，以及如何在项目团队之间形成协调关系等。

三　项目团队的建设及运行过程

项目团队组建的目的是完成地方政府某一项独特性任务，因此从其性质上来看，项目团队是临时性的，而非常设性机构。虽然有的独特性任务非常庞杂，需要十年甚至几十年的时间方可完成，但从其性质上来看仍然是临时性组织，可以明确地界定出组织的起始与结束时间。项目管理领域的学者曾对项目团队的组建过程进行分析，并在此基础上提出了组织项目管理能力的评价模型，如图5-2所示。

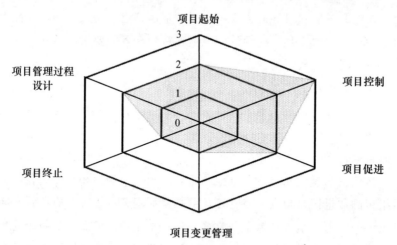

坐标轴含义：0—未界定　1—部分界定　2—完全界定　3—标准化

图5-2　组织项目管理能力的蛛网图

资料来源：Roland Gareis and Martina Huemann, *Project Management Competences in the Project - oriented Organisation*, in JR Turner and SJ Simister (eds), *The Gower Handbook of Project Management*, Aldershot：Gower, 2000, pp. 709 - 721。

从图5-2可以看出，项目团队的组建过程始于对项目管理过程的设计，在此基础上方可正式付诸实施。项目管理团队建设的过程总体可以分为三个阶段，即项目起始阶段、项目实施阶段和项目终止阶段，加上前期的项目管理过程设计，就构成了一个完整的项目团队的建设与运行过程。

（一）项目管理过程设计

当地方政府面临一项独特性任务时，首先需要对这一任务进行分析，并对执行任务的过程、组织进行规划，这就是项目管理过程设计的主要内容。这是地方政府项目团队组建的前期阶段，也就是说，通常此时项目团队尚未正式建立。负责对项目管理过程进行设计的主体往往是提出这一独特性任务的部门，或者拥有该独特性任务所需核心能力的部门，对于涉及部门较多的项目也可以由项目管理办公室负责项目管理过程设计。此时组织所指派的负责对项目管理过程进行设计的人就成为未来项目团队的潜在成员，甚至是项目经理。这个阶段通常参与其中的人员数量十分有限，主要工作内容是对该项目进行各种评估，对项目的资源需求进行规划设计，并对项目实施的全过程以及过程中的管理措施与方法进行前期分析，以支持项目决策。

（二）项目起始

对于地方政府决定开展的项目，需要一个正式的项目启动过程，从而宣告项目团队的正式形成，以及项目相关工作的正式开始。这是项目团队在地方政府组织中"合法化"的过程，同时也是项目信息正式在地方政府各部门发布的过程。此时的项目团队构成并不需要十分完备，其成员往往是前期对项目管理过程进行设计时，认为该项目可能涉及的地方政府部门中抽调的人员，而项目经理则由具备完成该任务所需核心能力的"专家"担任。因为项目团队的工作方式是基于合作的，是开放性的，因此在项目实施过程中可以随时根据项目需要进行调整。这一阶段项目团队管理的主要任务是明确项目目标，使项目团队成员对这一共同目标形成认同，并共同为项目的实施与管理过程进行计划与设计，从而指导项目后期工作的开展。这一阶段项目团队对各类资源的需求保持在较低水平，但已经对未来项目实施过程中的资源需求做出了规划，根据资源需求可以确定还需要哪些地方政府部门抽调人员和提供资源共同参与项目实施。

（三）项目实施

项目实施过程也是项目产出物的生成过程，从管理能力评价的角度，罗兰·格里斯又将其细分成了三种能力，即项目控制、项目促进与项目变更管理。在项目实施的过程中，项目团队的规模达到最大，项目的资源使用也最为集中，同时项目的各种不确定性也逐渐显露出来，从而不断给项目带来各种变更。在这个阶段，项目团队的管理工作最为繁重，首先就是确保项目各项工作的不断向前推进，对项目的成本、工期、质量等进行监控，收集项目偏差信息等。其次是项目促进，狭义上讲，主要指的是确保项目团队成员的主观能动性被充分调动和发挥出来，由于项目团队的工作方式不是基于分工的，而是基于合作的，因此确保其各自发挥主观能动性，从而通过相互支持与合作的方式推进项目各项工作的开展十分重要；广义上讲，项目促进需要有效地协同与项目相关的各类相关利益主体，共同为项目的顺利实施服务，包括项目涉及的地方政府各个部门、市场及社会主体等，西方国家在项目管理过程中甚至聘请专门的"项目促进人"，以协调各方关系。最后是项目变更管理，由于项目的独特性所致，项目在实施过程中发生变更在所难免，因此项目团队在项目实施过程中还需要对各种项目变更采取相应的应对措施，从而保证项目目标的顺利实现。

（四）项目终止

在项目目标达成后，或者项目已无存在必要时，需要终止该项目。这个过程就是项目团队在地方政府组织中合法依规推出的过程。为什么必须要终止项目呢？其原因有两个方面，一方面是从独特性任务的角度进行分析，在任务完成后，或者任务已无完成的必要时，需要对该任务终结做出正式的界定，地方政府即可对项目产出物进行验收、评价并在此基础上对未来工作进行规划设计；另一方面是从组织的角度进行分析，项目终止就意味着项目团队的正式撤销，这是组织权利义务的正式移转过程，并可以在项目团队与后续运营团队之间明确各自的责任，避免出了问题却无人负责的尴尬局面。

从中国当前地方政府项目管理的实践来看，项目终止阶段的相关工作最为薄弱，项目团队"建立易，撤销难"一直是困扰地方政府的难题之一，很多项目团队的名存实亡，导致地方政府的机构臃肿，其主要原因在于项目团队成员无法得到妥善安置而产生了对项目团队的"高度依赖性"。

第二节　服务型地方政府项目导向型组织模式的要素特征

由以上基本模型可以看出，地方政府项目导向型组织模式是二元组织的有机融合模式，相关研究认为组织模式主要包括以下要素，即组织主体、组织规模、组织结构与工作流程等要素，本节将针对图5-1所展示的服务型地方政府项目导向型组织模式的四要素进行具体分析。

一　服务型地方政府项目导向型组织的主体

在服务型地方政府项目导向型组织模式模型中包含了两种不同类型的主体，即常规性组织和项目组织，如图5-1所示，白色框表示的是各类常规性组织，灰色框所表示的则是各种项目组织。这两类组织分别适应两种不同的任务类型，即常规任务和独特性任务。

（一）常规性组织

从大类上分析，服务型地方政府项目导向型组织模式中包含了三大类常规性组织，即地方政府、市场主体和社会主体。常规性组织的最主要特征就是其"永续性"，这种特征的判断标准主要是主观标准，而非客观标准，也就是说，组织设立时未对其终止设定期限，而是以"永续"为目标和理想状态。虽然从客观实际来看，"永续"是组织追求的目标，但现实中企业破产倒闭、社会组织注销以及政府政权更迭时有发生，但这并不影响其主观上对永续性的追求。因此这类组织的存在相对稳定，并且总体上的存续时间更为持久。

第一类常规性组织是地方政府及其政府部门，因此如果对其进行细分，又可以分为两类，一是地方政府整体，例如，某省、市政府，虽然其内部组织结构构成在服务型地方政府项目导向型组织模式中是二元化的，即地方政府的组织构成包括常规性组织与项目组织两类，但作为地方政府整体而言，是具有永续性特征的，因此抛开其内部组织结构而着眼于地方政府整体的话，就可以将其视为常规性组织。二是地方政府的各个政府部门，当前中国地方政府的部门设置虽然在持续改革的过程之中，但从各个部门设立的初衷来看，都是"永续性"的，因为在政府部门设立时并未对本部门的撤销时间进行限定。同时，政府部门内部的组织结构同样可以是二元化的，在某部门实施某一项目时，该部门内部就包含项目组织，但从部门的整体来看，仍可以将其视为常规性组织。

第二类常规性组织是市场主体，其中最为主要的就是各类企业，从内部结构分析的话，企业的内部结构差异性更大，并且这种内部结构的差异性还在随着经济社会的不断复杂化而日益扩大，但不论企业的经营领域、内部组织结构有多大差异，当我们将企业视为一个整体时，其"永续经营"的特征就会显现出来。

第三类常规性组织是社会主体，近年来地方政府不断加大对社会组织的扶持力量，其参与社会治理的能力也在不断加强。但从社会组织的发展现状来看，还存在小、散、弱的问题，以各级地方政府大力扶持的社区社会组织来看，因为其存在的基础是社区，本身就制约了其发展的规模，同时资源、人才以及服务对象等的局限性都制约了其发展的空间。虽然说社区社会组织对于当前解决中国社区服务问题具有十分突出的作用，但与此同时，还应当从发展的角度着力培养具有较强服务能力和较大发展空间的社会组织。另外还有一个特殊的类型值得关注，即事业单位，事业单位的职责是为国民经济和社会各方面提供服务，包括改善社会生产条件、增进社会福利、满足广大人民群众的物质文化生活需要等。随着事业单位改革的推进，事业单位进一步回归"公益性"，这一主体在服务型地方政府建设及组织变革中是不可或缺的重要力量。

（二）项目组织

与常规性组织相对应，项目组织的特点就是非永续，即"临时性"。其设立是为了完成某一独特性任务，在设立之初就可预见未来"撤销"的时间，即使无法确定在某个具体时间点撤销，但可以确定的是在项目组织所承担的独特性任务完成之时，项目组织即将宣告解散。由于项目组织设立的目的是临时性的，因此其具体构成在地方政府组织中呈现出多样化、差异化和动态性的特点，因此大部分项目组织在当前中国地方政府的组织结构图中并未有所体现。项目组织的"临时性"特征决定了其人员配备、资源使用以及任务的存续时间等都具有"临时性"的特征。

二　服务型地方政府项目导向型组织的规模与边界

从图 5 - 1 可以看出在项目导向型组织模式中，地方政府通过各种项目与市场和社会主体发生联系，共同组成项目团队，使地方政府的组织变得更为柔性化，并具有更强的适应能力。

（一）项目组织规模具有高度不确定性

政府组织的行政管理职责决定了其组织需要有清晰的边界，并且组织规模相对固定。组织规模固定就给地方政府在完成独特性任务的过程中调动所需人员与资源设置了组织障碍，而地方政府项目导向型组织模式则通过建设项目团队的方式使组织规模具有开放性的特征，在完成对独特性任务的过程中可以实现政府部门间横向的人员与资源整合，更可以实现政府组织与社会组织，包括企事业单位、NGO 等的人员与资源的整合，项目团队可以根据项目的需要临时聘用、调用、增加或缩减团队成员，并在项目结束时宣告解散，这种开放性使得地方政府在应对独特性任务的过程中能够更为积极与灵活。

由于不同时间地方政府面临的项目数量、类型与规模等都是在不断变化的，因此需要的人员数量、能力结构等也将随之不断变化，从总体上看就使地方政府的组织规模发生了变化。在这种情况下，传统的地方政府编制管理的办法将无法与不断变化的需求相适应，因此需要地方政府探索新的人事与编制管理办法，以更加灵活的方式，如聘任制、协同治理等来应对组织规模因不确定性所带来的问题。

（二）项目组织具有非常强的边界突破性

项目团队组建的逻辑过程表现为：首先，根据项目的需要分析项目的人员需求，包括需要哪些不同类型的人才，以及具体数量与工作时间；其次，根据项目对人才的需求，在地方政府以及市场、社会主体中寻找相应的人才共同组成项目团队；最后，完成其在项目中应承担的任务后退出项目团队。由此可见，项目团队在人才获取方面具有非常强的边界突破能力，这一点从图 5 - 1 中也可以十分明显地看出。在五种类型的项目团队中，有三种项目团队都是跨越地方政府组织边界而建立的，通过这种项目团队的建设，增加了地方政府间、政府部门间以及政府与市场和社会组织之间的联系和交流的渠道，对于地方政府的信息获取和协同治理的实现具有突出意义。

三　服务型地方政府项目导向型组织的结构

地方政府项目导向型组织中，既有完成日常行政管理任务的常设性政府部门，也有为完成独特性任务而临时组建的项目团队，其根据独特性任务的要求而组建，并在该独特性任务完成后解散。当项目团队解散或团队成员根据项目需要退出项目团队时，这些人员将重新回到各自所在的机构与部门之中，可以有效避免为完成临时性的独特任务而开展人员招聘所带来的政府机构膨胀与人员浪费。这种二元化的组织结构是以项目导向为特征的，即为保障项目顺利实施，在项目实施过程中，应给予项目团队人员配备、资源配置、决策等方面的优先权，以保障项目的实施。以框图形式表现的地方政府项目导向型组织结构如图 5 - 3 所示。

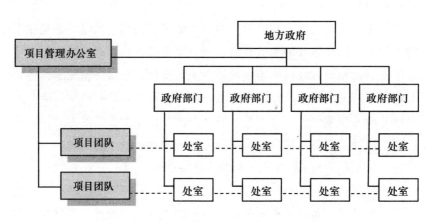

图 5 - 3　服务型地方政府项目导向型组织结构

由图 5 - 3 可以清晰地看出地方政府组织的二元化特征，其中左侧是由项目团队构成的临时性组织，而右侧是政府部门构成的常规性组织。两种类型的组织分别完成地方政府两类不同的任务，共同为地区发展服务。

（一）项目管理办公室

项目管理办公室主要负责对本地区政府的所有项目进行协调安排，该办公室是地方政府的常设部门，也是负责项目管理的唯一的常设性组织。其组织结构特征包括：

第一，行政级别"高半格"。行政级别高配的主要原因是解决各类"协调"问题，由于各类不同项目在实施的过程中需要各政府部门给予人员和资源等的支持，并且由于中国地方政府长期以来的权力分配机制都是基于行政级别的，因此要使项目管理办公室有更强的跨部门资源调动能力和协调能力，就需要在行政级别上特殊对待。

第二，部门设置精简、扁平。在部门内部机构设置方面，首先应当明确该办公室的职能是为各类项目服务，同时对项目的实施过程履行监督管理职能，因此在其内部机构设置中，可以根据任务的分工进行分组，例如，可以设置项目前期组、项目促进组、项目控制与变更管理组、项目监管组。其中项目前期组与提出项目提案与建议的部门一起，负责在项目正式实施前的规划设计、方案制订以及项目预算编制等；项目促进组主要负责协助项目管理团队，对项目相关利益主体间的关系进行协调，包括协调地方政府各部门以及各类市场和社会主体；项目控制与变更管理组负责为项目进展过程中的各种变更进行审批以及配置相关资源；项目监管组则负责对项目实施的全生命周期进行跟踪评估与监管，从而在各类项目的实施过程中积累各种经验教训。但项目管理办公室的组别设置与政府各部门在具体工作方式上存在显著差异。各部门的工作方式是基于分工的，部门间的工作相互没有太多交叉；而项目管理办公室中的工作方式是"项目化"的，即项目负责制，针对某一项目或者某一项目集，由不同组别分别抽调人员组成项目组，共同对项目的实施过程进行管理与监督。这种运作方式与会计师事务所或律师事务所的运行方式更为接近。而各个小组内部的活动以经验交流和学习为主，从而不断提升各组别为项目服务的能力与水平。

（二）项目团队

项目团队是地方政府项目导向型组织结构中负责具体项目实施工

作的组织构成，具有典型的"临时性"特征，根据项目对人员与能力的需求而建立，并在任务结束之日宣告解散。从图5-1中可以看出，在服务型地方政府项目导向型组织中共有五种类型的项目团队。

第一种是部门内部项目组织。当独特性任务需要由地方政府某一部门的两个以上不同处室共同完成时，就由部门内部的相关人员组成临时性的项目团队，共同完成该任务。以政府机构内部改革项目为例，这种项目团队的组建相对较为容易，因为部门内部成员之间相互熟悉，工作的交叉较多，并且同一部门的共同工作经验使他们更容易组成项目团队，协调开展工作。但该类项目组织并不包含在图5-3所给出的项目导向型结构之中，而是保留在地方政府部门内部，主要原因在于该类项目的人员需求、资源需求以及职能范围都限于地方政府部门内部，由该部门直接管理更为有效，因此该类项目的管理与控制并不由项目管理办公室负责。

第二种是跨部门项目组织。当独特性任务需要由地方政府两个以上不同部门的成员共同完成时，就由这些部门的相关人员组成临时的项目团队，如开发区建设项目。

第三种是单一部门、跨边界项目组织。当独特性任务需要由某一地方政府部门与企业或社会组织共同完成时，由不同性质的组织共同抽调人员组成项目团队，在一些地区性的活动项目中，采用政府部门主办、企业或社会组织承办的方式就是这种项目组织的典型例子。

第四种是跨部门、跨边界项目组织。同样的原理，当独特性任务规模和影响较大，需要地方政府不同部门共同与企业和社会组织联合实施时，就需要组成这种类型的项目组织。以奥运会为例，奥组委的构成就是典型的跨部门、跨边界项目组织。

第五种是跨区域项目组织。当独特性任务需要不同地方政府共同完成时，就需要跨地方政府组成相应的项目组织，但这种项目组织的管理与协调应由上一级政府的项目管理办公室负责。以长株潭国家自主创新示范区建设为例，该项目涉及三个地级市，因此在长株潭国家自主创新示范区建设工作领导小组的构成上，包括省政府的各个工作部门以及三市的市长。

（三）地方政府部门

在服务型地方政府项目导向型组织结构中，完整地保留了地方政府的部门结构，并且将政府部门内部的项目管理职能也保留在部门内部，只是将涉及跨部门、跨地方政府的项目独立出来。因此地方政府部门的总体组织结构并未发生改变，但其内部的组织结构和任务履行方式可能需要发生变革，这取决于该部门工作任务中常规性任务与独特性任务之间的结构关系。当该部门的独特性任务数量与占比较大时，也可参照项目导向型组织建设的思路，在政府部门内部开展项目导向型组织的变革，使本部门具备管理常规任务与独特性任务的双重能力。

（四）组织结构特征分析

根据第三章分析地方政府任务结构与组织模式要素间的匹配关系时提出的组织结构特征分析框架，可以对服务型地方政府项目导向型组织结构的特征进行分析，主要特征如下：

第一，团队化与部门化并存。在地方政府的项目导向型组织结构中，团队化与部门化的特征是并存的。部门化的组织结构所带来的是部门内部员工的差异化程度低，而部门间差异程度高；不同部门组织结构的同构性强，部门之间的差异性弱，而团队化的组织结构中团队成员之间的差异程度高，不同团队间的差异程度由于组成团队的人员要求不同也相对较高。因此从总体上来看，地方政府项目导向型组织结构的横向差异性高于传统科层制政府组织结构。

第二，扁平化。地方政府项目导向型组织中的各种项目团队使政府组织结构的纵向差异程度降低，体现出更多的扁平化特征。地方政府项目导向型组织中的各种项目团队是政府中某一层级内，甚至是不同层级之间所构成的一种横向组织，这种横向组织的出现，虽然没有直接改变组织的层级，但由于组织间的协调与合作意识增强，将对管理层级减少起到积极的作用。并且项目团队的组织结构层级少，是一种扁平化特征十分凸显的组织，因此从总体上来看，地方政府项目导向型组织与传统政府组织结构相比，其纵向差异性小，呈现明显的扁平化趋势。

第三，网络化。这是地方政府项目导向型组织结构在空间差异性方面的体现，空间差异性可以看作横向和纵向差异性的一个扩展和延伸维度。由于组织的发展以及任务和管理权力在地理上的可分性，形成空间的扩展和分布的可行性。这种分布包括距离的远近和数目的多少。由于地方政府项目导向型组织大量分布于不同地点，具有横向型组织的特点，这就使地方政府组织由传统的部门集中化向分散化的方向拉伸。与此同时，项目团队与地方政府部门间又具有横向的沟通与联系，因此总体上就使地方政府组织呈现出网络化的特征。

四　服务型地方政府项目导向型组织的工作流程

地方政府项目导向型组织打破了传统的以规范化流程建设为单一目标的政府工作流程管理模式，在保持政府各部门开展常规性活动时采用规范化流程的同时，在项目团队中基于团队管理与项目管理的理念与方法使用柔性化的工作流程，这种工作流程能更好地与地方政府所要完成的各种独特性任务相适应。任务的独特性决定了常规工作流程借鉴价值的有限性，完成独特性任务需要独特的工作流程，因此项目团队的设置可以有效避免规范性工作流程的制约，从而基于独特性任务的要求选择与设定合理有效的工作流程。本部分并不希望对某个项目的具体工作流程进行描述，而是希望从整体上对于服务型地方政府项目导向型组织的工作流程加以分析。

（一）项目与常规性任务之间的关系

从总体的角度来看，地方政府独特性任务与常规性任务之间并非完全割裂的，在很多情况下，两类任务之间有着密切的关系（如图5-4所示）。

由于地方政府总体上是追求永续发展的，在当今日益变化和复杂化的社会环境中，永续发展靠以不变应万变的方式是无法实现的，必须依靠持续的改革创新，这一点在中国各级政府层面已经达成共识。因此在常规性任务的履行过程中，地方政府将不断以变革的眼光发现新的变革需求，或者发现新的增长点，这样就产生了各类项目，如图

5－4所示。项目结束后，其产出物在大部分情况下将持续发挥作用，其中最为典型的就是基础设施建设项目，在项目完成后，其产出物将作为新的内容加入政府常规性任务之中，由政府部门进行管理，并且从总体上提升了地方政府部门常规性任务管理的能力，在此基础上又会产生更多的新项目。如开发区建设项目，在开发区建设项目完成后，对该区域的管理与服务则成为地方政府常规性任务，加入地方政府的组织运营管理范围之中，随着开发区不断发展，又将产生新的区域开发或提升改造项目。由此可见，在地方政府项目导向型组织中，项目与常规任务之间是相互关联的，项目从常规任务执行过程中产生，并将通过其实施提升地方政府常规任务的管理与服务能力。

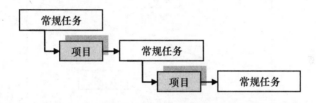

图 5－4　组织常规任务与项目之间的关系示意

（二）对项目开展全生命周期管理

从项目的实施与管理流程角度来看，由于每个项目自身的独特性导致其具体的实施与管理过程也将具有其独特的特征。通过对若干项目实施与管理过程的总结，可以归纳出地方政府项目实施与管理的一般性流程，从而对其中的各个阶段以及过程管理的理念进行分析与描述。

在此需要强调的是项目"全生命周期"与"全过程"是两个不同的概念，全过程指的是项目从起始到结束的整个过程，而全生命周期则是从项目起始直至项目产出物的使用周期结束的整个过程，如图5－5所示。

人们通常将项目的实施与管理过程理解为图5－5中上半部分所描述的过程，即由项目定义与决策、计划与设计、实施与控制和完工与交付四个阶段构成的项目全过程，这就导致在项目管理的过程中缺

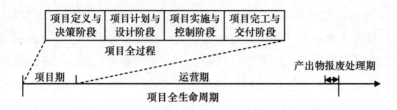

图5-5 项目全过程与项目全生命周期之间的关系

乏整体观念和大局观的问题，最突出的表现就是单纯重视项目期的成本最低而带来了运营成本提升（见图5-6）。

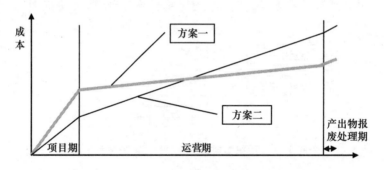

图5-6 两种方案的项目全生命周期成本比较

从图5-6可以看出，方案一虽然项目期的成本较高，但运营期则可以低成本运行，而方案二虽然项目期的成本较低，但运营期成本迅速提升，从项目全生命周期的角度分析，显然方案一优于方案二。图5-6所探讨的还是在两个方案寿命期相同的情况下，而现实中采用方案二的，往往会导致运营时间缩短，从而需要提前报废处理并重新建设，这种情况下成本的提升将更为突出。以"拉链工程"为例，这是民间对政府道路修建项目的形象化描述，由于追求项目期成本降低而使用了质量标准较低的管网，或者在未对地下管网进行改造的情况下完成路面铺设项目，在道路投入运营不久便出现地下管网破损或需要更新换代的问题，需要破路维护，最终使道路建设与运营的总体费用大幅提升。另外，单纯重视项目期的工期管理还有可能导致工程在运营过程中质量受损，例如，一些市政设施建设项目，为了追求工期的提前而造成了工程质量的隐患，带来了一系列运营维护问题等。因此地方政府在开展项目管理的过程中，应当采用"全生命周期"管理的理念，对项目期、运营期乃至产出物的报废处理期进行系统化综合管理。

第三节 项目导向型组织对项目管理能力要求的层次性分析

地方政府项目导向型组织的变革对地方政府的能力提出了新的要求，主要体现在项目管理方面。在科层制组织结构中，中国地方政府对常规任务的管理能力体现得较为突出，但是对于管理各种独特性任务却缺乏相关的经验和能力。因此在提出服务型地方政府项目导向型组织模式时，需要着重对地方政府的项目管理能力进行分析。

根据项目管理的层次理论，项目管理可以划分为三个层次，即项目组合管理层、项目集管理层以及项目管理层，如图 5 - 7 所示。

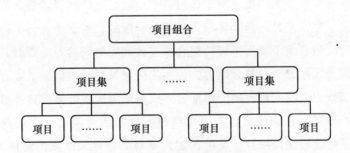

图 5 - 7 项目管理的层次划分

资料来源：翟磊：《以地方政府行政体制改革提升区域资源整合能力——基于项目组合管理理论并以天津滨海新区为例》，载魏礼群《中国行政体制改革的回顾与前瞻》，国家行政学院出版社 2012 年版，第 319—326 页。

项目管理的层次性与地方政府的层次性应当具有较强的对应关系，即由不同层级的政府组织负责不同层级的项目管理。具体而言，地方政府应当根据本地区的总体资源禀赋和区域发展战略对高层次的项目组合做出决策，以整合利用本地区的各种资源；政府部门或下一级政府则应当以本部门或本辖区的资源为基础，进行项目集的决策或者项目的决策。也就是说，在地方政府的纵向层级划分中，层级越高则其决策事项应当越集中于项目组合管理，即项目选择、项目评估标准制定以及多项目实施的时间安排等，而层级越低则其决策事项越具体，包括项目成本、工期、质量决策等。

一　战略层面：项目组合管理能力

项目组合管理是在可利用的资源和组织战略计划的指导下，进行多个项目或项目集投资的选择和支持的管理技术。[①] 这一概念是1999年提出的，之后伯特·德·雷克（Bert De Reyck）[②]、哈维·A. 莱文（Harvey A. Levine）[③] 等学者基于战略的项目选择方面对其操作化方法进行了研究，并在此基础上开始探索项目组合管理在不同领域的应用。

（一）项目组合管理能力的作用

无论从公平视角还是效率视角研究区域发展问题，都是一个区域资源配置与整合的问题。对于任何一个地区，虽然其资源禀赋特征或者总量上存在差异，但其区域资源都是有限的。从这个意义上讲，地方政府应当着眼于如何更好地整合和有效利用地区的各类资源，从而持续提升区域的资源整合能力，为实现区域发展战略目标服务。在各地的实践中，改变现有的资源配置方式与资源配置效果的具体形式是实施一系列项目，包括各类改革项目、技术创新项目、产业升级项目、基础设施建设项目、功能区建设项目等。以天津滨海新区为例，滨海新区以功能区开发建设为载体，基础设施建设与招商引资同步进行，打响了"十大战役"，通过十个大项目所构成的项目组合全面推

---

① *PMI*：*The Standard for Portfolio Management*，Project Management Institute，2006，p. 6.

② Bert De Reyck，etc.，"The Impact of Project Portfolio Management on Information Technology Projects"，*International Journal of Project Management*，Vol. 23，2005.

③ Harvey A. Levine，*Project Portfolio Management*：*A Practical Guide to Selecting Projects，Managing Portfolios，and Maximizing Benefits*，San Francisco：Jossey-Bass，2005，pp. 33 – 35.

动了新区的建设发展和资源整合能力提升。

项目组合管理理论关注的焦点在于如何根据战略目标和资源禀赋进行项目的选择，并对所选项目的时间进行合理安排，以及对所选项目进行资源配置。基于项目组合管理理论，可以提出提升区域资源整合能力，实现区域发展战略目标的研究框架①，如图 5-8 所示。

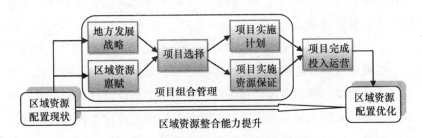

图 5-8 区域资源整合能力提升的分析框架

（二）项目组合管理的任务

从图 5-8 可以看出，区域资源整合能力提升的过程可以通过项目组合管理来实现，这一过程可以分为三个阶段。

1. 项目选择与决策：基于地方发展战略与资源禀赋

本阶段的主要任务是分析当前区域资源配置中有待提升的领域，从而制定规划和相关政策措施等。例如，分析其矿产资源、人力资源、海洋资源等是否得到了充分、有效的利用，从而制定优先发展的产业规划来鼓励相关项目实施。在这一过程中，应当以地方发展战略为目标，结合本地区的资源禀赋情况开展分析，并在有待提升的领域收集备选项目的信息，进而从大量备选项目中进行决策，选择出待实施的一系列项目或项目类别。对这些项目的决策不仅包括立项决策，还应当包括各项目的时间安排决策。其中资源禀赋不仅包括自然资源，也包括该地区的人力资源、财力资源、创新资源、政策资源等。

---

① 翟磊：《服务于区域资源整合能力提升的地方政府职能转变研究——基于项目组合管理理论》，《天津社会科学》2012 年第 6 期。

2. 项目组合的实施：基于项目组合决策配置资源

根据确定的项目以及项目的实施时间由相关主体开展项目实施活动，并对其所需资源进行合理配置。在这一阶段中地方政府的职能主要是引导与监督，通过实施各种产业与税收政策，例如对技术创新给予税收减免等，促进相关主体按照既定项目的组合实施各种项目。同时在某些领域政府将成为项目的实施者，如基础设施建设项目、功能区与生态城建设项目等。

3. 项目完成投入运营：实现区域资源整合能力提升

在项目组合实施完成并投入运营之后，地区资源配置的方式与效果将发生改变，例如通过生物医药产业园区的建设以及政府在相关领域的引导性政策，使人力资源与海洋相关资源实现在生物医药领域的优化配置，最终实现区域资源整合能力提升的目标。

地方政府职能的有效发挥在上述区域资源整合能力提升的过程中十分重要，应当更为主动和全面地发挥作用。这就对地方政府的职能转变提出了一个基本要求：以区域资源整合能力提升为目标开展地方政府职能的转变。以这种思路对地方政府职能转变进行分析可以发现，由于各个地区的发展战略和资源禀赋具有差异性，使得其职能转变的目标和方式也应当是差异化的，而不是"一刀切"地以相同的方式转变地方政府职能。

二 协调层面：项目集管理能力

项目管理协会把项目集定义为：经过协调管理以便获取单独管理这些项目时无法取得的收益和控制的一组相关联的项目，而项目集管理是对一个项目集采取集中式的协调管理，以实现这个项目集的战略目标和收益，包括把多个项目进行整合，以实现项目集目标，并使得成本、进度与工作可以被优化或集成①。由此可见，项目集是在项目组合管理完成对项目筛选的基础上，对若干个项目进行协调，使其资

---

① ［美］PMI（Project Management Institute）：《项目管理知识体系指南（PMBOK指南）（第5版）》，许江林译，电子工业出版社2013年版，第20—26、9页。

源配置达到平衡，并起到"1 + 1 > 2"的效果。

（一）项目集管理的作用

项目组合管理是根据组织的战略选择合适的项目，因此选择出的项目之间必将因为战略目标的趋同而具有相互关联关系。根据这种关联关系可以将待实施的项目划分为若干项目集，进行协调管理。项目集管理的主要任务就是协调，从项目目标的协调到项目进度的安排与协调以及组织资源的协调。

第一，项目目标的整合与协同。项目集管理的首要目标就是要对项目集所包含的各个项目的目标进行整合，使各个项目之间可以相互支撑，而不是各自为战。项目集管理就是将各个项目组成一个完整的"木桶"，从而为本地区战略目标的实现贡献力量。项目目标整合的前提是从相对宏观与全局的角度对所包含的各个项目进行审视与评价，并且在项目之间进行平衡，最终确定每个项目各自的目标。

第二，项目进度安排的协调。在探讨项目组合管理的过程中已经对区域资源配置问题进行了分析，由于每个地区的资源都是有限的，正如很多学者基于区域承载力开展的各种研究所述，需要在区域承载能力范围内对各个项目的实施进行合理安排。从地方政府的角度分析更是如此，地方政府的活动受到其组织、财力等的限制，因此对于项目集中所包含的项目，尤其是时间跨度大、资源需求量大的项目，需要对其实施的时间进行合理安排，既要避免"扎堆"带来的资源供给能力不足，也要避免"空档"带来的资源与人员浪费。

第三，组织资源协调与配置。这里主要指的是各个项目实施过程中的组织资源协调与配置问题。在项目进行的过程中，对资源的需求有两个突出特征：一是跨组织边界，二是具有不可预测性。这两个特征决定了项目集管理过程中必须实时根据项目对资源的需求，在地方政府各部门间，甚至是在非政府部门间为项目的顺利实施配置所需资源。其中既包括人力资源，也包括财力和物力资源，并且对项目变更所带来的新的资源需求给予充分的保障。

（二）项目集管理的任务

由于"协调"是项目集管理的主要目标与作用，因此在项目集管理的过程中，必须时刻以协调的思想在项目之间寻求平衡。这里所指的"平衡"并非平均主义，而是要根据项目对地方发展战略的作用，以及项目的规模、项目在项目集中的地位等因素，寻求各个项目之间、项目与资源之间、项目与地区发展战略之间的最佳匹配关系。

项目集管理的主要任务可以划分为四个阶段（见图5-9）。

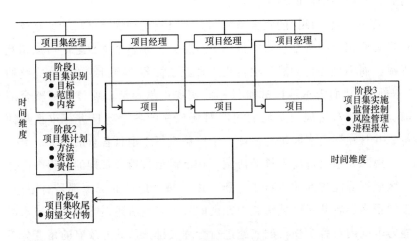

图5-9 项目集管理的主要任务

资料来源：参见［美］PMI（Project Management Institute）：《项目管理知识体系指南（PMBOK指南）（第5版）》，许江林译，电子工业出版社2013年版，第9页。

第一个阶段主要是项目集识别阶段，将具有相关关系的项目组成项目集，并对项目集的总体目标、范围和内容进行识别，也可以说是为项目集制定自己的战略。其中目标的识别应当包括两个层面：一是项目集目标的识别与确定；二是各个项目目标的识别与确定，也就是项目集目标分解的过程。而项目集范围和内容的识别则主要是从整体上对项目集各项工作的识别，具体项目的范围和内容识别工作则应交由项目经理完成，因此并非项目集管理的主要工作内容。

第二个阶段是项目集计划阶段，需要对项目集实施的方法、资源和责任等进行合理的计划与安排。具体包括各个项目实施的时间计划、人力资源计划、成本计划、质量计划等。资源计划，包括人力、财务和物力资源等方面，除了需要对资源投入的种类与数量进行界定之外，更重要的是对资源的来源和获取渠道进行计划，以确保项目实施过程中对各种资源的需求。

第三个阶段是项目集实施阶段，需要对各个项目的进展状况进行总体把握与控制，具体包括监督控制、风险管理和进程报告等。其中进程报告是进行管理与控制的前提，也是项目集管理者获取项目进展信息的过程。信息对于独特性任务的管理具有重要的作用，是管理者认识项目进展情况，并对未来发展进行预测和估计的重要依据。因此项目集管理的重要任务之一就是建立起各项目与项目集管理团队之间的信息沟通渠道，实现项目信息的实时报告和全面报告。在此基础上，项目集管理者应当进一步对项目实施过程中产生的各种偏差进行控制，并提供相应资源保障，同时对各个项目存在的风险进行管理，并为项目设置退出机制。

第四个阶段是项目集收尾阶段，也是项目集成果的交付阶段。这个阶段是在各个项目均已完成并终止的情况下，项目集完全结束时，对整个项目集管理的终结过程，也就意味着项目集管理团队的解散。这个阶段所需时间较短，但是对于项目集管理具有十分重要的意义，待交付物交付完成后，项目集管理团队即可宣告解散，同时也意味着项目集管理团队权利和义务的终结。

三　操作层面：项目管理能力

具体到每个项目的实施过程，需要项目管理团队运用项目管理能力，包括项目管理的系列工具方法对独特性任务的实施过程进行管理与控制。这些工具与方法与地方政府常规性任务所使用的工具方法具有显著的差异。以工作范围确定为例，常规性任务的工作范围是根据地方政府部门的历史经验确定的，但项目的工作范围则使用的是工作分解结构（Work Breakdown Structure，WBS）的方式由项目目标逐层分解得出的。

（一）项目管理的作用

项目管理的目标就是实现既定的项目的总体目标，而实现目标的过程并无历史经验可以照搬，需要项目团队根据项目的具体情况，创造性地开展相关工作。也就是说，对于项目管理而言，目标是确定的，但道路需要进行选择。那么究竟如何才能实现项目目标呢？首要的任务就是对项目目标进行分解，以构成项目的目标体系，而项目目标分解应当是多维度的：可以从时间维度进行项目目标分解，即确定项目的里程碑计划；可以从产出物的角度进行项目目标分解，以明确项目实施过程中各种产出物的要求；可以从组织的角度进行项目目标分解，使项目团队的各个组成部分明确地知晓各自的任务目标。各个分项目标的达成将最终促进项目总体目标的达成。从上述分析可以看出，项目管理的过程就是一个目标分解与实现的过程，并且这些目标之间具有纵横交叉的关系。虽然项目团队也会根据具体任务进行组织的细分，但这种分工的方式与常规性任务的分工方式是不同的，项目分工是相对粗略的基于目标的分工方式，在实现目标的过程中，仍然需要通过合作，而非通过基于分工的"流水线"式来完成项目。

项目管理也并非完全没有历史经验可循，但是对于历史信息与经验的使用方式与常规性任务不同。常规性任务可以依靠历史经验实现充分的分工和工作流程设计，但项目管理中的历史经验则更多地起到经验教训积累的作用，是项目实施的"前车之鉴"，而不能对其进行照搬。以项目成本计算为例，对于建筑项目这种相对封闭，即独特性较低且信息相对完备的项目，传统上中国曾使用定额法来核定项目成本。这种方法的基础是根据本地区以往实施的项目进行成本核算，并由政府主管部门确定工程量定额，以此来估计新项目的总成本。但由于项目所使用的材料、工艺及所处地理位置等的差异，加之当前建筑的特色日益突出使得项目间的可比性下降，导致定额法往往无法反映项目对成本的真实需求，因此目前中国广泛采用工料清单法，也就是根据工程自身的特点和要求确定所需人工和材料的数量，以自下而上的方式核定项目成本。

（二）项目管理的任务

对于项目管理工作任务的界定，目前较为公认的是国际项目管理协会 PMI 所提出的由九大知识体系构成的项目管理任务框架，如图 5-10所示。

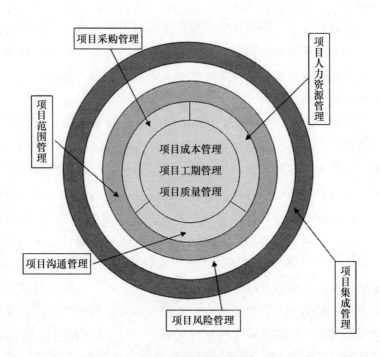

图 5-10　项目管理任务框架

资料来源：参见［美］PMI（Project Management Institute）《项目管理知识体系指南（PMBOK 指南）》，许江林译，电子工业出版社 2013 年版，第 18—19 页。

对图 5-10 中所包含的项目管理的九项任务进行归纳，可以将其分为三个大类，即"四硬、四软、一集成"。

"四硬"指的是项目管理中具有相对严格标准和约束性的四个项目管理任务，具体包括项目成本管理、项目工期管理、项目质量管理与项目风险管理。其中项目的成本、工期与质量管理又被称为项目管理的"铁三角"，是项目管理的核心内容，也是在项目管理中具有较高显示度的管理内容。原因是这三个管理要素可以以某种标准进行衡量，是项目管理中相对"看得见、摸得着"的内容，因此也受到了项目管理学者与实践领域的高度关注，这三个要素的管理工具与方法也最为成熟。以项目工期管理为例，有甘特图法、网络计划技术、里程碑计划技术、香蕉图法、挣值分析法等多种工具、方法可供选择。项目风险管理从发展的时间来看远远滞后于成本、工期与质量管理，但是由于项目的信息不完备所带来的各种风险日益凸显，项目风险管理能力往往关乎项目成败，因此日益受到学者和实践界的重视。

"四软"指的是项目管理中难以确定量化衡量标准，而且显示度不高的四个要素，具体包括项目范围管理、项目人力资源管理、项目沟通管理与项目采购管理。其中需要强调的是，从字面的理解来看，采购管理往往被理解为通过招投标等方式为项目获取资源的过程，但实质上美国项目管理协会的定义含义更为广泛①，不仅包括采购，更包括"获得""获取"之意。也就是为项目有效配备所需资源的管理内容，包括制订资源需求计划、规划资源获取方式、确定资源需求时间以及获取相关资源。总体上看，这四项管理任务均难以做定量的评价，但均是项目管理中不可或缺的部分，尤其是项目范围管理，范围的确定是项目实施成功与否的前提，也是项目时间计划、成本计划、质量计划、资源计划、风险计划等的先决条件。

"一集成"指的是项目集成管理，也就是对其他项目管理任务的协调统一过程。由于项目各个要素之间具有显著的关联关系，因此必须对其进行整体性的管理与协调。以时间、成本和质量管理为例，当项目工期变更时，就可能直接影响项目的成本和质量，例如赶工将很有可能带来成本的提高和质量的下降。因此必须对各个要素进行统一协调管理，这就是项目集成管理的主要工作任务。

---

① 在 PMBOK 中所使用的词汇是 Project Procurement Management，其中 Procurement 包含采购、获得、获取之意，在翻译成中文的过程中，取了"采购"一词，容易使人对其含义的理解产生偏差。

第四节 地方政府项目导向型组织模式
建设的实证分析

虽然中国地方政府尚未完整地建立起项目导向型的组织模式，但是已经初步具有项目导向型组织的某些特征。本节将选取项目组织建设、项目团队管理方式、项目管理团队能力建设以及项目团队的多元主体参与等关键指标进行考察。

一 项目组织建设的现状

地方政府项目导向型组织的组织结构既包括日常运营组织，又包括项目组织，是一种二元化的组织结构。从调查结果来看，中国地方政府在项目组织建设方面已经取得了一定成绩。在组织管理模式方面，46.4%的领导者倾向于亲自协调政府的多个工作部门，而33.6%的领导者能够根据项目需要组织团队，如表5-1所示。按照被调查对象职务的不同，对问卷数据进行判别分析，发现对不同层级的领导者调查所得数据基本一致（见表5-2），说明问卷数据是有效的，能够较全面、客观地反映各级政府开展工作的实际状况。

表5-1　　　　　　　　　　各种组织管理模式所占比例　　　　　　　　单位:%

	组织管理模式	频数	百分比	有效百分比	累积百分比
有效	交给某个政府工作部门	63	16.5	17.2	17.2
	亲自协调政府的多个工作部门	170	44.6	46.4	63.6
	根据项目需要组织团队	123	32.3	33.6	97.2
	其他	9	2.6	2.8	100.0
	合计	366	96.1	100.0	
缺失		15	3.9		
合计		381	100.0		

根据表5-1显示，目前中国地方政府的各级领导仍较多地倾向于亲自协调政府的多个工作部门，仅有1/3的领导者能够根据项目的需要组织团队，这一比例远远达不到建设地方政府项目导向型组织的要求。由表5-2可以看出问卷数据的效度和信度还是比较高。

表5-2 组统计量

调研对象的类型		均值	标准差	有效的 N（列表状态）	
				未加权的	已加权的
市司局管理人员	组织管理模式	2.12	0.711	97	97.000
市司局领导	组织管理模式	2.31	0.874	45	45.000
区县政府管理人员	组织管理模式	2.23	0.721	165	165.000
区县政府领导	组织管理模式	2.22	0.832	51	51.000
合计	组织管理模式	2.21	0.755	358	358.000

由于项目组织具有临时性，因此设立政府项目管理办公室负责对本地区政府的所有项目进行协调安排是极其重要的。项目管理办公室对政府的各类项目行使综合管理职能，避免部门间对同类项目的重复立项；同时为政府各类项目建立一个信息平台，使各级政府之间的信息能够做到互通。在实际的走访调研中发现，中国地方政府在应急管理方面成立的地方政府应急管理办公室是具有项目管理办公室特征的，具体可见第七章的相关案例分析。

二 项目团队管理方式的现状

在地方政府项目导向型组织中，政府通过各种项目团队来完成各项独特性的任务。项目团队的设置是根据独特性任务的需要而设的，这种独特性任务可能来源于社会组织与公民，也可能来源于政府本身，政府根据独特性任务的特点建立为完成该独特性任务的项目团队。项目团队应当是独立于地方政府各部门的，由地方政府根据项目需要抽调人员组成，并由项目经理统一管理的临时性组织。根据调研结果统计，目前中国地方政府在完成各项独特性任务的过程中，63.4%的部门按照工作部门分头管理，24.7%的部门按照区县领导的职责分工分头管理，12.2%的部门主管领导能够组成项目团队进行管理，如图5－11所示。

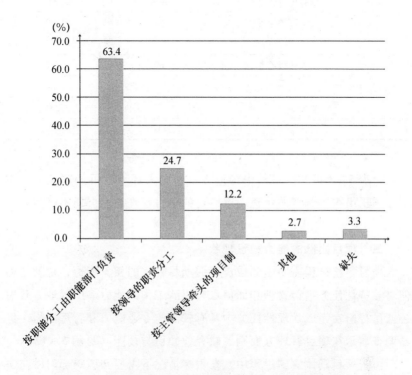

图5－11 中国地方政府完成独特性任务使用的组织体制

项目经理对于项目团队的作用至关重要，在某种程度上，项目经理的素质与能力决定了项目团队的整体素质和能力。因此，项目经理必须具有很强的项目管理意识，能够按照不同项目自身的独特性开展有针对性的管理工作。问卷调查的结果显示，61.2%的项目经理认为自己是项目的组织协调者，这种角色是符合项目团队需要的。但与此同时，仍有26.2%的项目经理认为自己是项目的直接指挥者，15.7%的项目经理认为自己是上级领导者，如表5－3所示。这说明，中国地方政府大部分的领导者都已经具有一定的项目管理意识，但仍需要不断加强。

表 5 - 3　　　　　　　　　项目经理在项目中担任角色情况　　　　　　单位:%

项目经理在项目中担任角色		频数	百分比
有效	上级领导者	60	15.7
	组织协调者	233	61.2
	直接指挥者	100	26.2
	其他	9	2.4
缺失		1	0.3
合计		381	

由表 5 - 3 可知，目前中国地方政府的大部分项目经理在项目中都发挥了组织协调者的角色，有一定的项目管理意识但还不够强。

三　项目团队的能力建设现状

项目实施过程需要团队成员掌握项目管理的相关能力，也就是如何对独特性任务进行管理和如何参与团队工作的能力。中国地方政府公务员普遍在完成常规性任务中具有较高的专业能力和管理能力，但是调查显示在项目管理方面则欠缺专业知识与技能（见图 5 - 12）。

由于项目具体实施过程中，在很多情况下需要开展跨部门横向协调，在地方政府项目导向型组织模式中，跨部门协调是地方政府通过制度化的方式赋予项目团队的权力。理想的跨部门横向协调可以通过多个层面展开：一是项目团队成员主动与政府工作部门协调；二是项目经理与相关工作部门进行协调；三是由项目管理办公室进行协调。根据项目导向型组织的要求，相关工作部门应当予以支持。但从调研的结果来看，目前中国地方政府尚未建立起制度化的项目团队与政府工作部门间的协调关系，主要还是依靠临时性、非制度化的会议或领导协调等方式实现（见图 5 - 13）。

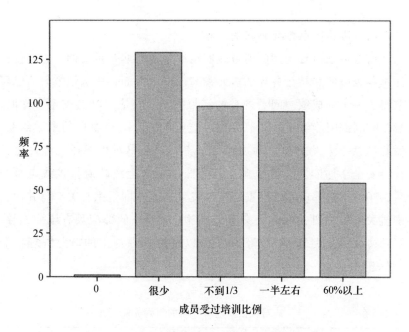

图 5 – 12　项目团队成员接受项目管理培训的情况

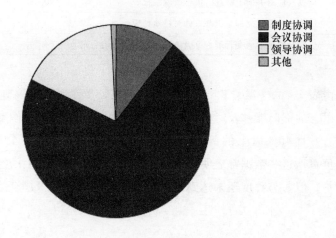

图 5 – 13　项目团队的组织协调方式

四 项目团队多元参与的现状

要打造项目导向型的地方政府组织，还有非常重要的一点，就是注重各级政府和社会各界的多元参与。在此方面，中国地方政府已经取得了一定的成绩。问卷调查的结果显示，在应对社会安全事件时，42.7%的部门能够及时调节处理可能引发社会安全事件的矛盾纠纷，做好"禁于未发之前"的工作，23.7%的部门对将要或已经发生的社会安全事件能够积极应对，并按照规定向上级政府报告或越级报告，20.8%的部门在社会安全事件发生后能立即组织有关部门并由公安机关有针对性地采取应急处置措施，43.3%的部门具有统一领导、综合协调、分类管理、分级负责、以属地管理为主的应急管理体制（见表5-4）。

表5-4　　　　　　　　　　应对社会安全事件时的组织体制

组织体制	频数	有效百分比
及时处理可能的矛盾纠纷，禁于未发之前	162	42.7
及时应对并向上级政府报告或越级报告	90	23.7
事件发生后立即组织并有针对性地处理	79	20.8
统一领导、综合协调、分类管理、分级负责、以属地管理为主	164	43.3

由表5-4可以看出，在应对社会安全事件时，中国地方政府40%以上的部门能够及时处理可能的矛盾纠纷，将安全事件禁于未发之前，并且40%以上的部门能够统一领导、综合协调、分类管理、分级负责，这些数据都表明，中国地方政府在一定程度上已经做到多元参与，但参与程度还未达到地方政府项目导向型组织建设的要求。

第六章

服务型地方政府项目导向型
组织的运行机制

运行机制是组织模式动态化的过程，探讨的主要是在某种组织模式之下，以何种方式实现组织高效运转的问题。现代政府要提供优质高效的公共产品和公共服务，必须不断改革和完善政府运行机制，包括科学化、民主化和法治化的决策机制，规范有序、公开透明、便民高效的执行机制，科学合理、客观公正、及时准确的评价机制，以及标准明确、监督有力的约束机制等。① 为确保第五章所建立起的服务型地方政府项目导向型组织模式得以顺利运行，本章将对该组织模式的资源配置、绩效评价以及决策机制进行重点分析和讨论。

由于在服务型地方政府的二元化组织结构中，常规性组织保留了现有的科层制组织结构，其职能、运行方式等均得以保留，因此在探讨服务型地方政府项目导向型组织的运行机制问题时，将把研究重点放在项目型组织的部分，重点研究地方政府各类项目的运行机制。

第一节　基于项目的资源配置机制

资源配置效率是组织运行效率与效果的表现形式，组织变革的目标就是为了能够更为高效地实现组织的资源配置。总体来看，中国地

---

① 薄贵利：《服务型政府建设战略：目标与重点》，《人民论坛》2012 年第 5 期。

方政府传统科层制的组织结构决定了其资源配置的方式是基于部门分工的，是"切蛋糕"式的。由于项目的独特性决定了管理者通常无法完全准确地对项目未来的资源使用情况进行预测，因此也就无法准确地"切"下项目所需的"蛋糕"。为避免执行过程中资源不足的情况，各政府部门通常的做法就是尽可能多地为本部门争取资源，这样才能在工作过程中游刃有余，但这种方式很可能造成部门资源的浪费。服务型地方政府项目导向型组织模式在组织结构上对地方政府的常规性组织与项目型组织做了"二元化"的处理。与之相适应，在组织运行机制设计中也应当基于二元化的组织结构进行相应的调整。也就是说，应当对当前的项目运行机制进行变革，使之适应项目管理与项目运行对资源的需求。

从资源配置的优先级别来看，应当对项目赋予更高的资源配置优先级别，其原因主要体现在三个方面：第一，在管理难度上，由于项目的信息不完备性、不确定，使得项目管理的难度高于日常运营管理，因此需要组织投入更多精力与资源；第二，从任务性质上，地方政府决定开展的各类项目往往是具有战略性的，或者是突发性的，其实施的效果将直接影响到地区未来的发展，因此往往受到地方政府领导的关注，并采用"一把手工程"等方式从行政的角度确定项目的重要性；第三，从资源配置的可控性上，日常运行活动往往具有较高的确定性，因此可以对所需资源进行较好的预测和控制，而项目活动则受到项目实施过程的不确定性影响，无法准确预测其资源需求，因此可控性较差，需要地方政府投入更多精力对其进行管理与控制。从上述三个方面可以发现，项目管理在地方政府的管理工作中具有较高的优先级别，而管理的优先序列安排直接决定其资源配置的优先序列安排。在为项目配备相关资源时，应当改变传统的部门分割的资源配置方式，采用基于项目需求的资源配置方式，并且应当根据项目的变化情况对其资源配置进行动态管理。

在研究政府资源配置的时候，资源的范围是较为广泛的，包括人力资源、物力资源、财力资源等。在地方政府项目导向型组织中，这些资源将首先根据项目的需要列出清单，并由政府保障在其拥有的资源范围内优先保障项目所需资源的配置。通过这样的资源配置方式，可以有效地提高资源配置的效率，并减少各种资源在不同地区与政府部门中的重复购置等问题，且这种资源配置方式是最适合知识经济发展需要的。尤其是在公共危机应对项目或国家、地区的大型工程项目中，这种基于项目的资源配置方式明显优于其他的资源配置方式。例如，在地震等灾害的应对项目中，基于项目的资源配置方式可以快速为项目配置资源，并且可以迅速发现政府资源的缺口，从社会调集资源，为灾害的救援争取宝贵的时间。又如奥运会筹办项目，政府成立了专门的项目组织在全国范围内开展基于项目的资源配置，保证了场馆建设等各项工程的顺利完成和奥运会的成功举办。同样，在政府的服务项目中，这种基于项目的资源配置方式使政府能够更好地为顾客提供服务，原因在于基于项目的资源配置方式打破了传统的部门界限，使政府各部门能够根据服务项目的需要组织各机构、各部门人员为其提供服务，提高行政服务效率。

一　基于项目需求的人力资源配置机制

在服务型地方政府项目导向型组织模式中，对于人力资源的需求分为两种类型，一类是处理常规性任务的专业型人才，另一类是管理和为项目服务的项目管理人才。两类人才的配置机制从逻辑上来看具有较大的差异，因此需要地方政府对项目型组织的人力资源配置机制进行适应性改革。

（一）地方政府项目人力资源配备的现状

目前中国地方政府在人力资源配备中由于受到以下因素影响而无法很好地满足各类项目的需求。

1. 总体受到编制控制，尚未形成灵活的用人机制

编制管理是中国控制政府规模、精简机构与人员的过程中形成的对地方政府及各部门进行规模控制的有效方式。地方政府履行常规性任务的过程中，编制管理无疑可以有效地实现政府规模控制。但对于项目组织而言，其对人员的需求规模是在不断变化中的，并且由于项目总量及人员需求在时间维度上具有非均衡型特点，当地方政府面临

大型项目，或者同一时间有多个项目并行时，现有公务员系统将难以满足项目的需求。

从目前的实践来看，聘任制等相对灵活的用人机制尚未有效建立起来。在 2006 年《公务员法》实施以前，以吉林省为代表的政府雇员制可以视为公务员聘任制的初期探索。2007 年 1 月，经原国家人事部批复，深圳和上海浦东成为中国公务员聘任制的首批试点地区。截至目前，在公务员聘任制方面具有代表性的实践可以归纳为三种类型：一是以吉林为代表的政府雇员制度；二是以深圳为代表的面对普通公务员的大规模公务员聘任制度；三是以上海浦东为代表的，主要针对高端、专业性较强的岗位进行的公务员聘任制度。上述实践在一定程度上取得了一些效果，据深圳市人力资源和社会保障局的数据显示，截至 2014 年 2 月深圳市机关事业单位共聘用雇员 5513 人，其中市属单位 2638 人，区属单位 2875 人。按照雇员类别统计，高级雇员 4 人，专业技术、辅助管理和工勤岗位的普通雇员分别为 1594 人、3451 人、464 人。[①] 作为更具有灵活性的人才配备机制，聘用制能够较好地与项目的人力资源需求相适应，但目前由于尚未在立法、绩效考核、薪酬及激励机制等方面建立起完整的体系，因此这种方式发挥作用尚有较大的空间。

2. 项目人力资源配置依靠提升行政级别实现

与地方政府常规性行政任务相比，由于项目的复杂性与不确定性较强，因此其管理难度远大于常规性任务。与此同时，由于项目具有临时性特征，团队成员无法对未来的发展做出长期的规划，因而在同等情况下，人们往往更倾向于选择为常规性任务服务，而不愿意加入项目组织。在这种情况下，地方政府为项目组织配备人员时习惯性地采用行政的手段是对参与项目的人员给予行政级别上的奖励，即通过行政级别的提升为项目吸引人才。此操作的结果就是使项目人才配备成为官员晋升的另一条通道，通过项目解决干部任用问题也是当前常见的现象之一。在这种情况下，所任命的项目经理及项目团队成员难

---

① 罗俊杰：《机关事业单位 5513 雇员　到底何去何从？》，《晶报》2014 年 2 月 27 日。

以保证是项目真正需要的人才，而成了政府各部门"晋升锦标赛"的结果。

3. 缺乏专业项目管理人才队伍

从地方政府公务员能力构成来看，在招录的过程中各部门更为看重的是候选人在专业技能方面的能力，即完成地方政府部门常规性工作的能力，而对项目管理这种独特性任务的工作能力缺乏相应的考核机制。更没有针对项目管理的需求招录相应的专业人才。由于长期以来地方政府的任务结构是以常规性任务为主，因此从地方政府公务员队伍的能力构成来看，拥有项目管理专业能力的人才数量有限，并且在工作中得到相关能力提升的机会也相对欠缺。

（二）建设基于项目需求的人力资源配置机制

由于现有的地方政府人力资源配置机制无法很好地适应项目团队建设的需要，因此需要地方政府开展人事制度改革，并建立起基于项目需求的人力资源配置机制。

1. 根据项目需求制订人力资源需求计划

地方政府各部门的人力资源需求是具有较强稳定性的，而项目组织对人力资源的需求则是不断变化的，在总量上如图 6 - 1 所示。

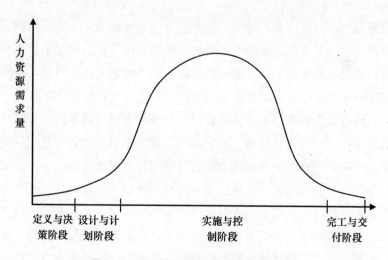

图 6 - 1　项目各阶段人力资源需求情况

由图 6 - 1 可见，项目在不同阶段对人力资源的需求具有动态性特征，其中人力资源需求量最大的是项目的实施与控制阶段，其他各个阶段的人力资源需求量则较少。

除了数量具有动态性特征外，项目对人力资源的类型及其能力要求也具有动态性特点。在项目定义与决策阶段，对于战略分析人才及项目评估人才的需求较为突出；在设计与计划阶段，对于规划与设计相关人才的需求较为突出；运营阶段则根据项目自身的特点，需要不同类型的人才加入。因此在项目团队组建之初，就需要项目经理组织编制项目的人力资源需求计划，包括对人员能力的要求、数量的要求以及为项目服务的时间要求等，并在项目实施过程中，根据人力资源需求计划开展人力资源的配备与管理工作。

2. 根据人力资源需求计划为项目配置相应人才

如何根据项目的人力资源需求为其配备相应的人才是项目导向型组织在人力资源配置过程中面临的核心问题。按照政府部门的晋升机制为项目配备人才的方式显然无法满足项目对人力资源的需要。因此应当打破传统的行政级别、晋升竞争机制等的限制，真正以"专长"为标准，为项目配备所需专业人才。人才的来源有三种类型：一是在地方政府部门中工作的公务员；二是企业、社会组织中工作的人员；三是为完成任务而临时聘用的人员。这就需要解决一个核心问题，即如何吸引这些专业人才为项目服务的问题。应当从薪酬水平、晋升机制、激励机制等多个角度对这些专业人才为项目工作期间设计系统的制度安排。关于这一问题将在后续探讨绩效评价机制时详细展开。

项目组织中吸收企业及社会组织人才加入项目团队的，应视不同情况采取不同的管理措施。对于采用多元主体治理方式组建项目团队的，即由政府联合企业或社会组织共同组建项目团队的，可根据协商从各组织抽调合适的人员构成项目团队，并由各组织共同协商人力资源成本负担问题；对于地方政府独立承担的项目，则可采取从现有部门抽调或聘用等方式配备项目团队成员，也可采用外包的方式，将项目部分工作交由外包的其他组织承担，从而减少项目对地方政府的人力资源需求。

3. 在地方政府建立项目管理人才库

从地方政府当前面临的任务结构变革情况可以看出，地方政府对项目管理人才的需求正在大幅度提升，并且在未来仍将进一步呈现提升态势。因此有必要在地方政府组织中建设一支"职业项目经理人"队伍，这支队伍的管理由项目管理办公室具体负责，这支队伍的规模宜"小而精"，其工作方式完全是"项目负责制"，在完成当前的项目后，根据需要参加到下一个项目的实施过程之中。因此职业项目经理人的绩效评估和晋升渠道与地方政府工作部门的完全不同，这些人也无须在项目结束后回归某一政府工作部门。

同时应建立项目管理人才库，对于地方政府部门中具有项目管理能力和经验，或者在项目实施过程中取得过突出成绩的人才信息进行汇总，从而能够更为快捷地完成队伍组建过程。

4. 建立常规任务组织与项目组织间的双向流动机制

基于项目团队工作的临时性特点，项目团队成员在项目结束后的去向问题也是当前所面对的瓶颈问题之一。可能遇到的障碍包括：从地方政府部门抽调人员，导致该部门的某个工作岗位空缺，不得不另聘新人，这就导致项目团队成员完成项目工作后无法回到原部门的问题；由于地方政府部门的绩效评价机制与项目团队的绩效评价机制不同，因此即使能够回到原部门，其在项目工作期间所做出的成绩无法得到原部门的认可。可见当前在常规任务组织与项目组织之间存在组织障碍，需要建立起双向流动机制，以及绩效考核的转换机制，使临时性为项目工作的公务员能够顺畅地调出和调入，并且其在项目团队工作的业绩能够在未来晋升中起到支持作用。

5. 完善"聘任制"

由于聘任制本身的操作十分灵活，因此对于解决项目组织动态性的人力资源需求问题具有突出的意义。公务员聘任制呈现出以下四个鲜明的特点：一是契约化合同制管理，聘任制公务员的权责利以及考核、任职期限等都通过合同明确，并且用人机关依据合同对其进行管理；二是协议工资制，聘任制公务员参照市场薪酬水平，兼顾政府机关的实际情况，通过双方平等协商确定，大多薪酬稍高于同级公务员；三是不存在晋升压力，聘任制公务员不执行公务员职务任免规定，没有传统职务晋升途径，而是根据岗位目标任务，确定责权；四是任期有限，聘任制公务员聘期一般为1—3年，任期结束后续聘或解聘。可以借鉴国际相关经验，完善中国地方政府公务员的聘任制。以美国为例，近年来美国公务员中临时性的、季节性的以及兼职的雇员数量显著增加，这就使公共部门人力资源结构发生了变化。这种契约式的雇佣方式，使一些部门在人力上的特别需求得到满足，专业技术型人才大多通过这种方式得以引进。地方政府可根据本年度的项目需求以及财政的项目资金规模等确定年度聘任制公务员的规模，并对其实施"总量控制"。在以聘任制解决项目团队人力资源需求的同时，也缓解了项目给地方政府公务员带来的用人压力，为进一步精简当前地方政府各部门的公务员规模留出了空间。

二　项目资金统一动态管理机制

根据服务型地方政府项目导向型组织模式的要求，对项目的资金配置应当采用与常规任务不同的方式，一方面充分发挥财政资金的作用，另一方面也能以更加灵活的方式广泛吸纳各类资金以满足项目的实际需要。

（一）地方政府项目资金管理的现状

目前地方政府对项目资金的管理存在两个突出问题：一是"碎片化"的问题，在各类项目的资金投入上采取不同的方式，具有不同的融资结构，并且在财政预算中也未能完整地体现出地方政府在各类项目中的投入情况；二是配置方式仍然是基于部门的，而非基于项目的，部门分割的方式导致项目资金"能进不能出"，无法实现总体的协调配置。

当前各级地方政府的项目资金管理可以分为如下四种类型。

1. 财政专项资金

目前对专项资金的构成尚没有统一的界定，在实际操作中，一般采用的是"扣除界定法"，即扣除经常性经费以外的，由财政安排或追加以及上级单位拨付的财政资金，全部作为专项资金。这种专项资金的绝大部分都是用于政府各类项目支出的，根据支出用途分类，可以将专项资金分为基本建设支出、专项业务费、专项支出购置、专项修缮和其他专项等。

在财政部印发的《中央本级项目支出预算管理办法》中规定，项目支出预算是在基本支出预算之外编制的年度项目支出计划（或专项资金支出计划）。按照项目性质可以分为基本建设类项目、行政事业类项目和其他类项目。

对于地方而言，专项资金分类与中央项目支出分类基本一致，只是在资金来源和使用方面存在一些差别。许多省级政府专门出台了省级财政专项资金管理办法，例如在《关于印发山东省省级财政专项资金管理暂行办法的通知》①中明确提出，财政专项资金在贯彻落实省委、省政府重大决策部署，促进全省经济社会事业发展，保障和改善民生等方面发挥了重要作用。在《杭州市级财政专项资金管理办法》中规定：市财政部门、负责专项资金管理的市业务主管部门、项目实施单位和市监察部门、审计部门按职责分工共同负责专项资金管理和监督工作。市业务主管部门和项目实施单位实行专项资金主要领导负责制。②并提出要建立专项资金项目库，项目库分为项目储备库和财政项目库。纳入项目库的项目应细化到具体的项目内容、实施单位、实施期限，以及明确的绩效目标、项目总投资及分年度资金需求等内容。市业务主管部门应按规定组织专项资金的项目申报和审核工作。申请使用专项资金的行政机关、企事业单位和个人应按专项资金具体管理办法申报。严格规范专项资金的设立、调整（含归并、整合，下同）和撤销程序。对专项资金实行目录管理，经批准设立的专项资金，其存续、调整、撤销应实行动态管理。一个项目只能申报一项专项资金，申请单位不得以同一内容的项目重复申报或多头申报专项资金。专项资金的规模各地区有所不同，以北京市为例，根据北京市政府公布的相关数据显示，北京市 2013 年市级公共财政预算

----

① 山东省人民政府办公厅：《关于印发山东省省级财政专项资金管理暂行办法的通知》2014 年 9 月。

② 杭州市人民政府办公厅：《杭州市级财政专项资金管理办法》2014 年 11 月。

支出完成总额为 1795.4 亿元①，而大额专项资金总额共计 271 亿元②，约占北京市预算支出总额的 15.1%。

但是，专项资金管理也存在一些亟待解决的问题，如边界不清、结构固化、过多过散、交叉重叠、管理不严、效率不高等，影响了资金使用效益和政府职能发挥。

2. 通过地方政府融资筹集项目建设资金

地方政府融资的方式正在由投融资平台公司向发行地方政府债券转变。为了筹集项目建设资金，地方政府融资平台公司在过去的若干年内发挥了积极的作用，但也由于这种债务具有隐性化的特点，举债规模难以控制，并且存在坏账问题，因此给地方政府带来了潜在的风险。截至 2012 年年底，地方政府融资平台的总债务规模为 19 万亿元，约为 GDP 总额的 37%③，而当前全国公共财政收入为 117210 亿元，地方财政收入（本级）为 61077 亿元④，地方政府融资平台的债务总额约占地方财政收入和全国公共财政收入的 311% 和 163%。2014 年 10 月，国务院发布了《关于加强地方政府性债务管理的意见》，加快建立规范的地方政府举债融资机制。新预算法规定，地方政府举借债务应通过发行政府债券的方式。⑤《国务院关于加强地方政府性债务管理的意见》（国发〔2014〕43 号）规定，纳入预算管理的地方政府存量债务可以发行一定规模的地方政府债券置换。地方政府存量债务是新预算法实施之前形成的，以一定规模的政府债券置换部分债务，是规范预算管理的有效途径，有利于保障在建项目融资和资金链不断裂，处理好化解债务与稳增长的关系，还有利于优化债

---

① 北京市财政局：《关于北京市 2013 年预算执行情况和 2014 年预算草案的报告》，《北京日报》2014 年 1 月 28 日第 5 版。

② 赵鹏等：《北京首次公开大额专项资金支出》，2014 年 8 月 23 日，《半月谈》（http://www.banyuetan.org/chcontent/zx/shxw/2014822/109921.html）。

③ 张智威：《地方政府融资平台总债务约 19 万亿 明年或出违约个案》，《财经》2013 年 10 月 28 日。

④ 《2012 年全国财政收入 117210 亿元 增 12.8%》，2013 年 1 月 22 日，新华网（http://news.xinhuanet.com/fortune/2013-01/22/c_124265804.htm）。

⑤ 新《预算法》于 2014 年通过，2015 年 1 月 1 日实施。

务结构，降低利息负担，缓解部分地方支出压力，也为地方政府节约一部分资金用于加大其他支出。经国务院批准，2015 年财政部下达了 1 万亿元地方政府债券置换存量债务额度。省级财政部门在财政部下达的置换专项债券规模内，提出置换专项债券规模的分配建议，报省级政府批准后，分配省本级各部门和各市县级财政部门。市县级财政部门在省级财政部门下达的新增专项债券规模内，编制预算调整方案，经本级政府同意后报本级人大常委会批准。市县级财政部门在省级财政部门下达的置换专项债券规模内，提出置换专项债券规模的分配建议，报本级政府批准。① 省级财政部门在财政部下达的新增专项债券规模内，提出新增专项债券规模分配建议，编制预算调整方案，经省级政府同意后报省级人大常委会批准。如有分配至市县级的新增规模，应在省级人大常委会批准的市县级新增专项债券规模内，提出分市县新增专项债券规模的分配建议，报省级政府批准后下达各市县级财政部门。

3. 一般公共预算支出中的项目资金安排

以某市 2015 年预算安排为例，本级安排的项目支出占一般公共预算支出的比重约为 9.8%②。其中近年来受到财政部推崇的 PPP（Public-Private Partnership）融资模式的政府投资也主要是从地方本级财政的一般公共预算支出资金中列支。由于该模式的迅速发展，使得地方财政投资规模也有增长之势，为了对该模式进行规范，财政部发布了《政府和社会资本合作项目财政承受能力论证指引》，其中财政承受能力论证是指识别、测算政府和社会资本合作项目的各项财政支出责任，科学评估项目实施对当前及今后年度财政支出的影响，为 PPP 项目财政管理提供依据。财政承受能力论证的结论分为"通过论证"和"未通过论证"，"通过论证"的项目，各级财政部门应当在编制年度预算和中期财政规划时，将项目财政支出责任纳入预算统筹

---

① 财政部：《2015 年地方政府专项债券预算管理办法》，2015 年 3 月。

② 参见《宣威市 2014 年地方财政预算执行情况和 2015 年地方财政预算（草案）的报告》，2015 年 1 月，宣威市人民政府门户网（http：//www. xw. gov. cn/index. php? m = content&c = index&a = show&catid = 31&id = 15240）。

安排。"未通过论证"的项目，则不宜采用 PPP 模式。每一年度全部 PPP 项目需要从预算中安排的支出责任，占一般公共预算支出比例应当不超过 10%。省级财政部门可根据本地实际情况，因地制宜确定具体比例，并报财政部备案，同时对外公布。①

4. 政府预算稳定调节基金列支项目经费

预算稳定调节基金是指各级财政通过超收安排的具有储备性质的基金，用于弥补短收年份预算执行的收支缺口，以及视预算平衡情况，在安排年初预算时调入并安排使用，基金的安排使用接受同级人大及其常委会的监督。数据显示，2000—2006 年各级财政超收幅度②为 5%—11%，超收额为 1000 亿—3000 亿元。其中，2003—2006 年，中央财政年均超收 2000 多亿元（未扣除出口退税历史陈欠），并呈上升态势。③ 预算稳定调节基金单设科目，安排或补充基金时在支出方反映，调入使用基金时在收入方反映。对该笔资金的运用与管理，各省纷纷出台相应监管措施，例如，山西省规定，省级预算稳定调节基金在省级国库开设单一账户存储，单独建账，单设科目反映。财政总预算会计通过净资产类"预算稳定调节基金"、收入类"调入预算稳定调节基金"和支出类"安排预算稳定调节基金"三个科目进行核算。④

该笔资金的使用相对灵活，可根据本年度政府支出的实际情况进行安排。以汶川地震为例，经全国人大批准，同意从中央预算稳定调节基金中调用一部分乃至大部分，作为建立灾后恢复重建基金的主要来源，按基金实际收支情况列入和调整年度预决算，以后再依法报全国人大常委会审查和批准。⑤ 地方政府的预算稳定调节资金使用情况

---

① 财政部：《政府和社会资本合作项目财政承受能力论证指引》，2015 年 4 月。

② 财政超收幅度 = ［（年度收入决算数 − 年度收入预算数）/年度收入预算数］× 100%。

③ 乌日图：《关于财政预算稳定调节基金问题的几点思考》，2008 年 3 月 10 日，中国人大网（http://www.npc.gov.cn/npc/bmzz/caizheng/2008 −03/10/content_ 1411809. htm）。

④ 山西省财政厅：《山西省省级预算稳定调节基金管理办法》，2014 年 8 月。

⑤ 《调整预算支出 支持抗震救灾》，2008 年 5 月 28 日新华网：（http://news. xin-huanet. com/mrdx/2008 −05/23/content_ 8233852. htm）。

通常也是根据地方发展需要确定，以浙江省为例，根据国务院的部署和省委、省政府"稳增长、调结构、促发展"的要求，以及化解省级政府债务的需要，2015 年拟调入预算稳定调节基金安排项目支出268 亿元，相应增加省级 2015 年一般公共预算支出 268 亿元。分项目安排情况如下：支持省海洋开发投资集团有限公司发展 42 亿元；充实省转型升级产业基金 50 亿元；设立省农业发展投资基金 15 亿元；铁路现代化建设 23 亿元；省级高校化债 34 亿元；省公路管理局还贷支出 84 亿元；小微企业担保体系建设 20 亿元。①

　　综合以上四种方式可以发现，当前中国地方政府对于项目资金尚未实现统一管理与统一协调，由此带来的突出问题有以下几个方面：第一，由于各种方式的具体操作不同，资金收入与支出在地方政府财政预算、决算中的科目分散，导致地方政府对于项目资金的总量与用途缺乏宏观的总体把握；第二，项目资金分配仍采取"切蛋糕"的方式，根据项目的性质将资金划拨至各部门，导致资金分散，难以发挥规模经济效益；第三，财政项目资金运用存在"九龙治水"的问题，带来了项目实施的协调困难，使有些企业或个人有"钻空子"的空间，一个项目申请多项资助；第四，对项目资金的监管尚未形成全过程的监管体系，导致项目资金使用超支现象相对严重。

　　（二）建设项目资金统一动态管理机制

　　随着地方政府通过发行债券来置换存量债务的不断推进，地方政府"项目"类支出在财政支出中的占比仍有进一步提升的趋势。为了使项目类资金能够更好地发挥其整体性效益，并适应各类项目在执行过程中的资金需求变化，应当在项目导向型组织中对财政资金配置采取二元化的方式，即对于常规性任务，保持原有地方政府行政部门基于层级和部门的预算体系，对于独特性任务，采用项目资金统一动态管理机制。

---

① 浙江省财政厅：《关于 2015 年省级调入预算稳定调节基金预算调整方案的报告》，2015 年 6 月。

1. 对地方政府项目资金实行统一管理

地方政府项目类资金不再采用传统的"切蛋糕"方式分配给各个部门，而是由本地区的项目管理办公室与财政部门配合，进行统一管理。从前文分析的当前中国地方政府项目资金配置的四种类型可以看出，中国地方政府项目类财政支出的占比为财政支出总额的30%—40%，但管理的分散化造成了对重点项目资助不足，部门间协调困难以致出现多头申报，以及对项目进展中出现的资金需求变更无法有效应对等问题。因此建议将财政预算中的项目类资金单列科目，统一管理，由项目管理办公室统一负责资金拨付，并且改变项目资金一次性拨付的方式，建立阶段性拨付机制，以确保项目资金"按需"使用。

在编制地方政府项目预算时，可由项目牵头单位提交预算方案，并由项目管理办公室审核汇总，会同财政部门共同对预算进行调整，并最终报请地方人大批准。基于项目的不确定性，在制作年度项目预算时，可在申报项目总体预算的基础上预留5%的不可预见费，同时还应在本地区总体项目预算中预留适当比例（如5%—10%）用于突发性项目的资助，该预算额度本年度未完全使用的可结转至下一年度。

2. 建立完备的项目申报制度

参照当前地方政府专项资金项目以及 PPP 项目的申报与管理的机制，建立起地方政府的项目申报、评价与审批制度，从地区发展的角度对项目进行整体性评价，优中选优。

首先，建立年度及突发性项目的申报机制，以年度项目为主体，在有特殊需要的时候，可申请突发性项目资助。年度项目申报可分为两大类：一类是本地区整体性战略发展项目，该类项目由地方政府或人大提出，项目管理办公室负责编制项目申请材料；另一类是部门性项目，包括部门内部项目和跨部门项目，由牵头部门提出项目申请材料。在项目申请中，除了对项目进行常规性论证外，应明确标注项目的预算总额、阶段性预算金额，并对项目融资方案进行专项论证，鼓励项目使用非财政资金。年度项目申请工作应与部门预算编制工作同步进行，并统一报送地方政府项目管理办公室。对于突发性项目，例如事故灾难应对项目，则采取特事特办原则，简化申报程序，及时拨付资金，并加强事中与事后监管工作。

其次，建立项目库与专家评审机制。通过建立项目库的方式对所有申请材料进行汇总与信息发布，在项目申请材料汇总完成后，项目管理办公室应组织设立本地区的项目评审专家组织，专家构成应以多元主体协同为原则，充分重视评审过程中的公众参与机制建设，共同对项目进行评价与筛选，评审通过的项目可进入备选项目库。

最后，建立财政承受能力论证制度。对于本年度通过专家评审的项目，由项目管理办公室与地方财政部门进行财政承受能力论证，根据项目融资方案中对财政资金的需求，结合区域发展战略与本年度项目类资金的总量进行评估与筛选，最终确定本年度中标的项目。

3. 建立全过程动态监管机制

获得批准的年度项目将由地方财政部门向项目承担单位拨付第一阶段的项目经费，项目管理办公室负责对项目实施的全过程进行监管。监管过程可参考世界银行及亚洲银行等机构的项目跟踪评估过程，根据项目申请中提出的阶段性目标及项目实施过程中的质量、工期、成本等指标对项目的进展情况进行评估，评估结果作为下一阶段经费拨付的依据。对于未通过阶段性评估的项目，可要求项目实施组织进行整改，达到要求后再拨付下一阶段经费。对于确实无法达到阶段性目标要求或不具备进一步开展工作条件的项目，项目管理办公室应出具项目中止的意见，并停止项目经费拨付。

在实施过程中由于各种原因造成项目预算变更的，可由项目实施单位向项目管理办公室提出申请，并由项目管理办公室根据变更的数额采取不同的评审方式，数额较小的可由项目管理办公室直接审核，数额较大的则应组织专家组并会同地方财政部门进行审核，变更申请审核批准的，可按照变更后的经费金额拨付。对于变更未能通过的，可要求项目实施组织进行整改，如果项目目标确实无法实现，可由项目管理办公室做出项目中止决定，并停止拨付项目经费。对于在项目实施过程中存在故意或重大过失导致项目中止的，应追究相关人员责任。

4. 建立项目预算的动态调整机制

与地方政府常规性任务的预算管理机制相比，项目预算应具有更强的动态性和灵活性，因为项目在实施过程中将不断面临变更甚至中止的情况，因此基于项目的动态监管机制，应对项目预算同步进行动态调整，在保持项目预算总量相对稳定的情况下，对项目预算构成的结构进行调整。同时在本地区面临重大突发性项目时，应基于项目的资源需求，对本地区各类项目的资源需求进行总体性的协调，从而使项目类资金能够更好地满足各类项目的需要，更好地为地区发展提供支持。

三 统筹协调的项目物资配备机制

物资配置与资金配置之间具有密切的相互联系，因为物资配备涉及的是钱怎么花的问题，与资金相区别之处在于物资有其物质形态，并且需要空间作为载体，因此其储存与使用需要相应的运输、场地等的支撑。

（一）地方政府项目物资配备现状

在讨论服务型地方政府项目导向型组织物资配备的过程中，首先应当明确的仍然是资源配置机制的二元化，对于从事常规行政管理工作的各个政府部门而言，由于其任务是常规性的、持续性的，因此对各类物资的需求也具有相对稳定性，可以根据其任务需求，为其配备或更新所需的设备及耗材等。但是对于项目而言，由于其对物资的需求是阶段性的，并且可能在某一时间段呈现高强度的特征，因此如何更为有效地实现项目的物资配备，是本部分讨论的核心问题。从当前中国地方政府对项目进行资源配置的现状特征可以归纳为如下三个方面。

1. 部门分割方式造成物资重复购置

由于当前的项目管理方式是基于部门的，也就是说，某一具体项目通常被划归某一部门负责管理。在这种管理方式之下，项目的物资配备存在两个相互关联的问题。一是物资配备方式以"购买"为主，为了完成特定项目而购置相应设备是当前项目物资配备的主要方式，这仍然是为常规性任务配置资源的思路，但对于项目而言，物质资源重要的在于"使用"，而不是"所有"，尤其是可以长期使用的固定资产。项目团队需要考虑的是资源"配备"问题，而不是资源"所有"问题。当前中国地方政府在设备等物资采购过程中，已经通过"招投标"、统一采购等方式实现了成本控制，但更为根本的问题是究竟是否"有必要"购置的问题，而非降低采购成本的问题。二是由于部门分割的管理方式，导致不同部门的项目无法实现物资共享，重复购置问题突出。例如，在调研过程中发现，某些地方政府为一项大型会议购置接待用车，在数天的会期结束后再低价拍卖，造成巨大的浪费。因此中国现有面向日常运营和基于部门的物质资源配置模式在满足项目需求的同时实际上存在大量的资源浪费，只不过这种浪费是"隐性"的，并且并未违反设备采购等相关规定，因此当前并未受到地方政府的重视。

2. 缺乏跨部门物资调配机制使项目需求无法满足

这一问题在探讨由于部门分割而造成资源重复配置的问题时已经有所涉及，在这里将进一步探讨其原因，即为什么无法实现跨部门的物资调配的问题。主要的障碍体现在两个方面：第一，信息沟通机制不足，行政管理的条块分割造成了跨部门物资调配缺乏信息基础，换句话说，某一政府部门根本无法掌握其他部门拥有哪些物质资源，因此协调配置无从谈起；第二，科层制组织结构存在跨部门配置资源的体制障碍，科层制组织结构的基本逻辑是靠职能的分工来提高工作效率，因此在"分工"思想的影响下，被"分"的不只是工作、职能，还包括各种资源，资源一旦完成分配，就产生了被相关部门"所有"的关系。从物权的角度来看，所有权是一种主客体间的紧密联结关系，人们很容易就可以对"使用权"进行重新调整，但是调整"所有权"则十分困难。

3. 突发事件应对领域初步形成资源横向配置机制

在地方政府的各类项目中，突发事件应对项目的资源配置机制建设已初步具有横向配置的雏形。原因主要有三个方面：一是项目任务具有紧急性，在时间紧迫的情况下，更容易调动人的主观能动性，从而调动其所拥有的资源为项目服务；二是影响的强度大，突发事件往往具有影响广泛、密集的特点，加之人类的社会属性，使突发事件往往直接和间接地影响到相当数量的人和组织，使人们在情感上和意愿上都更倾向于为突发事件应对项目提供资源支持；三是突发事件应对的显示度高，人们将会密切关注相关的动态，因此突发事件应对过程具有非常高的社会显示度，对于提升企业和社会组织的形象都具有重要的作用，因此很多组织选择自发为突发事件应对项目提供资源支持，也有提升组织形象的考虑。以汶川地震后的抗震救灾项目为例，据财政部报告，截至 2008 年 9 月 25 日 12 时，各级政府共投入抗震救灾资金 809.36 亿元。中央财政投入 734.57 亿元，其中：应急抢险救灾资金 331.32 亿元，灾后恢复重建资金 403.25 亿元。地方财政投入 74.79 亿元。据民政部报告，截至 2008 年 9 月 25 日 12 时，全国共接收国内外社会各界捐赠款物总计 594.68 亿元，实际到账款物 594.08 亿元，已向灾区拨付捐赠款物合计 268.80 亿元[1]。从比例上可以看出，在总的投入金额中，政府投入占比为 58%，其他主体投入则占 42%。其中财政投入以资金为主，尚需通过购买相应物质资源及各类服务方可真正作用于抗震救灾过程，但其他主体的投入中包含大量物资，可直接作用于抗震救灾过程。由此可见，在突发事件应急项目中，已初步建立了物资的横向配置机制，但尚未规范化与制度化，仍处于自发自觉阶段。

（二）建立统筹协调的项目物资配备机制

既然项目的物资配备具有临时性的特征，现有部门分割机制无法高效地实现项目资源的协调配置，那么如何更为有效地为项目配置相应的资源呢？另一个问题是，除一部分物资被转化为项目产出物外，还存在未完全使用的物资，这些物资如何实现有效管理呢？根据交易成本理论，资源配置效率的高低取决于在资源配置过程中交易成本的

---

① 国务院新闻办公室：《国务院通报截至 9 月 25 日四川地震抗震救灾情况》，2008 年 9 月 25 日（http：//news. sina. com. cn/c/2008 - 09 - 25/182616357095. shtml）。

多少，交易成本越高则证明其资源配置效率越低，反之则资源配置效率高。政府中传统的资源配置模式是以地区和部门为主导的资源配置方式，资源在各地区与各部门中是相对独立的，不便于统一协调管理，使项目跨部门的资源配置变得困难。地方政府项目导向型组织采用的以项目为基础的资源配置模式则可以使资源具有较强的流动性，从而有效降低交易成本。具体建议如下：

1. 建立项目物资"公物仓"

目前不少地方政府已经建立"公物仓"，地方政府举办大型会议或活动时采购的电脑、桌椅、音响等设施在活动结束后便收归公物仓统一管理，待再举行大型会议或活动时继续使用。可见公物仓本身就是项目物资管理的产物，只是目前适用的范围相对较窄，大多用于对活动或会议的物资管理方面。可进一步将公物仓的做法推广至地方政府所有项目物资的管理上，凡是为地方政府范围内所实施的项目购置物资的，均由地方政府项目管理办公室统一管理，项目未完全使用的物资在项目结束后统一纳入"公物仓"管理，在其他项目需要物资支持时，首先可从公物仓中调取使用，当现有资源无法满足项目需求时，再行采购。这种做法一方面避免了地方政府项目资源的重复购置，另一方面也能够充分发挥相应物资的价值，物尽其用。

2. 建立地方政府物资"数据库"

该项措施不仅仅针对项目物资，而是针对地方政府所有物资。应建立统一的数据库，从而使地方政府真正摸清"家底"，从而在项目实施过程中，尤其是在情势紧急的情况下，可以迅速从数据库中了解地方政府各部门是否有项目所需物资，并实现快速调配，以满足项目需求。该数据库建设的理想方式是各级地方政府采用相同的架构，从而实现数据的共享，这样地方政府在项目实施过程中，还可就近调动周边地区政府的资源，以解燃眉之急。在建立健全地方政府物资数据库的基础上，应将该数据库收集信息的范围进一步扩大，对地区范围内的战略性物资信息进行汇总统计，尤其是应急类物资，从而使地方政府在项目实施过程中，可以在更为广泛的范围内为项目配置所需资源。

3. 建立基于项目的横向型物资配置机制

项目与常规性行政管理任务不同，项目的资源需求不仅具有时间短、强度高的特点，更具有种类多、不确定性强的特点，有些项目的物资需求还有非常强的时效性要求，必须实现快速的资源配置。从这些特征可以发现，传统的基于条块分割的资源配置方式不仅协调能力不足，还无法满足项目物资需求的时效性要求，因此项目的物资配置应采用完全不同的"逻辑"，即基于项目的横向型物资配置机制。这种逻辑之下，项目的各类物资配置应当在地方政府物资配置体系中享有更高的优先级别，即地方政府应在其可以调配的资源范围内，优先确保项目的资源配置，并且资源配置的方式是横向型的，即可以打破政府部门的界限优先为项目配置资源。在这种情况下，拥有资源的相应部门应当予以配合。与此同时，这种横向型的物资配置机制还有更为广义的含义，即打破政府组织边界为项目配置资源，地方政府可以从市场和社会主体中为项目配置所需资源。但这种资源配置的基础是遵循市场经济的规律，而非无偿的征用。这种方式的具体操作方法有两种：一是地方政府可以通过租赁等方式为项目配置资源，即在项目实施过程中拥有物资的"使用权"，而非"所有权"；二是通过融资租赁等金融手段为项目配置物资，这样的方式既可以满足项目需要，又可减轻财政压力；三是通过外包的方式购买项目所需服务，由拥有项目所需物资的组织为项目提供专业服务。这些方式无疑开阔了地方政府资源配置的思路。当然这些方式都不排除市场主体和社会主体的捐助，在其自愿无偿或低价为项目提供物资时，可以进一步减轻地方政府为项目配置相应物资的压力。

第二节 双轨制的绩效评价机制

从目前中国地方政府的绩效评价体系与激励机制的现状来看，基于传统日常行政管理职能的考核与评价体系已相对健全，与之相适应的各种激励机制与晋升机制也相对完善。然而对于独特性任务，往往仅在任务完成后由地方政府对整个项目的成败进行简单的定性评价，对完成该任务的项目团队及团队成员缺乏必要的评价体系，因此也就无法实现合理的奖惩。同时，由于项目团队具有临时性特征，导致项目团队成员没有晋升的通道，从而极大地挫伤了项目团队成员的工作积极性与主动性。因此，在服务型地方政府项目导向型组织中，应当实行双轨制的评价与晋升机制，对于在项目团队中工作的个人采取基于项目的考核方式、薪酬制度以及晋升机制。①

具体来说，项目的考核方式应当采用基于目标实现程度和团队协作能力的考核体系，而不是基于岗位职责的考核体系；在薪酬方面，由于项目工作的复杂性和风险性，其薪酬体系可以考虑年薪制、项目奖励等方式，总体上，其薪酬水平应当略高于当地公务员的平均薪酬水平；在晋升机制方面，应由地方政府项目管理办公室对其项目管理的资质进行认定，并对应政府部门中的相应级别，在其返回原单位后应享有相应待遇与晋升机会。通过上述方式，能够尽可能保持双轨之间的相对均衡与公正。

一　当前中国地方政府绩效评价体系构成的现状

在西方国家政府绩效评估理论与实践的影响下，自20世纪90年代以来，中国政府对绩效评估日益关注，并以多种多样的方式来推行这一实践，中国各级地方政府更是对这一领域进行了探索实践，走出了一条具有中国地方特色的政府绩效评估道路，并取得了一定的成效。青岛的目标责任制、福建省的综合效能建设、杭州的综合考评以及甘肃的"第三方"评估，都为中国公共部门绩效评估的过程、结果提供了可借鉴的经验。

中国地方政府绩效管理机制建立至今时间不长，不少地方政府在绩效管理方面尚处于摸索阶段，尚未形成完整的体系。即使是绩效管理工作较为先进的地区，例如福建省，也仍然在对该体系不断地进行调整与完善，以期与当前的区域发展相适应。从目前中国地方政府绩

① 翟磊：《项目带动战略下的地方政府组织变革研究》，《中国行政管理》2013年第10期。

效评价实践来看，较为常见的做法是将评价对象分类，包括对下级地方政府的绩效评价和对本级政府工作部门、党群机构的绩效评价，也就是针对地方政府常规性组织的绩效评价，评价指标的设定也多是基于常规性任务的。对于项目的绩效评价尚没有专门的措施和办法，但目前已经有地方政府从财政投入的角度，对项目的财政项目资金支出绩效进行评价，构成了对现有评价指标体系的有益补充。

（一）上级政府对下级政府的绩效评价

目前在中国实行政府绩效管理与评估的省市非常多，各省市也根据其具体情况因地制宜地设定了评估维度与指标，广州市、深圳市、重庆市、大连市以及张家界市等地方政府都在尝试探索其各具特色的绩效评价指标体系。在不同省市的政府绩效考核指标及方法中，有些根据各市区县的实际情况设定评估指标，既有共性指标，又包括各具特色的差异化指标，具体共性指标如表6－1所示。

表6－1　　　　　　　**地方政府市区县绩效评价的共性指标**

经济建设	行政管理	社会管理		生态环境
GDP增长率	依法行政建设	教育经费的投入	工伤保险参保率	单位GDP能耗
GDP人均值	法治政府的建设	教育经费占GDP的比重	社会保障体系的建设与完善程度	单位GDP电耗
新增企业注册数量	政府信息网的公开情况	教育质量的改善与提升	城市建设与空间发展优化	单位GDP水耗
企业上市推进程度	政府网站的运营情况	科技经费占GDP比重	人口出生率及性别比	人均园林绿地面积
外资增长率或实际使用额	政府行政服务的质量	科技经费占地方财政支出比重	食品及药品安全监管	生态园林城区建设
第三产业增加值	政府创新的程度	专利授予量	和谐社区建设	工业固体废物利用率
旅游业收入占GDP比重		文化事业建设	安全生产监督检查	工业用水重复利用率
产品质量管理		文化经费的投入	事故控制标准	工业废水排放达标率

续表

经济建设	行政管理	社会管理		生态环境
		特色文化的保护与发扬	交通及刑事警情事故发生率	
		城镇登记失业率	基本养老保险基金征缴率	
		失业保险基金征缴率		

在中国，地方政府绩效评估虽然还处于探索和试点阶段，许多地方政府都进行了尝试和创新，取得了许多值得借鉴的绩效评估的经验，但是也暴露出很多矛盾和问题，主要体现在绩效评估指标体系和指标权重赋值两个方面。第一，在展开评估的过程中，由于历史和现实的种种原因，市区县政府间具有极大的差异，因此同一个评估指标在不同地区不具有可比性。第二，各市区县政府的努力程度不能有效地反映在考核结果中，并且考评指标的权重设置过于主观，没有相应的理论与实践的可靠依据。那么调整绩效评估体系以便相对公平地对各区县政府进行评估仍是今后努力的方向。第三，对各市区县所实施的各类项目缺乏有效的绩效评价体系，虽然在部分省市的绩效评价指标中包含"围绕上级政府下达的重点工作任务和重大建设项目以及本地区年度重点工作"一项，但具体的评价方法以及评价结果的可比性等尚有待进一步讨论与提升。

（二）对党群机构及政府工作部门的绩效评价

从当前地方政府对党群机构及政府工作部门的绩效评价实践情况来看，总体的评价指标确定以及权重分配等主要是基于职能的。总体上包括业务工作实绩、自身建设以及改革创新等相关内容，也有地方政府将"满意度"纳入对各部门的绩效评价指标体系之中（见表6－2）。总体来看，业务工作实绩指标在评价中占比最高，该项指标又可细分为两类：一类是对常规工作的绩效评价指标，另一类是对项目类工作的绩效评价指标，其中以常规性工作的评价为

· 183 ·

主。第二个大项是对党群机构和政府工作部门自身组织建设的评价，主要考察的指标包括依法行政、高效行政、民主行政、廉洁行政等。其他类型的指标在不同地方政府的实际操作中运用的情况也不尽相同。以改革创新为例，有的地方政府在评估中将其作为加分项，有的则作为一般性评估项目。对于满意度的处理方式也有差异，有的将其直接列入一般性指标进行评价，有的则作为单独的评价系统，对满意度进行独立评价。

表6-2　　　　党群机构及政府工作部门绩效评价指标体系

项　目	一级指标
业务工作实绩	部门职责范围内的工作绩效
	本部门负责重点项目的工作绩效
自身建设	依法行政
	高效行政
	民主行政
	廉洁行政
改革创新	
满意度	

从表6-2可以看出，地方政府在对党群机构及政府工作部门进行绩效评价时，已经初步考虑到了各类项目的评价问题，但在具体评价过程中，仍存在两个突出的问题：一是由于不同部门的性质差异，导致其承担项目的数量不同，从实际调研中发现，地方政府往往规定每个部门提出10个项目，并具体制定项目目标，以便评价工作的展开，但不同部门承担项目的情况具有较大差异性，有的部门项目过多，无从筛选，而有的部门则面临没有项目可提的局面；二是项目自身的差异性带来评价结果之间不具有可比性，有的部门承担的项目规模大、重要程度高，而有的部门承担的项目则规模小、重要程度低，但是在具体评价的过程中尚未对其加以区分，导致评价结果在不同区县政府之间的可比性不足。

（三）财政支出绩效评价

财政支出绩效评价主要是从政府财政资源有效、高效配置的角度开展的一项绩效评价工作，财政部最早提出对财政支出实施绩效评价管理是在 2009 年[①]，其目标为加强财政支出管理，强化支出责任，提高财政资金的使用效益，体现政府公共服务目标，并明确提出"绩效评价应当以项目支出为重点，重点评价一定金额以上、与本部门职能密切相关、具有明显社会影响和经济影响的项目。有条件的地方可以对部门整体支出进行评价"。可见，当前财政支出绩效评价的主要对象是各类项目，这就形成了对地方政府绩效评估体系的有益补充。

具体评价指标分为两类，即共性指标和个性指标。其中共性指标是适用于所有评价对象的指标。主要包括预算编制和执行情况、财务管理状况、资产配置、使用、处置及其收益管理情况以及社会效益、经济效益等，由财政部门统一制定。个性指标是针对预算部门或项目特点设定的，适用于不同预算部门或项目的业绩评价指标，由财政部门会同预算部门制定。

这种评价指标设置的方法充分考虑了每个项目的独特性，并根据这种独特性为项目设置差异化的指标，并且不对各个项目进行强制性的横向对比。在评价结果运用方面，要求财政部门和预算部门应当及时整理、归纳、分析、反馈绩效评价结果，并将其作为改进预算管理和安排以后年度预算的重要依据。

在具体操作方面，项目的绩效指标可以从绩效目标的三要素，即投入、产出和效果来考虑。其逻辑是：对一个项目投入一定的资源，开展必要的工作，从而获得一定的产出，比如产品和服务，以及通过这些产出带来某种效果。[②] 其中"投入"指用于项目实施的各种资源，包括人力、资金、实物、时间和专业技能等资源。"产出"指通过实施各项活动而产生的产品和服务，是有形的、可计算的。比如为

---

① 财政部：《财政支出绩效评价管理暂行办法》，2009 年 6 月。该办法于 2011 年修订，见财政部《财政支出绩效评价管理暂行办法》，2011 年 4 月。

② 福建省财政厅：《福建省财政支出绩效评价操作指南》，2013 年 10 月。

50 个人提供医疗服务，培训了 100 名教师，修建了 100 公里公路。"效果"包括短期效果和长期效果。短期效果指通过使用项目的产出而带来的直接效果，具体表现为增加、减少、增强、改善或维持。比如新修公路使通行时间缩短，提高了运输效率。长期效果是指由成效累积带来的长期的或全面的变化，类似战略目标实现，如表 6 - 3 所示。比如运输效率的提高降低了运输成本，从而促进了当地经济的发展。由此可见，这种评价完全是针对项目的独特性而开展的，是符合项目实际要求的。

表 6 - 3 　　　　　　　　　　某项目绩效目标要素①

投入	产出	效果
1. 资金 2. 人员 ……	1. 享受补贴人数 2. 完成培训人数 3. 介绍就业人数 ……	短期效果：1. 技能提升 　　　　　2. 新的就业机会（就业率提高） 　　　　　3. 享受社保人数增加 　　　　　…… 长期效果：1. 培训者收入提高 　　　　　2. 群众满意度提高 　　　　　……

二　地方政府绩效评价机制存在的主要问题

延续对地方政府组织模式的分析路径，从地方政府面临的任务结构变革角度对地方政府绩效评价进行分析可以发现，当前的绩效评估尚未能有机地将常规性任务和常规性组织的评价与独特性任务和项目组织的评价结合在一起，并且地方政府整体性评价与各部门绩效评价存在政出多门、九龙治水的现象给实际操作过程带来了很多困扰。有些基层地方政府对于政府绩效评价十分不满，认为这种多头评价并且指标口径不一致的情况已经干扰到了部门的正常工作，甚至不得不指派专人应对各项评估。

（一）评价体系未考虑到评价对象的差异性

绩效评价的目的是提升组织绩效，而提升一定是以现状为基础

---

① 福建省财政厅：《福建省财政支出绩效评价操作指南》，2013 年 10 月。

的，这就要求组织在开展绩效评价工作时，必须以组织现状为基础。从当前中国地方政府绩效评价的实践来看，已经初步关注到了评价的差异性问题，但尚未找到有效的方法来体现这种差异。地方政府差异化绩效评估的具体要求可以分为两个方面：

其一，常规性任务与独特性任务之间的差异。由于两类任务的性质与特征不同，因此在开展绩效评价时也应当充分考虑这种差异性。目前的绩效评价体系将各类项目的评估混在常规任务评估的指标体系之中，并且采取同质化的方式，即要求每个部门或每个下级政府选择同等数量的项目进行评价，这种方式无法体现项目绩效评价的要求。虽然财政支出绩效评价主要是针对项目的，但是与地方政府整体的绩效评价尚处于割裂状态，并未很好地实现相互融合。

其二，不同部门、不同地区之间的差异。就政府工作部门而言，不同部门的工作性质差异决定了其绩效目标、绩效实现过程以及绩效结果均不相同；就各地区而言，由于发展历史、发展目标、产业结构、自然环境状况以及未来的功能定位不同，因此在绩效管理的过程中应当充分考虑上述差异性，采用差异化的绩效管理体系。

（二）注重结果性评价而过程性评价不足

当前地方政府的绩效评价以结果性评估为主、以过程性评估为辅，并且从实践领域来看，针对过程性评估尚未找出行之有效的方法。当前评价以结果性评价为主，体现在两个方面：一是评价指标体系中以结果性指标为主，包括经济、社会、环境等各类具体的指标设置；二是评价的过程设计以结果性评价为主，通常地方政府倾向于集中在每年年末或下一年年初集中开展绩效评价工作，对全年的工作绩效进行综合与梳理，虽然目前已经有部分地方政府建立了如工作台账报告制度，或者部门绩效月报等制度，但绩效评价的集中体现还是以年度绩效评价为主。当前的过程性评估通常是通过查访核验等方式实现，在查访中发现问题的，要求整改，整改效果通过评估的则不影响最终绩效评价结果，因此当前的过程性评估主要是对被评估对象起到激励作用。这种结果导向的绩效评价将使地方政府无法在过程中及时发现问题，由于项目具有独特性与不确定性，因此对过程管理的要求更高，当前的绩效评价无法很好地适应项目管理的需要。

（三）多头评价导致资源浪费与过程混乱

由于当前地方政府十分重视绩效评价，而考核工作又是政出多门、混乱无序，导致被考核主体需要花费大量精力以配合考核工作的开展，出现了"月月催交""疲于应对"的尴尬局面。另外，在考核实施过程中，不少部门反映考评工作整体过于烦琐、资料量太大不易备查、绩效工作压力过大等问题，使本为"工作激励"的绩效评价工作反倒成为"工作负担"。通常地方政府整个考评工作涉及业务、工作、党群等众多部门及众多工作环节，所以涉及的部门也较广。在具体工作开展过程中通常是通过任务的分解来实现的，下设的不同绩效考核小组也是由多个部门组成，甚至还出现部门重复交叉的现象，即同一部门同时属于两个到三个绩效考核小组。这就无疑会给该类部门的工作造成重复和负担。值得注意的是，实践中还存在对同一个部门进行多头考核的问题，那么在涉及权限交叉或者指标重复的考评内容时，就很容易出现多头管制，下属单位忙于应对而无所适从的情况。以某区教育部门为例，市政府对本区的绩效评价、市教委对教育系统的绩效评价以及区党委对各机构的绩效评价都需要从区教委获取相应资料，且要求的数据口径不一，带来了额外的工作负担。"多元牵头"引发的职责不清、重复工作、程序混乱等问题也成为调研过程中呼声最高的问题。"九龙治水"尽管可以确保较广较全的工作覆盖面，却非常不利于整个工作的有序推进，一定程度上还会加重区县政府所属部门的工作负担，影响正常的工作秩序，进而极大地降低整体绩效考评工作的效率，严重影响下属区县相关部门的工作积极性。

（四）缺乏针对项目管理者的绩效评价机制

前面的三个问题主要是从组织绩效评价的角度来谈的，这里将着重分析个人绩效评价问题。政府工作部门对个人的绩效评价可以根据岗位职责开展，但是由于项目的工作方式是基于团队合作的，无法明确划分其具体职责。并且每个项目的目标都是具有独特性的，依靠传统的绩效评价方法无法实现对项目团队或项目管理者的绩效评价。而绩效评价又是组织激励和晋升等的基础，由于没有一套合理的绩效评价体系，导致项目管理者的工作积极性受挫，并且影响了地方政府各类专业型人才加入项目团队的积极性。

三　建立双轨制的绩效评价体系

从问题分析中可以看出，当前中国地方政府绩效评价存在评价主体多元、评价指标体系设置、任务类型不匹配以及评价重结果轻过程等问题。在服务型地方政府项目导向型组织中，应当根据组织模式的变革，对组织的绩效评价体系进行整体性与系统性的梳理与整合，使其与组织模式之间建立起良好的匹配关系。

（一）整合各类绩效评价建立双轨制绩效评价体系

首先对当前地方政府的各种绩效评价进行梳理，包括指标体系、评价主体、评价过程等，在此基础上，基于二元化的组织结构建立双轨制的绩效评价体系，划分标准主要依据任务类型。

对于常规性任务，即对各工作部门的绩效评价可沿用当前地方政府绩效评价的方法、指标等，但需要对各类绩效评价指标进行整合，建立统一的绩效评价信息系统，由各部门按照绩效评价规定的时间节点登录系统并上传相关信息。各考核部门只需登录系统并根据需要调取相关数据即可完成，避免当前存在的绩效评价多头管理的问题。

对于独特性任务，即项目团队的绩效评价则采用基于目标分解的考核方法，由地方政府项目管理办公室统一负责。同样也需要建立相应的信息平台，该信息平台不应当是为了绩效评价而单独建立的，应当是本地区项目管理的统一信息平台，各项目团队基于这一信息平台开展项目管理的各项工作。与此同时，项目管理办公室可以实时掌握项目进展情况的相关信息，对本地区各个项目的实施进行统筹协调，并依据项目进展的实时数据，结合项目目标的完成情况，对项目团队的工作绩效进行评价。

在这种情况下，地方政府对下一级地方政府的绩效评估也应当是双轨制的，即分别对下级地方政府的常规性任务和独特性任务进行绩效评价，并根据两类任务的比重关系确定各自在总体评价中所占的比重,从而形成综合性的评价结果。

（二）面向项目的绩效评价指标生成机制

由于项目具有非常强的独特性,因此对项目的评价指标体系应当是基于其独特性而设置的,每个项目具有不同的指标体系,而非一套以不变应万变的指标体系。因此应当建立起项目绩效评价指标的生成机制,而不是建立地方政府项目评价的指标体系。这一生成机制可以参照现有的财政支出绩效评价管理的指标生成机制,具体分为两个阶段,第一阶段首先根据项目的目标分解确定项目目标的要素构成,在此基础上,第二阶段根据项目绩效目标的要素构成,进一步分解确定个性指标,如表6-4所示。

表6-4中的指标分为三级,第一级是"产出与结果绩效"和"可持续发展绩效"指标。还有其他一级指标,如"预算执行情况",是根据专项资金管理办法等规章制度确定的,一级指标一般不宜过多。二级指标是对具体评价项目进行分类,应避免二级指标过多,体现一定的层次性,也是为今后归类分析评价结果创造条件,在表6-4中,二级指标其实是按评价指标包含的子项进行分类,"社保补贴"子项属于基本保障类,归入"保障性就业绩效"指标中,"技能培训""职业介绍"和"职业技能鉴定"子项属于市场发展类,归入"市场性就业绩效"指标中,"小额担保贷款"子项属于长期战略发展类,归入"战略性就业绩效"指标中。三级指标是基于二级指标进行细分,针对每一个子项目,选出最具代表性、最能衡量项目绩效的指标。指标说明则是对三级指标的解释,也是具体的评价标准。

（三）建立全过程绩效评价体系

为了克服当前地方政府绩效评价重结果轻过程的问题,应当从评价指标和评价方法两个方面建立全过程绩效评价体系。对于常规性任务来说,应当建立数据的定期报告制度,由各部门通过绩效评价信息系统定期上传本部门的绩效数据。在频率设定上,既要考虑到动态性评估对数据连续性的要求,又要避免数据上传过于频繁而增加各部门工作压力。由于在项目导向型组织中,各地方政府的工作内容以

表6-4 某项目绩效评价个性指标

一级指标	二级指标	三级指标	指标说明（评分标准）
产出与结果绩效	保障性就业绩效	享受社保补贴人数完成程度	完成程度率=评价期实际享受人数／享受就业灵活人员参保人数×100% 完成程度率≥15%：4分；10%≤完成程度率<15%：2分；完成程度<10%：0分
		享受社保人数增长率	增长率=（本年度享受社保人数／上年度享受社保人数 −1）×100% 增长率≥10%：2分；5%≤增长率<10%：1分；增长率<5%：0分
	市场性就业绩效	培训率	培训率=评价期实际培训人数／城镇新增就业人数×100% 培训率≥40%：4分；30%≤培训率<40%：1.5分；培训率<30%：0分
		培训合格率	培训合格率=评价期培训后取得职业资格证书的人数／培训总人数 培训合格率≥30%：4分；10%≤培训合格率<30%：2分；培训合格率<10%：0分
		培训就业率	培训就业率=评价期培训后实现就业人数／培训总人数。培训就业率≥60%：4分；40%≤培训就业率<60%：2分；培训就业率<40%：0分
		介绍就业率	介绍就业率=评价期实际介绍人数／城镇新增就业人数 介绍介绍率≥40%：4分；30%≤介绍介绍率<40%：2分；介绍介绍率<30%：0分
		介绍成功率	介绍成功率=介绍后就业人数／享受免费职业介绍人数。介绍成功率≥90%：4分；70%≤介绍成功率<90%：2分；介绍成功率<30%：0分
	战略性就业绩效	高级职业资格等级鉴定人数比例	高级职业资格等级鉴定人数比例=（高级技师＋技师）／鉴定人数 高级职业资格等级鉴定人数比例≥12%：4分；10%≤高级职业资格等级占鉴定人数比例<12%：2分；高级职业资格等级占鉴定人数比例<10%：0分
		小额担保贷款当年新增发放额增长率	增长率=（当年新增发放额／上年新增发放额 −1）×100% 增长率≥40%：4分；20%≤增长率<40%：2分；增长率<20%：0分
		小额担保贷款按期还款率	还款率=当年按期偿还小额贷款总额／当年应偿还贷款总额 还款率≥95%：3分；90%≤还款率<95%：2分；还款率<90%：0分
		个人小额担保贷款占比	占比=当年个人获得小额担保贷款总额／当年小额发放贷款总额 占比≥70%：3分；50%≤占比<70%：2分；占比<50%：0分

续表

一级指标	二级指标	三级指标	指标说明（评分标准）
可持续发展绩效	经济社会效益	每投入万元增加就业人数	增加就业人数：评价期新增城镇就业人数/实际就业支出总额 具体评分标准根据全省汇总情况酌定
		专项资金投入经济效益	经济效益评价期通过就业政策实现就业人数 × （评价期国家对失业人员和低保人员发放的人均社会保障资金）/投入的就业专项资金。具体评分标准根据全省汇总情况酌定
		创业带动就业倍数	倍数＝创业企业雇佣人数/创业者人数 − 1 倍数≥5：3分；3≤倍数<5：1分；倍数<3：0分
	劳动力发展	收入增长率	增长率＝（评价期本年度劳动力收入 − 评价期上年度劳动力收入）/评价期上年度劳动力收入。增长率≥5%：3分；0≤增长率<5%：1分；增长率<0：0
		新增就业人数参保比例	比例＝基本养老保险当年新增参保人数/城镇新增就业人员 比例≥30%：2分；10%≤比例<30%：1分；比例<10%：0分
	目标群体满意度	单位	根据调查问卷测算
		个人	根据调查问卷测算

资料来源：福建省财政厅：《福建省财政支出绩效评价操作指南》，2013年10月。

常规性工作为主，工作的连续性较强，因此绩效评价的信息收集可定为月报制。对于定性的评估指标，可通过不定期检查与评估的方式，而非每年或每月以集中检查的方式进行相关数据收集。

由于项目的独特性和不确定性较强，项目实施过程中变更发生的频率高，因此对于项目信息的收集应当更加及时。可以由地方政府项目办公室委托开发地区项目管理信息系统，项目日常管理工作均在这一系统上统一开展，从而以相对规范化的方式获取项目实施的实时信息。这样一方面避免了项目团队为了绩效评价而额外增加收集和整理数据的工作量，另一方面也避免了人为因素对项目实施效果评价的影响。

四　相关配套措施的建议

与绩效评价机制相匹配，还应当改革地方政府的薪酬体系与晋升机制、基于双轨制的绩效评价体系，相应地完善二元化的薪酬体系和二元化的晋升机制。机制设计的主要原则有两个：一是机会均等原则，使二元化组织中的每个人能得到公平的评价，并有均等的晋升机会；二是风险与收益匹配原则，根据市场机制的原则，风险应当与收益相匹配，在地方政府薪酬与晋升机制设计中也应当基于按劳取酬以及按所承担风险取酬的原则进行设计，以保证每个人的付出与所得相对公平。

（一）二元化的薪酬体系

薪酬福利是调动公务员积极性的主要手段，在薪酬体系设计中最重要的原则就是公平。而公平与"大锅饭"、平均主义的内在含义是完全不同的，公平不是平均，而是付出与所得的对等，也就是市场经济按劳取酬的意思。平均其实是不公平的体现，平均分配是绝对数额的均等化，这样的分配方式将挫伤工作的积极性，而良好的薪酬体系设计应当调动人工作的积极性。从工作任务的性质来看，常规性工作与独特性任务是不同的，常规性工作对于成员的创造力并没有太高的要求，最为重要的是按照既定的规则完成岗位职责要求的任务，而项目团队成员则需要充分发挥其主观能动性，发挥创造力，并通过团队合作的方式为项目目标的实现努力。因此在服务型地方政府项目导向型组织中，薪酬体系的设计也应当根据任务的二元化需求而采用二元化的薪酬体系。

1. 给予项目团队较高的薪酬标准

对于参加项目团队工作的地方政府公务员，应在其原有薪资标准的基础上上浮1—2个级别，保持项目团队的薪酬平均水平略高于政府工作部门的薪酬水平。薪酬上浮的依据是工作的风险性与收益的匹配关系。总体来看，为项目工作的风险性高于在地方政府工作部门工作的风险，主要表现在两个方面：一是项目自身的不确定性带来的工作风险，由于项目的信息不完备，造成在项目实施过程中面临诸多不确定因素，从而使工作更具挑战性，要求项目团队成员投入更多的时间、精力和智慧来完成相应的工作和处理项目实施中面临的各种问题和风险；二是项目的临时性带来的未来发展的风险，由于项目团队存续时间有限，因此在项目结束后，团队成员就面临二次分配的问题，增加了其职业生涯中所面临的不确定性和风险，这也是在同等条件下公务员不愿为项目团队工作的主要原因。由于项目团队工作的风险程度较高，因此应当依据风险与收益相匹配的原则使其薪酬水平相对较高，从而实现公平的目标。

2. 对于聘任制人员采用协议工资制

因项目需要临时聘任工作人员的情况主要有两种：一种是基于项目需求而聘任的人员，这类人员将加入项目团队并为项目服务；另一种是基于项目需求从政府部门抽调人员进入项目团队，从而造成原工作岗位空缺需临时补位而聘任的相关人员。与普通公务员工资由政府人事部门统一制定不同，聘任制公务员应采用协议工资制度。在协议工资实际操作中，工资数额应完全取决于劳动关系双方的意愿，共同协商确定。首先，项目团队需要根据工作岗位的性质、工作量、工作难易程度等因素对聘任制的职位进行分类和分级，并规定与职位相对应的大致工资级别范围以及将来可能增加的工资范围；其次，聘任制公务员根据自己应聘的职位相对应的工资范围与项目经理进行谈判协商，确定最终工资数额。采取协议形式确定聘任制公务员的待遇，不仅要切合实际，而且要灵活简便，考虑经济社会发展状况，每年进行适当调整，具有较强的实用性。另外，在适当的时候举行听证会，听取民众对协议工资的意见，以实现民众对公务员薪酬的知情权和监督权。

3. 建立项目绩效奖励制度

项目绩效奖金是一种有效地鼓励团队合作和达成项目目标的方式，由于项目是实现组织战略目标的重要途径，对于组织的发展具有突出的意义，因此在市场经济领域，当项目获得成功时，组织往往会安排较为丰厚的项目绩效奖励。地方政府在开展各类项目时，也应当设立项目绩效奖励制度，由项目管理办公室统一负责。对于在项目绩效考核中成绩突出的项目团队，在项目结束时应给予一次性奖励。另外，还应当采取项目管理评优等措施，对于在项目实施过程中为地方政府节约预算投入的，在项目质量管理方面取得突出成绩的以及为地方发展战略做出巨大贡献的项目团队给予奖励。这种奖励对于地方政府而言是"双赢"，一方面政府通过项目实现了政府项目管理的目标，甚至为地方政府节约了财政资金，另一方面也调动了公务员参与项目的积极性。

（二）二元化的晋升机制

中国各级地方政府均已建立起一套相对规范化的公务员评价与晋升制度，但这种评价与晋升往往是基于常规性组织的。从中国目前的实践来看，针对项目的评价与晋升机制不足。这就使项目组织成员在绩效评价与晋升中面临十分尴尬的境地。中国项目组织成员的晋升往往有两种选择，一是回原部门并按照原部门的要求进行考核与晋升，二是设法将其所服务的项目组织变为地方政府常设机构，从而在新机构中获得晋升机会。这两种用常规考核方式考核项目成员的办法对个人和地方政府均存在负面影响。对于个人而言，虽然在项目中做出了突出贡献，却无法满足原有组织的晋升要求，甚至在项目结束后，由于原有部门的职位已另有他人而造成"无位可归"的局面，导致政府公务员不愿为这些具有战略意义的项目服务；对于地方政府而言，为了创造更多的晋升通道而将很多项目团队型的临时组织设立成常设机构，"因人设岗，因人增加机构"，将使地方政府的规模不断膨胀。因此应当设计项目型组织的晋升机制，从根本上解决项目团队的后顾之忧。

1. 通过聘任制为项目团队成员保留职位

对于因项目需要被抽调加入项目团队，并且未来愿意回归本部门的，应在项目存续期间为其保留职位。可以通过聘任制的方式临时聘用具有相应能力的人员承担其工作，聘任期间与项目预计的实施期间一致。

除了保留岗位之外，还应确保公务员在项目团队工作期间的绩效能够在未来晋升中获得认可。因此应当采取绩效认定机制，待项目结束，项目团队成员回归原部门时，由项目经理及项目管理办公室共同对其在项目团队工作期间所取得的成绩给予认定，并出具报告，其工作业绩在未来晋升中应予以认定。

2. 建立"职业项目经理"制度

对于在项目管理方面拥有较强能力的地方政府管理人员，可进入职业项目经理库，由项目管理办公室统一调配、统一管理。这些职业项目经理的工作关系也均由项目管理办公室统一管理，不再由原工作部门管理。职业项目经理的晋升与政府工作部门的晋升机制不同，可采用评级制，根据职业项目经理的业绩水平等进行评级，级别标准参照地方政府部门的级别标准。所不同的是，职业项目经理的级别是"跟人走"的，也就是说，不论当前其具体工作如何，均应按照相应级别给予相应待遇，而地方政府工作部门的级别是根据岗位确定的，在岗则享受岗位级别待遇。因此职业项目经理的晋升机制与专业人才，例如教授、工程师等的晋升机制具有较强的相似性。

第三节　差异化的决策机制

决策理论一直是管理学讨论的重要问题，著名管理学家西蒙提出了"管理就是决策"的观点。因此决策机制对于组织的运行具有特殊重要的意义，是确定组织工作目标、工作内容、工作方式的一项重要管理工作。政府决策在所有组织的决策中，其重要性更为突出，原因在于政府决策的对错、质量和效率如何，决定着一个国家的兴衰成败和人民大众的安危祸福。① 地方政府常规的决策机制是基于层级的，从一般概念上讲，就是上级决策、下级执行，这种决策机制的优点在于行动的统一性强，标准化程度高。因此在开展地方政府常规性任务时具有其突出优势。但是由于项目具有高度不确定性和独特性的特点，因此就要求决策过程与该项目的独特性之间具有较强的匹配关系。因此在服务型地方政府项目导向型组织模式中，就需要构建起差异化的决策机制，针对不同类型的任务采用不同的决策方式。

一　地方政府决策的目标：相关利益主体利益最大化

政府行为的目标与企业不同，企业行为的唯一目标就是实现利润最大化，而政府的目标则不唯一。对于地方政府决策的目标，学者们提出包括效率、效果、公平等很多维度的目标体系，认为地方政府决策应以规范政府决策权力、提高政府决策质量与实现社会公共利益为目标。② 这一观点所强调的公共利益导向是受到广大学者普遍认可的。如何对公共利益进行描述，什么是公共利益最大化，如何进行量化和操作化却始终没有得到很好的解决。决策目标是对决策效果进行评价的基础，因此对地方政府决策目标的分析也是研究和建立地方政府决策机制的基础。有学者从相关利益主体分析的视角提出了一条切实可行的分析路径，认为在地方政府决策过程中应当在对相关利益主体进行分析的基础上，建立相关利益主体参与机制，政府应当在决策过程中保持中立，并充分建立起存在利益冲突的相关利益主体的意见表达机制。③ 政府决策机制就是政府决策主体之间、政府决策主体与外部决策主体以及决策参与主体之间形成的互动关系。④ 沿着这一分

---

① 许耀桐：《改革和完善政府决策机制研究》，《理论探讨》2008 年第 3 期。

② 罗依平：《深化中国政府决策机制改革的若干思考》，《政治学研究》2011 年第 4 期。

③ 竺乾威：《地方政府决策与公众参与——以怒江大坝建设为例》，《江苏行政学院学报》2007 年第 4 期。

④ 罗依平：《深化中国政府决策机制改革的若干思考》，《政治学研究》2011 年第 4 期。

析思路，可以将地方政府决策的目标定义为：相关利益主体的利益最大化。

这种目标定义避免了当前在地方政府中普遍存在的唯 GDP 论。以 GDP 论英雄的内在逻辑与市场经济追求利润具有相当程度的一致性，导致地方政府过分追求效率，追求经济增长。近年来，从中央政府到地方政府一直在试图破除这种观念，其中提出服务型政府建设的目的之一就是打破这种唯 GDP 论的地方政府目标设定。然而服务型地方政府决策的目标又是什么呢？在实践中不少地方政府提出了"满意"的目标，但这种目标设定具有较强的主观性，并且不具有对冲突性目标进行平衡与协调的能力。因此本书认为地方政府的各项决策应以"相关利益主体利益最大化"为目标。其中相关利益主体主要指的是与决策过程、结果等具有相关利益关系的组织及个人，而利益最大化不仅包括经济利益，更包括社会利益、环境利益等，因此"利益"是定性与定量的结合，有些利益是可以通过量化的方式衡量的，而有些利益则是通过定性方式判断的。

二　差异化决策机制的构建

政府决策机制是从决策问题产生到做出决策的过程，是一个"复数概念"，包括察觉机制、沟通机制、公众参与机制、专家参与机制、制约机制与协调机制。[①] 根据决策理论，决策的方式有很多种不同的类型，而究竟采取何种方式进行决策取决于决策问题自身的特点。根据卡内基模型，可以通过决策问题是否明确以及解决问题的方法是否明确将待决策事项分为四种不同的类型，并应用不同的决策方法。基于对地方政府决策目标，以及服务型地方政府项目导向型组织模式所面对的任务结构特征分析可知，在地方政府中，常规性决策与项目决策所面对的情景是不同的，其问题的明确程度、解决问题的方法以及信息的完备程度均有较大差异。因此在地方政府项目导向型组织中，应当根据两种不同任务对决策的要求采用差异化的决策机制。

---

① 王满船：《政府决策机制的内涵及其完善》，《国家行政学院学报》2003 年第 6 期。

中国地方政府的常规性决策能力较强，而对项目的决策能力较弱。统计数据显示，自新中国成立起至 1999 年，在 2 万多亿元的总投资中，因决策失误造成的损失至少有 1 万亿元[①]。因此本节的讨论重点将放在如何建立项目决策机制上。

（一）决策方式的分类

在具体构建决策机制之前，首先应当对决策的方式进行梳理。对决策方式进行分类有很多不同的标准。

1. 决策的集权与分权

有学者将经济建设型政府背景下的行政决策定义为"政府决策"，是政府单方主导的"单向不对称互动"，将服务型政府的决策定义为"公共决策"，是向民众参与开放的"开门决策"。[②] 这两种方式划分的标准是决策理论探讨的一个根本问题，即决策的集权性问题，如表 6 - 5 所示。

表 6 - 5　　　　　　　　组织决策的集权性特征分析框架

集权性	决策团体层次	差异化
		集中化
	决策团体组成	多样化
		单一化

集权性是对组织决策方式的集中考察，集权性是指做出决策的正式权力集中在个体、单元或层次的程度。集权性仅与组织中的正式组织结构相关。集权指的是最后的决策权，大量限制下属决策的政策实质上提高了集权的程度；集权可以指个人、单元或层次，但一般指集中在组织的最高管理层次。从组织决策过程来看，当决策者控制决策过程中所有的步骤时，决策是最集权的，当决策者只负责提出备选方

① 刘根生：《"反对"意见的价值》，《瞭望新闻周刊》1999 年第 1 期。

② 刘小康：《从政府决策到公共决策：中国行政决策模式的转换》，《新视野》2014 年第 6 期。

案时，组织内的分权程度就很高。有学者认为分权的原因在于决策者个人的有限理性和信息负荷量的限制，也就是说当收集信息和处理信息的负荷量超出管理者的能力极限时才会分权。另外，有人认为分权还可以带来以下好处：提高反应速度；为决策者提供更详细而准确的信息输入；通过允许职工参与决策达到激励员工的效果；使高层管理者摆脱繁杂的日常事务性工作，把精力集中在战略问题上；以及为低层的管理者提供良好的培训机会等。

一般而言，集权性和复杂性是负相关的，高复杂性总是与分权相随。但集权性和规范性则没有明显的相关关系。

2. 程序化与非程序化决策

根据决策过程的标准化程度，可以将决策分为程序化与非程序化决策（见表6-6）。

表6-6　　　　　　　　程序化与非程序化决策的比较

决策类型	问题性质	组织层次	决策方法
程序化决策	常规性问题	基层	1. 运筹学结构分析模型 2. 计算机模拟 3. 管理信息系统
非程序化决策	例外性问题	高层	1. 培训决策者 2. 编制人工智能程序

由表6-6可以看出，程序化决策是在常规性问题不断重复发生的过程中，根据经验总结的结果而制定出的规范化的决策过程，甚至可以根据这一规范化的过程进行计算机模拟或通过管理信息系统进行决策。而对于例外问题，或者独特性的问题，由于没有以往的经验可循，因此固定的流程也就无从得出，这时就需要根据决策问题的特征创造性地开展决策过程，需要决策者具有较高的决策能力和专业能力。

3. 确定与不确定性决策

在西蒙所提出的管理决策理论中，有一个重要的假设前提，即

"有限理性决策"①，所强调的就是决策时的信息完备程度。信息越完备则决策的理性程度越高，而信息不完备则可能带来更多的"非理性"结果。根据决策时所拥有信息的完备程度，可以将决策分为三种类型，即确定型决策、风险型决策和不确定型决策，如图6－2所示。

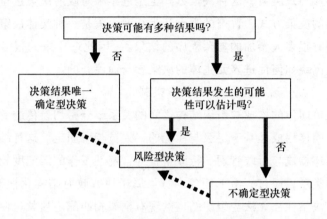

图6－2　信息完备程度与决策类型划分

　　确定型决策指决策的结果唯一且可以被清楚预测时的决策过程。在这种情况下，信息的完备程度最高，可以对决策的结果进行完全的预测。当决策者无法确切地知道决策结果时，决策就会面临一定的风险。也就是说，决策可能带来多种结果，而不是唯一结果。如果决策所面对的不同结果的发生概率可以预测，例如，可以确定某项决策会导致结果A的概率为20%，导致结果B的概率为80%，则这种决策的类型被称为风险型决策，可以用决策树等方法对决策及其结果进行测算。如果只能知道决策带来的不同结果，但无法对各种结果的发生概率进行估计，或者连决策可能带来的结果都无法估计时，这种决策被称为不确定型决策。

　　显然从决策的难度上来看，不确定型决策的难度最高，风险型决策次之，确定型决策则风险性最低。

―――――――

① ［美］赫伯特·西蒙：《管理决策新科学》，中国社会科学出版社1982年版，第1—7页。

4. 个体决策与群体决策

以决策者的数量为标准对决策进行分类,可以将决策分为个体决策与群体决策两类。其中个体决策也是一种集权式的决策,决策者独自承担决策任务,而组织的其他成员只负责决策执行。而群体决策则是一种参与式决策,这种决策方式也是近年来对政府决策进行研究时所推崇的决策方式,普遍的观点认为行政决策是一种集体决策,这一决策是有很多人参加的复杂程序的结果。[①] 因此近年来的很多研究成果都是围绕如何促进多元主体的决策参与而展开的。

(二)基于权变的差异化决策机制

决策团体的构成与组织结构之间的关系十分密切,传统的地方政府决策团体构成是基于层级与职能的,人员相对固定。这种结构化的决策团体构成与行政管理、行政审批等常规性工作的匹配度较高。但对于各类项目而言,由于任务本身不属于地方政府结构化框架范围,因此其决策往往无法与组织结构的现有框架相匹配。这就迫使很多决策必须提请组织高层做出,决策时间被迫拉长,这与许多独特性任务的时间紧迫性之间产生强烈的冲突。

在项目导向型组织中,项目的决策将由项目团队完成,并且决策团体的构成与层级、职能之间不具有必然联系。在项目决策的过程中,可以根据决策事项的需要,基于"专家技能"选择由项目团队中的不同成员独立或共同决策,以满足项目的时间以及独特性的要求。[②] 决策团体层次的差异化和构成的多样化可以提高组织的快速响应能力,通过不同层级决策者对本专业领域的了解来提高资源整合能力和科学决策能力,并通过使组织成员能更多地参与组织决策以加强团队成员的合作能力。

在地方政府项目导向型组织中,其决策和计划过程中所强调的是权变的思想,这种基于权变的项目导向型决策和计划是符合各种项目的决策与计划的要求的。主要原因在于,在常规性的日常行政管理过

---

① [法]夏尔·德巴什:《行政科学》,葛智强译,上海译文出版社 2000 年版,第 65 页。

② 翟磊:《项目带动战略下的地方政府组织变革研究》,《中国行政管理》2013 年第 10 期。

程中，所开展的活动为重复性的，因此其信息是相对完备的，也就有可能做出相对准确的计划和决策。而项目是一次性和独特性的，在项目起始阶段，其信息缺口较大，因此很难在项目起始阶段制订完整和科学的计划或做出科学的决策。随着项目不断进行，信息逐步完备，在拥有了更多信息之后，必须要对原始的计划与决策进行修正，使其更加科学，如图6-3所示。

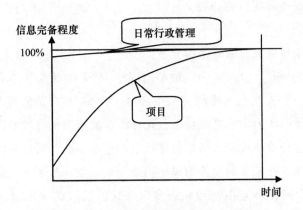

图6-3　政府不同任务的信息完备程度

　　随着知识经济的发展，政府面对的各种项目不断增加，由于这些项目的信息完备程度是随着项目实施过程逐渐增加的，因此传统的日常行政管理的决策方式在用于项目决策时由于缺乏权变性而无法与项目的实施过程相适应。地方政府项目导向型组织的组织模式所使用的则是基于权变的项目导向型决策与计划方法，这种方法能够更好地与政府项目的实施过程相适应，从而在项目实施过程中不断对以往的计划与决策进行修正，最终完成该项目。

　　所谓基于权变的差异化决策与计划方法所强调的是项目计划与决策过程中的分权性，这种分权可以使政府根据项目发展的需要，相对灵活地制订计划与作出决策，并在项目实施过程中对这些计划与决策进行调整。分权避免了在集权决策中由于权力的集中化所带来的决策僵化问题，使各种计划与决策的过程更加灵活且具有可调整性。同时这种权变的决策方式也要求决策随项目的进展而不断调整。在项目实施过程中，随着信息的完备性增加，起初的计划与决策可能变成谬误，若不使用权变的方法则可能由于坚持错误而最终导致项目失败。

　　由此可见，地方政府项目导向型组织基于权变的差异化决策和计划方法与传统的行政管理决策方法存在较大的差异，这种决策方法更有利于政府各种项目的开展。

三　项目决策机制的情景分析

　　"情景分析"（Scenario）最早出现于 1967 年赫曼·卡恩（Herman Kahn）和安东尼·维纳（Anthony J. Wiener）合著的《2000 年》一书中。他们认为未来是多样的，几种潜在的结果都有可能在未来实现；通向这种或那种未来结果的途径也不是唯一的，对可能出现的未来以及实现这种未来的途径的描述构成一个情景。"情景"就是对未来情形以及能使事态由初始状态向未来状态发展的一系列事实的描述。借助情景分析的思路，对项目决策过程中可能的情景进行分析，可以进一步提出具体的差异化决策的方法与路径。通过对地方政府决策的影响因素进行分析，可以从两个维度构建地方政府项目决策的情景分析框架，如图 6 - 4 所示。

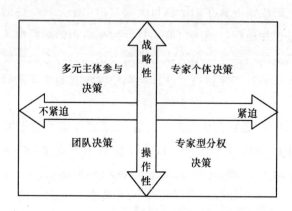

图 6 - 4　地方政府项目决策的情景分析

从以上四种情景可以看出，不同类型的决策事项需要以不同的方式进行决策。虽然目前学术研究领域普遍认为多元主体参与决策是地方政府决策方式变革的必然路径，相关研究多集中于为地方政府构建决策过程的民众参与机制，但这些研究都未曾对地方政府决策参与机制的适用范围做出界定。从实践角度来看，并非所有决策都需要或者都适合应用公众参与决策的方式，因此对不同情景下的决策机制进行研究对于实践领域进一步厘清政府决策过程的参与机制具有指导意义。

（一）战略性——不紧迫：公众参与决策

该类项目是从地方发展战略规划中分解而来的，对地区发展具有战略意义的项目，例如，特定区域的开发项目或者特定产业发展项目以及重大基础设施建设项目等。该类项目的战略意义不言而喻，并且从决策的时间要求来看，并不像突发事件应急等的项目一样紧迫，而是需要通过周密的安排、精心的筹备和合理的规划来确保项目目标的实现。

由于决策事项关系到地区发展全局，并且在时间上也具备社会公众广泛参与决策的空间，因此在这种情况下，应充分征求各方主体意见，以提高决策的质量和支持度。杭州市政府在这方面已经进行了一系列积极的实践，以开放式决策为例，杭州市政府坚持让民意领跑政府，扩大公民有序政治参与，增强决策民主化、科学化的有益探索，也是地方政府改革创新的有益实践。[1] 杭州市开放式决策是在议程设立、方案规划、方案决策与政策合法化四个环节构建公民参与机制。[2]

在参与式决策机制构建的过程中，核心环节就是要建立意见与建议的收集与回应系统。政府公共决策回应机制的不健全，导致政府与

---

[1] 顾金喜：《地方政府决策创新的实践和启示——杭州市开放式决策的调研分析》，《理论探索》2011年第1期。

[2] 王雁红：《公共政策制定中的公民参与——基于杭州开放式政府决策的经验研究》，《公共管理学报》2011年第3期。

公民之间沟通渠道不畅。[1] 如果缺乏有效的工具与方法，公共决策参与机制民主化必然不能带来决策科学性甚至可能走向反面。[2] 从当前地方政府在项目决策过程中的信息收集与回应的实践来看，往往是网络民意先发，政府被动回应，例如，大连 PX 化工、杭州垃圾焚烧厂建设项目等，网民与政府互动不平衡为主要特征的被动回应模式是当代中国在网络参与背景下公共工程项目领域中的主要模式。[3] 因此如何构建起政府决策全过程的信息收集与回应系统，将项目相关利益主体的信息及时有效地用于项目决策就变得十分重要。一个灵敏、高效的决策信息支持系统应达到以下基本要求：一是信息传递渠道必须是多元的；二是信息传递的中间环节要尽量少；三是信息机构具有较强的信息处理能力，能有效避免信息被遗漏或截留，提高信息交流的效率和质量。[4] 应充分应用当前信息网络与大数据分析技术，构建起政府与项目相关利益主体的信息沟通与交流平台。

（二）操作性——不紧迫：团队决策

操作性的决策主要指的是在项目具体实施过程中所面临的事务性决策，如工期变更的决策、原材料采购决策等。虽然项目实施过程具有信息不完备的特征，但项目管理的系统方法以及当前项目管理信息系统等的应用目的就是在这种信息不完备的情况下使项目处于可控状态。因此在有经验的项目管理团队内部，大部分操作性决策是有计划进行的，并不属于紧迫性的。

此类决策由于不具有战略决策的重要意义，并且专业性较强，其所决策的事项是在战略性决策之下的具体实施问题，因此不具备多元主体参与决策的必要性。为了进一步提升该类决策的质量，可以采取项目管理团队决策的方式，在项目管理团队或者实施团队内部广泛征

---

[1] 罗依平、覃事顺：《民意表达与政府回应的决策机制构建——厦门 PX 事件引发的思考》，《科学决策》2009 年第 7 期。

[2] 王雅琴：《公众参与背景下的政府决策能力建设》，《中国行政管理》2014 年第 9 期。

[3] 翁士洪：《参与—回应模型：网络参与下政府决策回应的一个分析模型——以公共工程项目为例》，《公共行政评论》2014 年第 5 期。

[4] 许耀桐：《改革和完善政府决策机制研究》，《理论探讨》2008 年第 3 期。

求意见，以群体决策的方式提升决策质量。当决策事项对项目具有决定性意义时，还可进一步扩大意见征询的范围，请项目的直接相关利益主体共同参与决策。

（三）战略性——紧迫：专家个体决策

这类决策在四种决策情景中难度最大。因为决策事项对区域发展具有战略意义，与此同时，决策的时间十分有限，这就要求决策者必须在短时间内做出正确的决策，突发事件应对项目的决策就是这种决策情景的典型案例。在这种情况下，决策事项的紧迫性挤压了公众参与决策的时间和空间，而战略上的重要性又对决策提出了很高的要求，因此这种决策将对决策者构成巨大的挑战。

由于决策事项的紧迫性与群体决策对时间的要求发生冲突，因此在这种情景下只能使用个体决策或小规模决策团体决策的方式。这就要求决策者必须具有很强的决策能力，对决策事项有着丰富的决策经验，因此决策者的选择非常关键。地方政府常规的决策权配置是基于层级的，即上级决策、下级执行的方式，但项目的决策权配置应当是基于"专家技能"的。这里所指的专家技能的判断标准是决策事项本身的特征和对决策者的能力要求，而非依据决策者的行政级别。

专家个体决策并不意味着不需要收集意见和信息，反而是对信息收集有更高的要求。专家的决策能力是由决策环境评估能力、决策信息获取与处理能力、决策资源动员整合能力、决策制定能力以及决策评估与自我修正能力等一系列能力构成的。[1] 其中"专长权"意味着决策者掌握该决策领域的一系列历史信息，在当前的决策过程中，尚需进一步收集当前决策所需的各种信息，并以这些历史及现状信息为基础提升决策质量。

（四）操作性——紧迫：专家型分权决策

这种情景仍然是在实践紧迫的情况下，只是决策层级并非全局性、战略性的，只是具体操作层面的。在项目实施过程中，不同的环

---

① 黄健荣、胡建刚：《公共危机治理中政府决策能力的反思与前瞻》，《南京社会科学》2012 年第 2 期。

节、不同的领域需要不断对操作事项做出决策，这种决策既不具备参与式决策的必要性，也不具备参与式决策的时间。由于该类决策事项千头万绪，涉及领域众多，如果采用集权型决策方式，将延误项目实施的时间。在这种情况下，适合的决策方式是分权型的，即由负责该领域项目实施的管理者对该操作事项进行决策。正所谓"将在外，军令有所不受"，项目管理者应当具备根据项目进展状况做出操作性决策的能力。而这种能力的保障仍然是专家技能与信息，也就要求项目团队在人员配备上要确保为每个岗位配备具有相应专家技能的人才。

四　决策监督与学习机制构建

除了决策过程本身外，地方政府还应当建立起决策的监督机制以及决策的学习机制，从而通过看他人吃堑，让所有人长智。在这方面，世界银行有相当成熟的经验可以借鉴。为了使世界银行的项目管理人员能从其他项目中吸取经验教训，世行每年都组织专业人员编写项目的后评估报告，并按国别、项目类型分类编辑出版，同时还定期召开研讨会与经验交流会等，在不同的项目团队之间构建相互学习的机制。

（一）学习型决策监督机制

在此首先要探讨的是监督的目的究竟是什么的问题。很多人认为监督的目的就是追究责任，这种理解是十分片面的，并且这种追究责任的思想也制约了地方政府对决策进行监督的行动，使地方政府"不敢"也"不愿"对决策进行监督，为的是避免因此而承担责任。这也是地方政府项目后评估等工作开展效果始终不佳的原因所在。如果是常规性决策，出现决策失误往往是因为决策者的主观故意或者过失所造成的，追究责任无可厚非。但对于项目决策而言，由于项目自身的不确定性带来了大量的决策风险，而这种风险并不是通过"审慎"就可以避免的。因此对于项目决策中出现的问题，企业界往往采取更为宽容的态度，例如，霍尼韦尔公司在每个项目结束后，要求项目经理填写"经验教训卡"，对项目实施过程中的各种经验教训进行总结；而戴尔公司则"鼓励员工犯错误"，因为他们认为犯的错误越多，学得就越快。因此对于项目决策的监督，主要目的应当是学习，而不是追究责任。当然这并不意味着决策失误就可以不负责任，而应当根据决策失误的原因分析来确定是否应当承担责任，其中关键的判断标准应当是决策者在决策过程中是否存在主观的故意或过失而导致决策失误。此外，还应当根据决策失误的严重程度、该项决策做出时的决策权大小及在决策中的态度等做出不同的处理。① 对于既非故意，又非过失，而是由于环境变化等不可抗力因素导致的决策失误，应当对决策者予以保护。

（二）多元主体参与的决策监督机制

多元主体参与决策对于提高决策质量的作用是十分突出的，因此在非紧急情况下应当鼓励地方政府采用这种决策方式。在决策监督过程中，也应当采取多元主体参与的方式，尤其是请参与决策的各类主体进一步承担起决策监督的任务，对决策事项的执行过程及效果进行监督与评价。参与政府决策监督的主体包括权力机关、执政党、人民群众、各民主党派、舆论以及政府自身，② 监督主体的作用包括信息提供、方案拟订、咨询、决断、执行等，③ 参与的方式仍可借助地方政府决策信息收集平台来开展。

此外，舆论监督也是地方政府决策监督主体的重要组成部分，应允许新闻媒体对重大决策过程、效果及时报道，尤其要允许新闻媒体对重大决策的失误及损失进行及时、如实曝光。④ 此外，网络舆情监督是近年来迅速发展的领域，在政府决策中正发挥着日益重要的作用，⑤ 应给予高度关注。根据 2014 年中国互联网信息中心发布的《第 33 次中国互联网络发展状况统计报告》显示，截至 2013 年 12

---

① 钱振明：《促进政府决策机制优化的制度安排》，《江苏社会科学》2007 年第 6 期。

② 罗依平：《深化中国政府决策机制改革的若干思考》，《政治学研究》2011 年第 4 期。

③ 同上。

④ 张旭东：《关于新形势下完善中国政府决策监督机制的思考》，《中共中央党校学报》2011 年第 2 期。

⑤ 邓福成、尹武松、陆和建：《近 10 年中国基于网络舆情分析的政府决策机制研究综述》，《图书馆学研究》2014 年第 16 期。

月，中国网民规模达 6.18 亿，全年共计新增网民 5358 万人，互联网普及率为 45.8%，较 2013 年增长了 3.7 个百分点①。

（三）全过程的决策监督机制

当前地方政府对决策的监督往往是问题出现以后，或等问题成堆才进行监督。② 同时也缺少对行政决策实施后造成的结果和社会影响的评估。③ 由此可见，当前的决策监督体系尚不健全，是一种"问题导向"的监督机制，而非系统化、全过程的决策监督机制。应当对决策监督机制进行系统化设计，形成贯穿于整个政府项目决策过程的监督机制，包括对政府项目决策方案的制订、执行和评估方面的监督等。④

全过程的决策监督机制与多元主体的决策监督机制相配合，便可形成对地方政府项目决策监督的系统性架构，从而及时发现问题、解决问题，并充分建立起决策过程的学习机制，不断提高地方政府各类决策的水平。

第四节　地方政府项目导向型组织运行机制建设的实证分析

与项目导向型组织模式建设一样，中国地方政府尚未建立起完备的项目导向型组织运行机制，这也是导致当前中国地方政府各类项目的实际效果不佳的原因。

一　项目导向型资源配置机制建设情况

对于资源配置机制的考察选择的是项目团队的协调机制这一指

---

① 中国互联网络信息中心：《第 33 次中国互联网络发展状况统计报告》，2014 年 1 月。

② 罗依平：《深化中国政府决策机制改革的若干思考》，《政治学研究》2011 年第 4 期。

③ 曾庆双、周家明：《行政决策事后监督制度及其体系》，《山西师大学报》（社会科学版）2005 年第 2 期。

④ 杨勇、张再生：《过程监督对公共决策的作用机理研究》，《天津大学学报》（社会科学版）2009 年第 6 期。

标。地方政府应根据项目需求建立项目组织，这种跨部门的项目组织建设就需要在政府组织机构间建立横向协调机制。经调查发现，中国地方政府各机构之间的横向协调机制还不是特别完善和成熟。55.1%的部门能够通过"上下情达"和"上下合作"等方法去实现整个地区的纵向和谐与协调，20.9%的部门能够通过"左右情达"和"左右合作"等方法去实现整个地区社会的横向和谐与协调，39.4%的部门能够通过"内外情达"和"内外合作"等方法实现整个区域的多向和谐与协调（见表6-7）。

表6-7　　　　　　　　地方政府协调机制建设情况

协调机制	频数	有效百分比
"上下情达"和"上下合作"的纵向和谐与协调	206	55.1
"左右情达"和"左右合作"的横向和谐与协调	78	20.9
"内外情达"和"内外合作"的多向和谐与协调	147	39.4
其他	6	1.6
缺失	8	2.1

由表6-7可以看出，目前中国地方政府各级部门之间的纵向协调较为畅通，但各机构之间的横向协调与沟通则存在较大的障碍。

二　二元化绩效评价与晋升机制建设现状

根据本章第二节的分析，地方政府工作部门与项目团队的绩效评估与晋升机制应当是差异化的，而这一点在中国地方政府的实践中尚未发现典型案例。也就是说，当前中国地方政府并未建立起针对项目组织的绩效评价与晋升机制。因此在调研中选择了对创新的态度和对失误的态度来反映当前绩效评价的价值核心。对常规性任务进行绩效评价的价值核心首先应当保证的是以合规、高效的方式完成组织分配的任务，在此基础上鼓励创新。而对独特性任务进行绩效评价的价值核心则是鼓励以创新的方式完成任务，并对失误采取更为包容的态度。

调研显示，25.0%的被调查者选择"勇于创新并且不怕出错"，54.6%的被调查者选择"鼓励创新但最好不要出错"，13.7%的被调查者选择"可以创新但不能出错"，6.5%的被调查者选择"强调忠于职守而不是创新"（见图 6-5）。

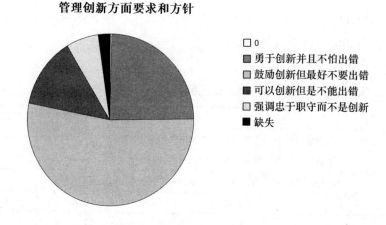

管理创新方面要求和方针

- □ 0
- ■ 勇于创新并且不怕出错
- ▨ 鼓励创新但最好不要出错
- ■ 可以创新但是不能出错
- □ 强调忠于职守而不是创新
- ■ 缺失

图 6-5　对创新与失误的态度

由图 6-5 可见，中国地方政府在对待创新和失误的态度上仍相对保守。这将影响到项目的绩效评价与晋升机制建设。

三　二元化决策机制建设的现状

中国地方政府的发展需要通过各种日常运营活动和项目活动来实现，这就需要改变传统的职务授权方式，将工作授权引入政府的权力体系中，构成工作授权和职务授权并重的权力体系。在对"项目中具体负责实施的项目经理所承担角色特征"的调查中，有28.6%的人会服从命令听指挥，65.4%的人会先请示后决策，6.5%的人会先决策后汇报（见图 6-6）。由此可见，目前中国地方政府在各种工作活动中，能够做到一定的工作授权，但仍是以职务授权为主。

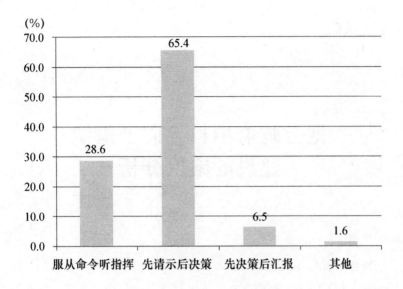

图 6 - 6　项目经理承担角色特征统计

由图 6 - 6 可见，项目经理在项目实施过程中的自主决策权并不大，65% 以上的项目经理都会先请示上级之后才会做出决策，这种做法不符合地方政府项目导向型组织的建设要求。

第七章

地方政府项目导向型组织
建设的案例分析

当前中国地方政府虽然尚未构建起完整的项目导向型组织，但是在地方政府发展的实践中，却不乏项目导向型组织的元素。这些组织创新虽然出发点不尽相同，目的和操作方式也各有差异，但从组织模式的构成和运行机制上可以显著地识别出其与传统科层制组织之间的差别。从地方政府的这些组织变革与创新中可以看出中国地方政府正在积极地通过组织创新以适应任务结构的变化。为了更为清晰地将地方政府的组织变革与创新中所呈现出的项目导向型组织特征展现出来，本章将选取地方政府实施的集中不同类型的典型项目，对其组织建设进行案例分析。

本章将根据前期研究中对项目的分类分别选取典型案例，在经济建设项目中，选择了经验相对丰富的开发区建设项目作为分析对象；在社会发展项目中选择了近年来颇受瞩目的突发事件应对项目；文化建设项目方面将主要对各类活动项目进行分析；而政府改革项目则选择当前政府改革的热点，即公务员与事业单位养老改革项目。

第一节　开发区建设项目的"管委会"模式

开发区建设是中国在区域经济发展中探索出的一条具有中国特色的发展路径，中国第一批建设的开发区在 2014 年迎来了建区三十周年，其发展为区域经济不断注入新的活力，与此同时，在政府组织创新中也探索出了许多新的路径。学术界对这些组织创新开展了大量的研究工作，认为开发区管委会（或指挥部）的做法符合开发区建设任务的要求①，是地方政府从管制型为主到树立全新的"服务型政府"的管理理念转变和按照"小政府、大社会"管理模式对管理职能进行界定和缩减②。开发区管委会作为地方政府的派出机构，其任务就是完成区域的开发建设与招商引资等，实现区域发展的目标，因此从性质上来看属于典型的项目型组织。由于不同开发区的发展历史、建设特征及目标等均不相同，因此在组织建设上也出现了不同的类型，这种差异性充分证明了其与地方政府科层制组织之间的特征差异。由于开发区建设项目的周期较长，因此管委会履行使命的周期也相对较长，加上当前开发区滚动开发、一区多园等的发展，使得开发区管委会内部的任务结构不断发生变化，因此其内部的组织变革与创新也在不断发展变化之中。

在管委会的改革与创新方面，学者们针对当前开发区管委会建设的现状提出了其当前面对的问题，包括如何保持管理效率的问题，随着开发区社会形态的完善如何解决公共服务供给不到位的问题③，管理机构如何不断转变以适应开发区快速发展的问题④，以及由于社会管理和服务职能的需求越来越大，开发区管委会的机制在运行中向传统行政区域回归，从而导致效率下降，无法满足市场机制的需求而使企业活力受阻等问题⑤。因此本节将以天津经济技术开发区为例，对开发区发展与管委会职能和组织转变的动态关系进行分析与阐述。

---

① 罗兆慈：《国家级开发区管理体制的发展沿革与创新路径》，《科技进步与对策》2008 年第 1 期。

② 周家新、郭卫民、刘为民：《中国开发区管理体制改革探讨》，《中国行政管理》2010 年第 5 期。

③ 葛顺奇、田贵明：《国家级经济技术开发区的经济发展及其面临的问题》，《世界经济研究》2008 年第 12 期。

④ 罗兆慈：《国家级开发区管理体制的发展沿革与创新路径》，《科技进步与对策》2008 年第 1 期。

⑤ 李妮：《中国经济技术开发区管理模式的制度经济学分析》，《管理现代化》2009 年第 2 期。

一 管委会职能与组织的阶段性转变及动态平衡

在探讨经济技术开发区管委会职能问题时，首先应当明确其性质。目前中国尚无关于开发区的中央立法，在国务院发布的《关于促进国家级经济技术开发区进一步提高发展水平若干意见的通知》①，《关于促进国家级经济技术开发区转型升级创新发展的若干意见》② 等政策性文件中，也没有明确界定开发区管委会的性质，使开发区管委会的法律地位无法获得国家层面上的保障。从地方性立法层面来看，《天津经济技术开发区管理条例》③ 规定：天津经济技术开发区管理委员会是天津市人民政府的派出机构，代表市人民政府对开发区实行统一管理。因此从法理来看，管委会作为派出机构，只能在授权范围内履行职能。④由于不同的地方政府对其所属开发区管委会的授权范围存在差异，因此在分析职能构成时将主要针对其共性特征展开讨论。

（一）开发区管委会职能的阶段性构成分析

从开发区发展方式转变的角度对管委会职能进行划分，可以将其分为两个阶段：第一阶段以增量型区域开发职能为主，第二阶段则以存量型管理服务职能为主。经济技术开发区是中国经济发展的一项特殊政策，这些区域在被设定为开发区之前，往往是经济发展相对落后的郊区、村镇甚至盐碱荒滩，常住人口数量非常有限，因此在开发区设立后大都经历了一个从无到有的建设开发过程。然而一般行政区则存量规模较大，发展相对成熟，增量发展的潜力受到土地资源稀缺性的制约，因此政府职能需更多地关注如何为市场与社会提供更好的管理和服务。由此可见，开发区管委会与传统行政区政府的职能内容具有较大的差异性。除了职能内容存在差异之外，开发区管委会在增量

---

① 国务院办公厅：《关于促进国家级经济技术开发区进一步提高发展水平的若干意见》，2005 年 3 月 21 日。

② 国务院办公厅：《关于促进国家级经济技术开发区转型升级创新发展的若干意见》，2014 年 11 月 21 日。

③ 天津市人大常委会：《天津经济技术开发区管理条例》，2003 年 1 月 9 日。

④ 孙京祥：《从宪政角度初探开发区法律地位及其行政区化》，《法制博览》2013 年第 2 期。

型区域开发与存量型管理服务两类职能上还具有继发性的特征。在开发区建设初期,管委会的职能主要是制定规划、土地开发、建设生产性基础设施以及招商引资等,所开展的工作以项目为主,多具有一次性与独特性的特征。在区域开发阶段,管委会将以追求效率为主要目标。当区域开发达到一定程度,区域内企业、人口等存量规模扩大后,管委会的职能则开始向存量管理服务转变,以期更好地满足区内企业及从业人口的需求。该阶段管委会的职能也将由单纯的经济职能扩大至社会管理职能领域,而且经济职能的具体内容也将由追求增量向增量与存量共治发展。随着区域开发的逐渐成熟,增量型区域开发职能的范围与强度将不断减弱。

(二)职能与组织的对应关系

在研究组织变革的相关理论中,多以组织职能、任务、目标等为研究对象,[①] 并认为组织结构与组织职能之间具有对应关系。[②] 也就是说,当组织的职能发生变化时,组织结构应当相应地进行变革。

增量型区域开发职能很多是以项目的形式实现的,例如土地整理项目、基础设施建设项目、招商引资项目等。这些项目与政府常规管理工作不同,具有独特性与一次性的特征。并且由于不同开发区的规划、战略、地形地貌等具有较大差异,因此不同开发区之间的区域开发类项目也具有较强的独特性。在这种情况下,管委会的组织结构设计应当充分考虑到对各类项目进行管理的需要。根据国外学者的研究,项目型组织能够按照项目的需要配置资源,[③] 并且具备跨越组织边界解决问题的能力,[④] 因此在区域开发阶段,管委会的组织结构宜采用项目型组织结构。

---

① 汪朗峰、伏玉林:《基于组织结构的公共部门组织变革研究》,《管理科学学报》2013 年第 4 期。

② 王凤彬:《战略决定结构?还是结构决定战略——兼评联想集团的战略与结构关系》,《经济理论与经济管理》2003 年第 9 期。

③ Harvey, M., Novicevic, M. M. and Kiessling, T, "Hyper Competition and The Future of Global Management in the Twenty-first Century", *Thunderbird International Business Review*, Vol. 43, No. 5, 2001.

④ Whitley, R., "Project-Based Firms: New Organizational Form or Variations on a Theme?", *Industrial and Corporate Change*, Vol. 15, No. 1, 2006.

这种组织的主要特征包括三个方面：第一，组织结构为项目团队式的扁平化组织，组织内部拥有全通道式的信息沟通与协调机制；第二，具有学习型组织的特征，并且随着组织需求的变化不断开展组织再造；第三，组织结构与职能间具有高度匹配关系，组织具有较强的弹性与适应能力，即根据项目的需要设置相应的机构，无须按照行政区政府的常规机构进行设置，从而使管委会的机构相对精简。

存量型管理服务职能的目标是实现对经济与社会的管理和转型升级，此时管委会的经济职能呈现出与一般行政区政府趋同的特点，即对各类市场行为进行管理、监督与服务。与此同时，随着开发区企业与从业人口数量的增加，产生了对社会管理职能的需求，开发区管委会需要针对这些需求提供相应的社会管理与服务，包括教育、医疗、社会保障等。并且在社会管理与服务职能的内容与方式等方面，开发区管委会与行政区政府之间也具有较强的相似性。由此可见，当管委会以存量型管理服务职能为主时，其组织设计可以参照行政区的组织结构，而部门设置可以采用大部门的集约化方式。

（三）管委会职能与组织的动态平衡关系模型

由于管委会的不同职能需要不同类型的组织予以支撑，且管委会职能的转变具有阶段性特征，因此根据切斯特·I. 巴纳德（Chester I. Barnard）的组织动态平衡理论，可以构建起管委会职能与组织的动态平衡关系模型（见图 7 - 1）。

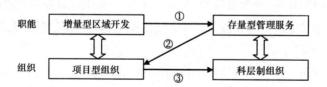

图 7 - 1　管委会职能与组织的动态平衡关系模型

从图 7 - 1 所示的动态平衡关系模型中可以看出，在开发区设立之初管委会的职能以建设开发和招商引资为主，此时管委会的组织结构宜选择典型的项目型组织，这样其职能范围与组织结构之间具有匹配关系，达到平衡状态。随着区域开发的推进和企业的不断进驻，这种平衡将被打破，首先表现为管委会的职能范围发生了变化，除了区域开发外，还要对区内企业及从业人口进行管理与服务，职能范围扩大后，管委会原有的项目型组织无法满足当前职能的需要，因此职能范围的变化要求管委会开展组织变革，针对当前驻区企业和职工在科技、工业、社会服务等方面的要求设置相应的工作部门，从而达到新的平衡状态。

二　"单一区域开发"模式中管委会职能与组织的动态平衡

这里所谓的"单一区域"指的是不再下设园区的开发区，以"天津经济技术开发区母区"[①]为例，由于其占地面积相对固定，因此管委会的职能及转变路径相对清晰。

（一）管委会职能转变的实证分析：以天津经济技术开发区母区为例

天津经济技术开发区是"以利用外资、发展工业、出口创汇为主和致力于高新技术产业发展的经济区域"[②]，因此天津市政府授权开发区管委会履行的主要是经济职能。为了使社会管理与经济发展相匹配，天津市政府还授权开发区管委会统一管理开发区的各项社会事务，促进开发区各项公益事业的发展。其中增量型区域开发职能主要包括规划的编制与实施、基础设施开发、区内土地出让与转让以及招商引资等。基于指标的显示度、代表性与连续性等考虑，本书选取基础设施投资与批准外商及港澳台投资企业两项指标对增量型区域开发职能的变化加以考察。存量型管理服务职能主要包括基础设施管理、区内企事业单位的行政管理以及社会管理与公共服务等，这些管理服务职能与区内企事业单位数量、人口数量有着直接的关系，因此对于存量提升职能的考察将主要通过从业人员数量指标来反映。

由于自 1996 年天津市政府批准天津开发区建立了逸仙科学工业园、微电子工业区和现代产业区三个"飞地"园区，导致其后各年

---

①　天津经济技术开发区母区即东区，指的是 1984 年国务院批准设立时的规划区域，规划面积 33 平方公里，其中起步区包括 3 平方公里工业区和 1.2 平方公里生活区。

②　天津市人大常委会：《天津经济技术开发区管理条例》，2003 年 1 月 9 日。

度统计数据中无法单独显示母区的发展变化情况，因此仅选取1985—1996 年的数据，对开发区管委会在母区的职能需求变化进行分析（见图 7 - 2、图 7 - 3）。

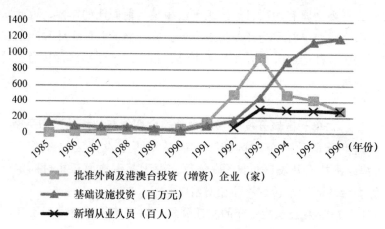

图 7 - 2 天津经济技术开发区发展主要指标的年度数据（1985—1996）

数据来源：《天津经济技术开发区国民经济和社会发展统计公报》，1987—1996 年。

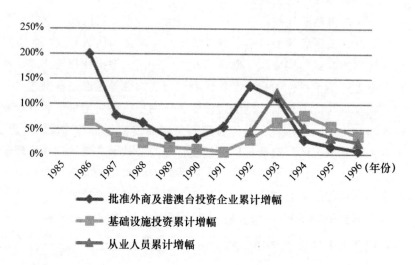

图 7 - 3 天津经济技术开发区主要累计指标的增幅数据（1985—1996）

资料来源：《天津经济技术开发区国民经济和社会发展统计公报》，1987—1996 年。

从图 7-2、图 7-3 可以看出天津经济技术开发区母区的发展对管委会职能的影响具有如下特征①：

第一，增量型区域开发职能需求与待开发土地规模正相关。从基础设施投资与批准外商及港澳台投资企业的总量及累计增幅数据中均可以看出，1990—1991 年存在拐点，其主要原因是 1984 年 12 月开发区获批，1985 年开始对 4.2 平方公里的起步区进行开发建设，1991 年起步区建设完成。管委会于 1990 年启动第二阶段土地开发工作，带动了基础设施投资与招商引资的增长，但 1994 年后随着待开发土地总量的下降，基础设施投资和批准外商及港澳台投资企业增速明显放缓。

第二，区域开发各项工作基本同步。图 7-2、图 7-3 数据显示，基础设施投资与批准外商及港澳台投资企业的变化基本上是同步的，在第二阶段土地开发工作启动后，甚至出现了招商增长快于开发建设增长的现象。这也可以反映出市场对于机遇捕捉的敏感性强的特征。

第三，存量型管理服务职能由快速增长到趋于稳定。从图 7-2、图 7-3 所反映的从业人员数量变化来看，由于 1992 年、1993 年招商引资工作取得突出成效，因此 1993 年从业人员数量迅速增加，但从业人员增长总体略滞后于批准外商及港澳台投资企业数量的增长，其主要原因是在企业从获批到投产之间需要一段时间的建设期。在 1994 年之后新增企业数量放缓的情况下，从业人员每年增长的人数趋于稳定。企业总量与从业人口总量的稳定增长要求开发区管委会对其行为进行管理，同时也要为其提供各类生产生活服务。

基于以上特征，可以明显地发现开发区管委会职能转变的阶段性特征：第一阶段以增量型区域开发为主要职能，注重外延式增长，天津开发区提出的"项目是生命线""投资者是帝王"等理念便是注重区域开发职能的典型体现；第二阶段逐渐过渡到以存量型管理服务为

①　翟磊：《经济技术开发区管委会职能与组织的动态平衡研究》，《南开学报》2015年第 6 期。

主要职能，注重内涵式发展，这一点从开发区 2000 年提出的"资本引进与科技创新并重"中可以看出。

（二）增量型区域开发阶段管委会的组织特征：项目型组织

区域开发阶段管委会的职能主要是通过两个项目集实现的，一是土地及基础设施开发建设项目集，二是招商引资项目集，因此管委会的组织结构也应当是以保障两类项目为目标的项目型组织。以天津经济技术开发区 2009 年新设立的南港工业区为例，管委会在南港设立的专门机构有三个，包括负责开发建设项目的南港规建局、负责招商引资的南港经发局以及负责总体协调工作的南港综合办。项目型组织与地方政府常规组织结构相比最大的差别在于组织的资源配置方式不同。项目型组织采用的是以项目为中心的资源配置方式，会根据当前所服务的顾客、市场或技术要求配置资源，[①]而地方政府常规组织的资源配置方式是以部门为中心的。与资源配置方式相适应，项目型组织总体是扁平化的、精练的、高效的，具有较强的横向协调以及信息沟通能力，组织的柔性化程度与开放程度较高。

从全国范围来看，增量型区域开发阶段管委会的组织结构基本上都是围绕建设开发和招商引资两类项目而设置的，但是具体的表现形式则由于建设管理和招商引资模式不同而存在差异。根据国内学者的相关研究[②③]，开发区土地及基础设施开发建设的模式主要有三种，即管委会主导型、企业主导型和公私合作型，其中企业主导型管理模式由于不涉及管委会，因此本章不做深入探讨。从招商引资模式来看，大体分为两类，一类是管委会主导模式，将招商引

---

① Thomas Biedenbach，Anders Soderholm：《超级竞争行业组织变革的挑战：文献综述》，李文静、王慧译，《管理世界》2010 年第 12 期。

② 刘明宇：《产业升级背景下开发区治理模式的创新研究》，《当代财经》2009 年第 11 期。

③ 孙琪：《中国开发区治理模式的现实选择——基于国内外开发区治理模式比较》，《经济研究导刊》2011 年第 23 期。

资作为一把手工程①，另一类是多元主体协同模式，政府通过与专业组织等协同，以中介招商、专业招商、以商招商等方式开展招商工作。② 区域开发阶段管委会的职能、组织及其表现形式如图7－4所示。

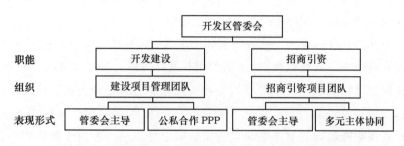

图7－4 区域开发阶段管委会的职能、组织及其表现形式

（三）存量型管理服务阶段管委会的组织特征：与行政区政府组织趋同

在区域开发任务逐步完成后，开发区驻区企业的总体规模逐渐稳定，常住人口与从业人口也将趋向稳步增长，公共服务与社会管理职能逐步强化，此时开发区管委会的主要职能转变为对现有企业与从业人员的管理与服务，与传统行政区政府的职能总体上存在逐渐趋同的态势。在这一阶段开发区所开展的转型升级、结构优化等并非都是开发区所特有的，一般行政区同样面临这些问题。因此从动态平衡的视角分析，由于开发区管委会职能与行政区政府职能趋同，因此其组织结构也将呈现与行政区的常规科层制组织逐步趋同的现象。根据全国开发区发展的实践，这种情况下组织变革的路径主要有以下三种：

其一，管委会扩权，由最初的以经济职能为主转变为经济、社会

---

① 周淑梅：《地方政府在招商引资中的合理性与局限性分析》，《东北财经大学学报》2010年第5期。

② 缪志春、万红先：《创建以政府为导向企业为主体的招商引资新模式》，《武汉商业服务学院学报》2007年第6期。

职能并重，全面管理开发区内各项事务。并且经济职能的内容也相应地由开发建设与招商引资转变为常规经济管理与服务。采用管委会扩权方式将最大限度地保持管委会组织"大部制"的结构特征，并保持管委会的工作效率，而不是单纯意义上的走向结构化和行政化。但这种方式的最大问题在于开发区管委会作为地方政府派出机构，履行社会管理职能的法律依据不足。

其二，政区合一，该方式实际上是在一定区域范围内创造了一个内在高度整合的政府机构。① 以广州开发区为例，2005 年 4 月，经国务院批准设立萝岗区，由广州市开发区党委、管委会直接行使区委、区政府相关职能，正式形成"政区合一"的体制架构。该模式下虽然各项职能履行的主体性质、法律依据十分明确，但由于机构扩张，不可避免地对效率产生影响。

其三，多元主体治理，树立政府与社会合作治理的理念，积极培育社会组织，由开发区管委会将管理服务职能通过外包的方式交由社会组织承担。② 多元主体治理的模式具有开放性和包容性，各类企业、中介组织、专业性机构、社会团体、公民、专家都可以作为主体参与到公共治理中来，形成主体间的互动机制，让资金、服务和信息在各主体间流动起来。这样既可以保持管委会的精简与高效，也使各项管理与服务职能有了承接的主体。

三 "一区多园滚动开发"模式中管委会职能与组织的动态平衡

一区多园最初的产生是一个渐进的过程，由于开发区的快速发展受到了土地总量的限制，为了扩大开发区体制及政策优势的覆盖范围，很多地方政府采用了增批土地设立新园区的方式。这些新设园区中，有的与原有开发区相邻，而有的则相距较远，成为开发区的"飞地"。以天津市经济技术开发区为例，至今已形成了一区十园的

① 程郁、吕佳龄：《高新区与行政区合并：是体制复归，还是创新选择?》，《科学学与科学技术管理》2013 年第 6 期。

② 金太军：《论中国经济开发区社会管理的发展方向》，《南京理工大学学报》（社会科学版）2014 年第 3 期。

格局。①

（一）管委会职能变化的实证分析：以天津经济技术开发区"一区十园"为例

本部分选取了与分析"单一区域开发"模式一致的三个主要指标进行分析，其中批准外商及港澳台投资企业数量及增幅、基础设施投资数额及增幅主要反映增量型区域开发职能的发展情况，而从业人员数量及增幅则主要反映存量型管理与服务职能的发展情况（见图7-5、图7-6）。

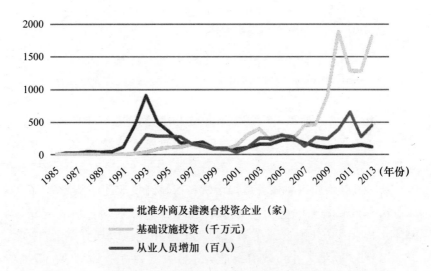

图7-5　天津经济技术开发区发展主要指标的年度数据（1985—2013）

资料来源：《天津经济技术开发区国民经济和社会发展统计公报》，1987—2013年。

---

① 1984年12月，经国务院批准天津经济技术开发区正式成立。1996年，天津市政府批准天津开发区建立逸仙科学工业园、微电子工业区和现代产业区。2003—2004年，天津市政府、国务院先后批准天津开发区扩大规划范围，天津开发区区域扩至西区。2009年，天津市委、市政府正式批准天津开发区履行南港工业区开发建设管理职能。2011年，滨海新区政府批准天津开发区行使泰达慧谷行政管理权。2012年，天津市政府批准天津开发区行使南部新兴产业区行政管理权。2013年，滨海新区政府批准将原轻纺经济区、北塘经济区划归天津开发区，更名为天津开发区中区、北塘企业总部园区。

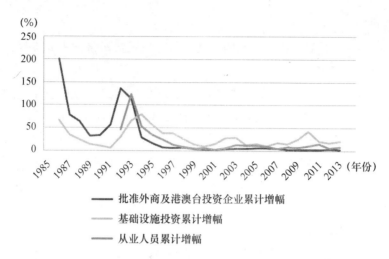

图 7 - 6　天津经济技术开发区主要累计指标的增幅数据（1985—2013）

资料来源：《天津经济技术开发区国民经济和社会发展统计公报》，1987—2013 年。

从图 7 - 5、图 7 - 6 可以看出在天津经济技术开发区 "一区十园" 的发展进程中，管委会职能需求的发展变化具有如下典型特征：

第一，新增园区将显著增加增量型区域开发职能。从图 7 - 6 可以看出基础设施投资的几次较大幅度增长，分别为：1993 年增长 65%，其原因是开发区开始第二阶段土地开发；1997 年增长 38%，其原因是 1996 年天津市政府批准天津开发区建立逸仙科学工业园、微电子工业区和现代产业区；2003 年增长 28%，其原因是 2003—2004 年天津市政府、国务院先后批准天津开发区扩大规划范围，天津开发区区域扩至西区；2010 年增长 43%，其原因是 2009 年天津市委、市政府正式批准天津开发区履行南港工业区开发建设管理职能。图 7 - 5 中所显示的波动规律与图 7 - 6 一致。此外，从图 7 - 6 可以看出 2013 年投资额几乎与最高年份 2010 年持平，其原因是 2013 年滨海新区政府批准将原轻纺经济区、北塘经济区划归天津开发区，更名为天津开发区中区、北塘企业总部园区。由此可见，每个新园区的设立都将带动管委会开发建设职能需求的增长，并在未来若干年产生持续的带动作用。

第二，招商引资略滞后于基础设施建设，且从注重数量向注重质量转变。从图7-5的长期统计来看，批准外商及港澳台投资（增资）企业数量的峰值分别出现在1993年、1998年、2006年、2011年以及2013年，这些峰值点与区域开发基本具有一一对应关系，但峰值出现的时间比基础设施投资的峰值点平均滞后1—2年。从图7-6显示的增幅情况来看，在后续各园区建设过程中批准外商及港澳台投资企业的数量虽有波动，但并未出现较大幅度的增长，其增幅也明显低于基础设施投资的增幅。但新批外商及港澳台项目投资及增资合同的外资平均规模显著增加，从1987年的59万美元增加到2013年的1700万美元，增长了29倍。

第三，快速发展期过后存量型管理服务职能的需求稳步增长。图7-5显示从业人员增长数据的波动相对较小，其中增长较快的年份分别为1993年、2005年、2011年与2013年，总体与区域开发同步。图7-6显示从业人员的增幅总体较小，但始终保持稳定增长状态。开发区从业人口总量1987年只有6387人，到2013年则增加到了55.72万人，是1987年的87倍之多。不断增长的人口规模带来了对各项社会管理与服务的需求，主要体现在教育、医疗、文化体育等方面。到2013年年末，开发区全区共有各级各类学校27所，在校学生3.67万人。共有10家综合性医院、3家专科医院，19家由社会力量办的其他医疗机构、1家社区卫生服务院、13个社区卫生服务站、56家企业保健站，拥有各类卫生技术人员1570人。[①]

（二）多园区滚动开发模式中管委会的组织特征：项目导向型组织

天津经济技术开发区"一区多园"发展实践证明了管委会各项职能存在跨园区转移问题，同时具有一定的周期性特征。在园区设立初期，以增量型区域开发职能为主，随着园区开发建设任务逐步

---

① 天津市经济技术开发区发改局：《2013年天津经济技术开发区（南港工业区）统计公报》，2014年9月。

完成，待开发土地规模逐渐缩小，管委会的增量型区域开发职能将随之减弱，而存量型管理服务职能将逐渐增强。待新园区设立后，又将再次重复这一过程。因此在这种多园区滚动开发模式中，管委会需要同时具备项目型组织与常规政府组织两种组织类型，并且管委会的组织结构需要具有较强的自适应性，从而在园区不断增加的过程中自动实现职能与组织间的动态平衡。基于以上分析，可以选择项目导向型组织以实现上述组织目标，其组织结构如图 7 - 7 所示。

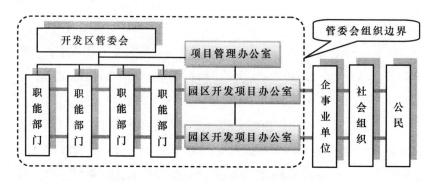

图 7 - 7 开发区管委会项目导向型组织结构

项目导向型组织是典型的"二元化"组织结构，[1] 图 7 - 7 中管委会下设的工作部门主要履行各项存量型管理服务职能，项目管理办公室以及各园区开发项目办公室则主要履行增量型区域开发职能。项目管理办公室作为管委会常设机构负责协调各园区开发建设项目的预算资金、进度以及招商引资等。园区开发项目办公室则为任务型、临时性机构，[2] 在新园区批准建设时由各工作部门抽调人员组成，负责园区开发建设以及招商引资等，其工作方式与资源配置方式都是围绕园区开发项目展开的。并且根据园区开发项目的需

---

① 翟磊：《项目带动战略下的地方政府组织变革研究》，《中国行政管理》2013 年第 10 期。

② 张康之、周雪梅：《论任务型组织的结构》，《江苏行政学院学报》2007 年第 3 期。

要，可以通过与企事业单位、社会组织以及公民协同的方式，共同组成项目组，完成园区开发项目的各项工作。园区开发项目办公室的组织结构具有典型的横向型特征（见图7－7），因此在整合资源、发挥各类主体专长等方面具有显著优势。由于组织任务明确，因此在区域开发任务完成后，园区开发项目办公室应具备相对完备的退出机制，[①] 其成员可回归各工作部门，或参与其他园区的区域开发项目。已建成园区的各项存量型管理与服务职能可交由开发区各工作部门根据其分工各司其职。

天津经济技术开发区管委会的组织结构设置大体符合项目导向型组织的特征。其中工作部门包括发改局、经发局、贸发局等，项目办公室目前设有西区办公室、中区办公室以及南港综合办公室，这些项目办公室经管委会授权，统一指挥、协调各园区土地开发和基础设施建设事宜，负责与管委会有关部门协调，提出和拟订年度建设计划，制订项目计划并组织实施、掌握资金计划等，[②] 属于典型的任务型、临时性项目组织。

项目导向型组织的特点在于能够根据多园区开发任务的渐进性特征，灵活地组织项目团队完成区域开发任务，而各工作部门则根据部门职权划分履行对相对成熟区域的各项管理与服务职能，同时根据项目团队的需求为区域开发提供支持。因此通过项目导向型组织的建设，可以自动实现"一区多园滚动开发"模式中管委会职能与组织间的动态平衡。

四　开发区管委会未来的转型发展路径

开发区管委会作为地方政府的派出机构，随着开发区建设趋于完备，区域发展对政府职能的要求也从最初的开发建设与招商引资

---

① 张康之、李圣鑫：《论任务型组织的解散》，《中国行政管理》2007年第1期。

② 《天津经济技术开发区职能机构》，2015年1月14日，天津经济技术开发区泰达政务网（http://www.teda.gov.cn/html/teda_index2011/tedaindex_zw/List/index.htm? type = zw）。

转变为日常行政管理，在这种情况下，开发区管委会未来应如何发展呢？

（一）路径一：管委会退出

开发区是地方政府的派出机构，而非一级政府，是具有项目团队特征，并在授权范围内开展工作的组织，而授权范围以外的事项其所在地辖区政府仍然拥有管辖权。因此在区域开发与招商等任务完成后，开发区管委会的授权事项即宣告结束，后续运营管理可交由辖区所在地政府统一行使。这种方式的优点在于突出了开发区管委会作为区域建设开发主体的地位，有助于形成与属地政府间的良性合作关系，并且不会因为开发区管委会职能膨胀带来机构膨胀，有利于地方政府组织的精简。

但是在调研中发现这种方式在当前的操作中尚存在一些障碍，主要的障碍来自以下几个方面：第一，人员安排方面的障碍，即开发区管委会的各级干部与公务员在管委会撤销后的去向问题，由于当前尚未建立起项目组织与项目管理人才的评价与晋升通道，管委会的撤并将损害到成员的既得利益，因此难以撤销；第二，辖区行政管理与服务能力不足，由于开发区管委会自成立之时就以高效、服务等理念作为支撑，加上区域政策与财政投入等的多方支持，逐渐形成了区域发展的"尖峰区"，无论从硬件设施还是从软件配套等方面均优于所属辖区的其他地区，因此一旦管委会撤销交由所属辖区统一管理，则可能由于辖区行政管理与服务能力不足而无法满足开发区企业及社会发展的需要；第三，对于建设开发任务的结束时间不易界定，由于开发区始终处于不断发展与提升的过程之中，即使从土地使用的角度可以对区域开发进行量化判断，但建成区也会随着开发区产业与社会发展对基础设施等提出更高要求，需要不断提升改造，这也就造成了对开发区管委会的退出时间难以确定的问题。

如果地方政府按照项目导向型组织的要求开展系统化的组织模式与运行机制变革，则可有效解决项目团队及项目管理人员绩效评价与晋升的问题，并通过组织学习以及人才在项目与工作部门之间的双向流动有效提升辖区地方政府的管理与服务能力，并进一步发挥开发区对所在辖区的带动作用。

（二）路径二：管委会转变为一级政府

在这一模式中，功能区管委会的性质需要通过法律确认，真正成为一级地方政府或者完全履行政府的全部职责并保留管委会的称谓。这种方式中，管委会的地位得到明确认定，行使权责更有理有据。投资公司在完成招商引资和相关建设任务后，从政府融资平台的性质转为普通国有企业，不再承担功能区的建设管理工作，高层领导也应不再由行政人员兼任。

这似乎与"政府主导"模式多有相似之处，其实不然。管委会职能宽、机构少的特点将继续延续，在具有政府法律地位后体现出一种"大部制"的结构特征，强调效率，而不是单纯意义上的走向结构化和行政化。

这一转变主要针对功能区在进入成熟阶段后出现新的社会形态和属性而构建。随着入区企业的增多和常住人口的增加，功能区的形态会与行政区有越来越多的相似之处，对于公共服务、文化、医疗、安全等方面的需求会在这个阶段被强化，甚至超过经济增长的要求。随着社会形态的完备，管理机构的职能也需要相应完善，环境、安全、民政等部门的作用更加突出，而这些职能由政府部门而非派出机构来履行最为恰当和有效。所以当功能区进入成熟阶段，社会形态与行政区趋同时，适时转变管委会的性质，成为一级真正的地方政府是有必要的。但是不可忽略的是这样的转变可能会给行政区划和现有行政层级的划分带来困扰，必须在立法层面做出相应界定。

（三）路径三：多元主体治理

如果说前两种方式是地方政府组织变革的两种截然不同的路径，那么多元主体治理就是介于二者之间的道路。其中主要的主体构成包括属地政府、开发区管委会以及投资公司，这种模式的核心在于如何使各类主体实现目标的协同。具体而言，开发区管委会负责地方政府授权范围内的区域建设与开发职能；属地政府承担区域的社会管理与服务职能，开发公司则负责具体的项目建设与管理等。这种模式的本质就是项目导向型组织所推崇的横向型资源配置与跨部门协同，通过不同主体之间的合作共同对开发区的发展贡献力量。

多主体治理的模式具有开放性和包容性，除属地政府、管委会和投资公司之外，各种企业、中介组织、专业性机构、社会团体、公民、专家也都可以作为主体参与到公共治理中来，形成主体间的互动机制，让资金、服务和信息在主体间流动起来。在运行过程中，管委会或地方政府依然处于主导地位，扮演"掌舵"的角色，其他主体可以通过委托代理、中介行为、社区活动和志愿参与等形式，把政府管不了、做不好的事情承接过来。同时也可从公民和社区处得到更多需求信息和专家的咨询建议，使公共服务的提供更有针对性和有效性。在经济发展方面，多主体的参与可以拓宽融资渠道，吸引更多社会资本注入，扩展投资公司的资金来源，增加企业的造血活力。此外，多主体参与可以提高功能区的创新能力，有利于扩大科技技术发展平台。

但这种方式仍然使开发区管委会实质上成为具有长期性的组织机构，对于规模较大的开发区由于长期发展以及区域性示范效应等的要求，管委会履行职能的时间可以相对较长，但是对于规模较小的地方性开发区以及各类产业园区，长期保留管委会则将无疑导致地方政府规模的膨胀。

第二节　突发事件应急项目的"指挥部"模式

有资料显示，中国目前已进入突发事件高危期。各种突发事件的频频发生，在造成重大的人员伤亡和财产损失的同时，也对经济发展、环境资源、社会秩序造成严重损害，对公共安全构成巨大冲击。2006年的统计资料显示，中国由于各种突发公共事件造成的经济损失达 6500 亿元人民币，占 GDP 的 6% 左右，[①] 其中自然灾害造成损失约 2000 亿元，各类事故造成损失约 2500 亿元，各种社会治安事件损失 1500 亿元，生物侵害导致损失 500 亿元。本部分将以北京市为例分析突发事件应急项目的组织模式问题。北京市的主要突发公共事件可划分为自然灾害、事故灾难、公共卫生事件和社会安全事件 4 大类、23 分类、52 种（见表 7-1）。

表 7-1　　　　　　　　北京市突发公共事件分类

四大类	分类	主要种类
自然灾害	水旱灾害	水灾
		旱灾
	气象灾害	气象灾害（暴雨、冰雪、雾霾、大风、沙尘暴、雷电、冰雹、高温等）
	地震灾害	破坏性地震
	地质灾害	突发地质灾害（滑坡、泥石流、地面塌陷等）
	生物灾害	突发林木有害生物事件
		植物疫情
		外来生物入侵
	森林火灾	森林火灾
事故灾难	工矿商贸企业等安全事故	危险化学品事故
		矿山事故
		建设工程施工突发事故
	火灾事故	火灾事故
	交通运输事故	道路交通事故
		轨道交通运营突发事件
		公共电汽车运营突发事件
		铁路行车事故
		民用航空器飞行事故

---

① 王桂云：《论突发公共事件对政府行政能力的折射》，《齐齐哈尔大学学报》（哲学社会科学版）2006 年第 6 期。

续表

四大类	分　类	主要种类
事故灾难	公共设施和设备事故	供水突发事件
		排水突发事件
		电力突发事件
		燃气事故
		供热事故
		地下管线突发事件
		道路突发事件
		桥梁突发事件
		网络与信息安全事件（公网、专网、无线电）
		人防工程事故
		特种设备事故
	核事件与辐射事故	辐射事故
		核事件
	环境污染和生态破坏事件	重污染天气
		突发环境事件
公共卫生事件	传染病疫情	重大传染病疫情（鼠疫、炭疽、霍乱、非典、流感等）
	群体性不明原因疾病	群体性不明原因疾病
	食品安全和职业危害	食品安全事件
		职业中毒事件
	动物疫情	重大动物疫情（高致病性禽流感、口蹄疫等）
	其他严重影响公众健康和生命安全的事件	药品安全事件
社会安全事件	恐怖袭击事件	恐怖袭击事件
	刑事案件	刑事案件
	经济安全事件	生活必需品供给事件
		粮食供给事件
		能源资源供给事件
		金融突发事件
	涉外突发事件	京内涉外突发事件
		境外涉及本市突发事件
	群体性事件	上访、聚集等群体性事件
		民族宗教群体性事件
		影响校园安全稳定事件
	其他	新闻舆论事件
		旅游突发事件

资料来源：北京市政府：《北京市突发公共事件总体应急预案》（2016 年修订），2016 年。

为应对上述突发事件，北京市政府最早于 2005 年制订并发布了《北京市突发公共事件总体应急预案》，最新修订稿为 2016 年 4 月发布的《北京市突发公共事件总体应急预案》（2016 年修订），初步建立了党委领导、政府主导的应急管理体系。应急预案体系分市、区、街道（乡镇）三级管理；按照制订主体划分，分为政府及其部门应急预案、单位和基层组织应急预案两大类。政府及其部门应急预案由总体应急预案、专项应急预案、部门应急预案等组成。

一 北京市突发事件管理的组织模式

北京市各类突发公共事件的主要特点为：综合性、连发性强，涉及面广，处置难度大；突发公共事件造成的损失重、影响大；由人为因素引发的事件成为主要的突发公共事件。针对这些特点，北京市政府在突发事件应对组织模式方面做了如下安排（见表 7 - 8）

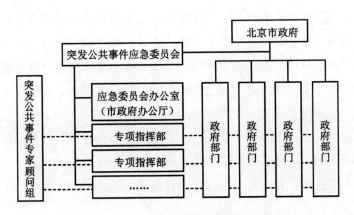

图 7 - 8 北京市突发事件应对组织模式

资料来源：根据《北京市突发公共事件总体应急预案》（2016 年修订）编制。

从图 7 - 8 可以看出，为了应对各种突发事件，北京市政府专门成立了突发公共事件应急委员会，承担突发事件应急管理项目的组织与协调职能，相当于项目管理办公室。北京市突发事件应急委员会办公室是市应急委常设办事机构，具体承担项目管理办公室的各项工作任务。北京市还成立了 19 个专项指挥部，各专项指挥部、相关部委办局和区县按照"统一指挥、分级负责、资源共享、条块结合"的原则，开展突发公共事件应对工作。

（一）突发公共事件应急委员会

北京市突发公共事件应急委员会（以下简称市应急委）统一领导全市突发公共事件应对工作。市应急委的职责是：研究制定全市应对突发事件重大决策和指导意见；审定市突发事件总体应急预案；组织指挥处置特别重大、重大突发事件；在应对突发事件工作中协调与中央和国家各部委、驻京部队及其他有关部门和单位的关系；领导区突发事件应急委员会开展特别重大、重大突发事件的相关应对工作；分析总结全市年度应对突发事件工作。[1] 因此，从其职责来看，正相当于本书所提出的面向突发事件的地方政府组织模式中的项目管理办公室的职能。

市应急委主任由北京市市长担任，副主任由市委负责政法工作的常委和常务副市长担任，委员由市委、市政府分管各类突发事件应对的市领导，市委宣传部部长，市委、市政府秘书长，北京卫戍区和武警北京市总队主要负责同志担任。组成人员为市各突发事件专项应急指挥部办公室、相关部门和有关单位的主要负责同志。市应急委设秘书长、常务副秘书长、副秘书长，负责应对突发事件的统筹协调工作。秘书长由市政府秘书长兼任。常务副秘书长分别由市委和市政府相关副秘书长兼任，副秘书长分别由市委政法委常务副书记、市委宣传部主管副部长和市政府办公厅主管副主任兼任，按照各自工作职责协助秘书长开展工作。

（二）应急委员会办公室

北京市突发事件应急委员会办公室（以下简称市应急办）是市应急委常设办事机构，设在市政府办公厅，同时挂市政府总值班室和市应急指挥中心牌子，协助市政府领导同志组织处理需由市政府直接处理的突发事件，承担市应急委的具体工作，负责市政府总值班工

---

[1] 参见《北京市突发公共事件总体应急预案》（2016 年修订）。

作。市应急办根据市应急委的决定，负责规划、组织、协调、指导、检查本市突发事件应对工作及应急管理的预案、体制、机制和法制建设。市应急指挥中心设有指挥场所并配备相应的设备设施，作为突发事件发生时市应急委的指挥平台。市民防局指挥平台是市应急委备份指挥平台。

市应急办作为北京市应急工作的常设办公室，承担着应急项目管理办公室的主要工作，是北京市应急项目管理的具体操作组织。

（三）各专项指挥部

市应急委设19个专项应急指挥部，分别是：市群体性事件应急指挥部、市电力事故应急指挥部、市通信保障和信息安全应急指挥部、市核应急指挥部、市反恐和刑事案件应急指挥部、市突发事件应急救助指挥部、市空气重污染应急指挥部、市建筑工程事故应急指挥部、市城市公共设施事故应急指挥部、市交通安全应急指挥部、市防汛抗旱应急指挥部、市突发公共卫生事件应急指挥部、市涉外突发事件应急指挥部、市生产安全事故应急指挥部、市森林防火应急指挥部、市人防工程事故应急指挥部、市重大动植物疫情应急指挥部、市消防安全应急指挥部、市地震应急指挥部。

这些专项指挥部的职能就是对各种不同的突发事件应对项目负责，当该类型的突发事件发生时，由这些专项指挥部负责组织成立应急项目组，对突发事件进行应对。除以上19个专项应急指挥部外，由分管市领导和市委、市政府分管副秘书长及相关主责单位主要负责同志成立临时应急指挥部，具体负责相关突发事件指挥和处置等应对工作。

（四）突发公共事件应急项目组织

根据总体应急预案的规定，按照属地为主的原则，在将要发生或已经发生特别重大或重大突发公共事件时，市应急委负责与在京国家机关、北京卫戍区、武警部队的沟通与协调。在京国家机关、北京卫戍区和武警部队在北京市统一指挥协调下，共同处置应对突发公共事件的工作。这些临时性的突发事件应对组织就是典型的项目组织。

为了能在突发事件发生时快速组织成立相应的项目组织，北京市在总体应急预案中对各类突发事件应对项目组织的组成进行了规定：各类突发事件处置牵头部门为主责部门；专项应急预案规定的参与突发事件处置的部门为协作部门；市委宣传部、市发展改革委、市财政局、市商务委、市民政局、市食品药品监管局、北京保监局等部委办局是处置各类突发事件的保障部门。北京卫戍区、武警北京市总队和民兵、预备役部队的应急救援任务在各类突发事件应急预案中具体规定。

除了上述部门外，根据突发事件应对项目的需要，项目组织还可吸纳政府组织内部以及社会领域相关专家加入。市应急委、各专项指挥部应分别聘请专家，成立突发公共事件专家顾问组。专家顾问组主要职责是：为北京地区中长期公共安全规划、信息系统的建设与管理、灾害科学最新发展趋势的跟踪等方面提供意见和建议；对特别重大、重大突发事件的发生和发展趋势、救灾方案、处置办法、灾害损失和恢复方案等进行研究、评估，并提出相关建议；为特别重大、重大突发事件相关应急处置工作提供科学有效的决策咨询方案。

二 北京市突发事件管理组织的特征分析

从北京市突发事件应对组织模式可以看出，该组织模式与传统的科层制政府组织模式具有显著的差别，其组织模式体现出团队化、扁平化、集中化等特征。

（一）组织的团队化

北京市突发事件应对组织均为项目团队化的组织，根据突发事件的种类不同，将突发事件应对组织划分为不同的类型，并设置了不同的专项指挥部，承担各个突发事件应对项目团队的组织和领导职责。对不同种类的突发事件均制订了详细的应急预案，各个应急预案对各类应急项目的组织团队组成均做了较为详细的规定，因此在突发事件发生时，可以迅速组织成立应急项目团队，开展相关工作。

（二）组织的扁平化

从北京市突发事件应对项目组织模式中可以看出，该组织模式是以横向的协调为主的扁平化的组织，并且对于各个项目组织由市应急委和应急办作为协调组织，因此该组织模式中的层级命令关系相对弱化，而协调合作关系则相对强化，使组织具有了扁平化的特征。

（三）组织的集中化

这是该组织模式的重要特征，也是突发事件应急管理组织的重要特征，原因在于突发事件要求应对组织必须做到快速反应与应对，这就要求组织加强快速决策能力，而快速决策的重要条件就是组织必须相对集中。北京市的突发事件应急组织中应急委、应急办以及各专项应急指挥部就是北京市突发事件应急组织集中化的最好体现。

（四）组织规模开放化

根据北京市各种突发事件应急预案的相关规定，依据突发公共事件可能造成的危害程度、波及范围、影响力大小、人员及财产损失等情况，由高到低划分为特别重大（Ⅰ级）、重大（Ⅱ级）、较大（Ⅲ级）、一般（Ⅳ级）四个级别。通过规范突发公共事件的等级分类，确定不同等级突发公共事件的应急启动程序，明确各级政府及相关组织的职责和权力。通过整合现有突发公共事件紧急处置资源，建立分工明确、责任到人、优势互补、常备不懈的突发公共事件处置保障体系。可见，针对不同的突发事件，其应对组织的规模是非固定的，根据突发事件的实际情况进行具体组织的开放化组织。

（五）工作流程灵活化

对于突发事件应对工作的流程，北京市突发事件应急预案并未做详细规定，而只是对工作流程设计的原则做出了规定，即在整个预案中始终坚持按照资源整合和降低成本的要求，实现组织、资源、信息的有机整合，充分利用现有资源，进一步理顺体制、机制，努力实现部门之间的协调联动。由此可见，在北京市突发事件应急管理中，工作流程需要根据突发事件的性质和特征等，使用有针对性的工作流程进行具体应对。

（六）决策团体层次差异化

根据北京市突发事件应急预案的规定，北京市要建立分级负责、分类指挥、综合协调、逐级提升的突发公共事件处置体系。由此可见，在北京市应对突发事件的组织中，决策团体是随具体突发事件的特征不同而变化的，按照分级负责的原则开展具体工作。

（七）决策团体构成多样化

北京市突发事件应对组织的决策团体构成具有多样化的特征，并且在需要的时候还可由相关领域专家参与决策，这就充分体现了决策团体组成多样化的特征。

由以上分析可以看出，北京市政府突发事件应对组织符合地方政府项目导向型组织模式的特征，是地方政府项目导向型组织的典型案例。

三 北京市突发事件管理的项目导向型组织建设方法

北京市政府面向突发事件的项目导向型组织模式已经建立并相对成熟，并且在各种组织制度建设方面均取得一定成绩，为其他地方政府建设面向突发事件的地方政府项目导向型组织提供了有益的借鉴。

（一）案例中项目导向型组织模式尚存在的问题分析

北京市政府面向突发事件的项目导向型组织模式已较为成熟，目前尚存在的问题主要有以下两个方面：

第一，应急办与专项指挥部的职能划分问题。根据北京市突发事件应急预案的有关规定，应急办是北京市突发事件应急指挥平台，而专项指挥部是各种突发事件发生时的具体指挥部门，其中就必然涉及二者的职能划分问题，在何种情况下由专项指挥部进行决策，何时需要由应急办进行决策，二者职能划分明确方可使应急工作有统一的领导，而不会出现政出多门的现象。

第二，多项目的组织协调问题。由于突发事件的发生往往具有联动性的特征，当多种突发事件同时发生或相继发生时，就出现了多个应急项目组织同时开展工作的问题，而其中的组织协调和决策协调则成为最主要的问题。组织协调包括组织成员的协调，具体是指当不同类型突发事件需要同一政府部门参与时如何协调，决策协调则具体是指多个突发事件应急项目团队的协同决策问题。

（二）案例中项目导向型组织的建设方法

为解决上述两方面的主要问题，应当具体采取对应的两个主要措施。

第一，进一步明确应急办与专项指挥部的职能。从突发事件应对效果的角度考察，由于各专项指挥部均为具有突发事件应对方面专业知识与技能的组织，对其所负责的某类突发事件应对拥有专长权，因此应当由专项指挥部承担该类突发事件应急过程中的领导与决策的职能，即担任该应急项目的项目经理。而应急办则主要承担协助各专项指挥部协调相关政府部门及资源的职能，可参与并监督专项指挥部的工作。

第二，建立多项目的组织协调机制。这就要求北京市政府提高对突发事件应急项目集管理的能力。在多种突发事件并发时，突发事件应对的决策权应当上移至应急办，由其首先根据多个应急项目的要求进行项目集管理，并对各个项目进行协调与设定项目目标，及时根据各个应急项目执行的情况调整各项目团队的组成及目标，以保证应急项目集的总体效果。

从本案例的分析可以看出，北京市突发事件应急组织从特征上符合本书所提出的面向突发事件的项目导向型组织的基本特征，并且已经相对完善。这样的项目导向型组织模式也是被实践证明有效地应对突发事件的组织模式，使用这种组织模式可以比传统的科层制组织更有效地应对各种突发事件。

第三节 地区性活动项目的"组委会"模式

各类活动项目是地区文化建设的重要组成部分，也是地区形象建设的重要方式，随着城市实力的提升，各类活动从类型与数量上均呈现日益丰富之势。加之中国在世界范围的影响力提升，举办世界性或地区性活动的机会也在与日俱增，这些活动是国家或者地方综合实力的体现，因此也受到了各级地方政府的高度重视。根据活动的持续性可以把该类项目分为两类，一类是单一性活动，另一类是持续性的系列活动，因此本节将各选其一作为典型案例展开具体分析。

一　单一活动：上海世博会的跨部门项目组织

（一）项目组织构成

为了迎接 2010 年在上海举办的世博会，上海市政府于 2003 年 10月 30 日成立了上海世博会事务协调局（以下简称"上海世博局"），作为上海世博会具体组织单位。上海世博局的主要职责是：承担上海世博会执委会在决策、协调中的日常工作；负责上海世博会筹备工作的日常组织管理、协调与上海世博会有关的对外合作与交流活动及世博会的运营工作。世博局共设置了综合计划部、国际参展部、国内参展部等 33 个部门。世博局的任务就是组织并举办世博会，由此可见，该局具有典型的项目组织特征，所需完成的任务具有独特性与临时性特征。从成员构成上，世博局的工作人员选拔共分为三种类型：一是地方政府工作部门抽调人员；二是各类事业单位抽调人员；三是社会招聘人员。由此可见，世博局的人员构成具有跨部门、横向型的特征。

为了使世博会能够在更广泛的层面实现横向资源配置，在成立世博局的基础上，2004 年世博会组委会与执委会正式成立。世界博览会组织委员会是上海世博会的领导机构，由中央政府相关部门和上海市政府共 30 家成员单位组成，由一位国务院副总理担任主任委员。组委会的主要职责包括：协调相关法规、规章及政策的拟定和实施工作；协调、推动各地区和中央有关部门的参展事务；推动落实中国政府邀请各国政府和有关国际组织参展；就上海世博会筹备、举办过程中的重大事宜作出决议、决定；确定世博会政府总代表；组委会的日常联络和协调工作由中国国际贸易促进委员会承担。世界博览会执行委员会是中国 2010 年上海世界博览会组委会的执行机构，由上海市有关部门共 42 家成员单位组成，由上海市一位主要领导担任执委会主任。执委会的主要职责包括：在组委会领导下，执行组委会相关决议、决定；将有关情况定期向组委会报告；指导、协调上海市有关机构开展工作；承办组委会交办事项。由此可见，世博会执委会是上海市政府跨部门组成的项目组织，而世博会组委会则是由中央政府与上海市政府跨层级、跨部门组成的项目组织（见图7-9）。

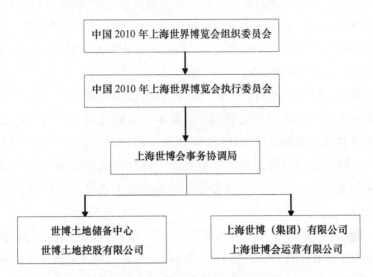

图7-9　上海世博会组织机构

资料来源：《中国2010年上海世博会组织机构》，2010年4月22日，中国经济网（http://www.ce.cn/ztpd/xwzt/expo/bk/cs/201004/22/t20100422＿21312278.shtml）。

从图7-9的组织机构设置可以看出，各个机构间的关系为：世博会组委会（简称组委会）是全国筹办上海世博会的领导机构；组委会下设执委会，为组委会具体工作的执行机构；执委会的日常办事机构是上海世博会事务协调局；上海世博土地储备中心（上海世博土地控股有限公司）负责世博会所需用地的储备、开发、租让、回收和后续利用，上海世博（集团）有限公司负责世博会场馆建设、会期管理、场馆后续利用；上海世博会运营有限公司主要负责世博会运营期间的各项工作。上述公司均由上海市政府全额投资设立，组织者受上海市政府的委托对上述国有公司进行直接控制和监管。

（二）项目组织的特征

由于世博会是典型的具有独特性与一次性特征的项目，因此世博会组织也具有与政府工作部门不同的特征，主要体现在三个方面：

第一，资源的横向配置。从上述世博项目组织结构可以看出，无论是组委会、执委会还是世博局均具有典型的横向型组织特征，其成员都由政府不同部门共同抽调人员构成，具体抽调人员的选择标准根据世博会项目的需求而定。

第二，组织的临时性。世博会的各类组织均是为了完成世博项目而组建，在世博项目完成后相应的组织也就完成了其使命。根据上海市政府新闻办公室 2012 年 4 月发布的信息，随着中国 2010 年上海世博会各项后续工作基本结束，上海世博会事务协调局也顺利完成历史使命，经中共上海市委、上海市政府批准，上海世博局正式撤销。

第三，以独特性任务为主要工作内容。组织举办世博会是有别于中国地方政府日常行政工作的一项独特性任务，在开展各项工作的过程中没有历史经验可做参考，因此需要项目组织根据项目的需要，以创造性的方式完成各项工作。

二 系列活动：杭州城市品牌建设项目的多元主体参与

（一）杭州城市品牌网群的组织构成

杭州城市品牌网群是对杭州"生活品质之城"城市品牌进行整体建设、研究、宣传、推广和管理的综合性机构，由杭州市城市品牌工作委员会办公室、杭州市发展研究中心、杭州生活品质研究与评价中心、杭州市城市品牌促进会、杭州发展研究会、杭州创业研究与交流中心、"杭商"研究会等组成。但就网群的具体构成来看，不仅包括上述机构，确切地说，是由上述机构一起构成了一个平台组织，以大型项目为连接，在不同时期由不同的组织组成项目团队，为完成某一项目而在这一平台上共同工作。

从上述组织构成可以看出，杭州城市品牌网群的常设机构所承担的是项目管理办公室的职能，负责对各类项目进行策划、组织与监督。网群开展工作的方式是通过项目的方式，即通过不同类型的项目，选择不同类型的组织共同构成项目团队，并且这种项目团队的构成是跨越地方政府边界的，即由政府、市场与社会等不同类型主体共同构成。

（二）杭州城市品牌网群的组织特征

城市品牌网群的工作内容不仅针对狭义的城市品牌建设，还在更为广义的层面为提高城市品牌价值而开展一系列城市治理工作。城市品牌网群的组织结构具有典型的"网络化"特征：

第一，以共同的价值观为纽带，在政府以及社会各类组织间形成价值共识。以"让我们生活得更好"为核心价值，杭州城市品牌网群构建起了一个"研究院（中心）＋研究社团＋展览、推广、制作机构"为一体的网络化社会主体，形成党政界、知识界、行业界、媒体界四界联动，聚集了一大批涉及社会各门类的专家学者群体和媒介人士，围绕推进城市品牌与行业品牌、企业品牌互动，从事城市品牌的研究与推广、评价活动。

第二，实现基于项目的授权决策。在政府与社会的关系结构中，重点在于社会自身的权力网络与公民交往互动的网络建构。政府通过充分授权将权力向下转移，这样既减轻了政府的负担，又增强了社会力量的主观能动性和资源的整合配置能力，是民间组织体系社会管理体制创新的沃土，也是缔结公民的社会团结与情感依存的社会网络。以2008年杭州生活品质点评周的活动为例，在该项活动中，仅生活品质市民体验日当天，就有涉及40个体验点的组织、上万市民体验参与、各种公共交通联络和多个部门参与。如此大规模的活动，却井然有序，各项工作组织到位，安排合理，引得参与的市民、游客交口称赞。其组织的基础就是"网群"这一项目导向型组织。网群采用"分散工作"的运作方式，策划线的专家学者提出活动思路和进行具体的策划，品牌促进会的专职人员落实体验点的推荐、评选、联络、协调，同时由杭州发展研究中心、生活品质研究与评价中心进行沟通、协同。活动筹备期间，除市民体验日外，国际体验日、总点评发布会等活动的筹备工作也是由各个专项小组分头进行，通过授权使各个主体充分发挥主观能动性，使活动的工作量和难度不断得到分解。

第三，具有网络化、项目化的组织结构。这些机构平时各有专业分工，彼此独立开展工作，又能整合资源、整体运作，呈现多层联结、纵横交错、条块互渗的网络状，形成了以主动关联的"我们"为特征的全新主体构架。网群建立了两个层面的运行服务机制：成立了策划线、联络线、评价线、财务线等，负责对网群各个成员工作的整体统筹协调、策划评价。任何一个单位都可以根据自己的工作需要，把亟须解决的难题提请到各条线上协助解决。比如，生活品质网站想设立一个新的栏目，可以提请到网群策划线，由策划线负责人召集相关专业人士进行策划。再如，网群活动部的某项活动在一些具体环节上遇到阻碍，需要进行协调、沟通，活动部就可提请到联络协调线，请相关负责人出面协调沟通。同时，网群还设立了若干策划与协调工作委员会，负责对某一项工作的整体筹划协调。如生活品质视听工作委员会，负责策划和协调视听总体工作，包括栏目的策划创新、宣传导向的把握、资源的整合等。此外还有调查中心、展示展览中心、纪念品中心工作委员会等。两个层面服务机制的建立使网群形成了多层复合的特点，既发挥各个单位的主动性、创造性，又有利于整合资源形成整体合力。

第四，采用基于项目的横向型资源配置方式。开放合作是网群运作的一种姿态。对内，网群的论坛、活动、展览、宣传相互关联，环环相扣，网群的生活品质杂志、网站和视听等文化推广平台也是彼此互动，紧密合作；对外，网群与其他部门之间互为借力，共同创业。如生活品质国际交流日，除网群组成单位外，市外宣办、市外办、市品促会等部门同样发挥了不可或缺的作用。无论是人员邀请、线路安排还是媒体宣传，这些部门与网群携手工作，达到了使活动结果更加出彩的效果。又如生活品质总点评发布会，网群联合杭州电视台，制作了一场生动紧凑的电视直播，把发布会现场的精彩纷呈传播到了每一个市民家庭。再如生活品质视觉点评，吸引了市外宣办、市摄影协会、《都市快报》等相关部门与单位的进入，确保活动的顺利圆满完成。事实证明，基于项目的横向型资源配置是为项目提供资源的有效且高效的方式。

三 大型活动项目组织建设存在的突出问题

由于在大型活动项目管理方面中国各级地方政府的管理经验尚不完善，各种机制、方法也在不断地创新与突破，因此从大型活动项目的组织实践中仍然可以发现一些突出的问题。

（一）缺乏完善的绩效评价与晋升机制

与地方政府工作部门的制度化绩效评价相比，项目的独特性带来了绩效评价难以制度化的问题，与此同时，项目的绩效实现过程是基于团队的，如何对团队中的个人进行绩效评价目前来看也是缺乏相关经验的。从上述案例的实践中可以看出，当前对项目的绩效评价往往是基于最终成果的、定性的评价，并以评奖或者表彰的方式给予激励，并未建立起基于项目的激励机制。

从晋升机制来看，同样存在机制设计缺乏完整性与针对性的问题。在调研中发现，目前中国地方政府大型活动项目团队成员的晋升存在三个问题。第一，晋升具有"偶然性"，有人以"时势造英雄"来形容大型活动项目中获得升迁的官员，由于大型活动在地方政府工作中的显示度高，因此所取得的成绩也容易得到地方政府领导的关注与重视，从而增加了官员晋升的机会，但这种晋升是"偶然性"的，而非系统性的，存在许多非制度化的因素，因此可能造成不公平或失当。第二，缺乏基于项目的晋升通道，由于大型活动项目的筹备与实施工作持续时间较长，因此虽然是临时性机构，但对于项目团队成员而言则可能在相当长的时间内为项目工作。以世博局为例，该机构自建立至撤销历时9年，但由于机构的临时性与规模的有限性，使项目团队成员在项目团队中缺乏足够的晋升空间，因此很多晋升是通过调回地方政府工作部门的方式实现的，这就带来了项目团队成员构成的不稳定性，从而影响项目实施。第三，项目团队所取得的成绩未被纳入地方政府工作部门晋升的指标之中，在项目团队解散后，成员涉及重新安置问题，大部分项目团队成员将重新回到地方政府工作部门，并依据该部门的考核与晋升标准获得晋升机会，由于项目工作与地方政府部门的晋升标准无法有效转换，导致项目团队成员面临晋升无门的尴尬局面。

（二）基于项目的横向协调机制存在层级障碍

横向协调机制要求主体间具有平等的地位，只有在"平等"的前提下，才能真正实现"协调"。杭州市城市品牌网群的成功之处就在于其构建了各类主体平等协调的平台。但如果从世博会项目的组织机构设置来看，则会发现项目的横向协调机制被划分成了不同"层级"，导致项目组织总体上呈现出了某些科层制组织的特征。从图7-9所显示的组织机构中可以看到四个层级，这与项目团队扁平化的特征要求是存在冲突的，因为项目团队组织需要具备横向协调、快速反应、分权决策等能力，层级增加会导致项目团队的协调困难、反应速度减慢以及由于决策权上移与集中化导致决策效率受损等问题。那么为什么会出现项目团队组织层级增加的问题呢？其核心原因就在于需要协调的主体间存在层级障碍。以世博会组织为例，其中世博局主要负责世博项目实施过程中与市场、社会及相关机构之间的协调，执行委员会则主要负责上海市政府各工作部门之间的协调，而组委会则是在更高层面，负责中央各工作部门与上海市政府之间的协调。由此可见，这种层级式的项目团队构成是由于需要协调的部门所属层级不同而造成的。

（三）缺乏与其他项目间的横向协调机制

从本节分析的两个案例可以看出，项目与地方政府工作部门，乃至市场、社会主体间的横向协调机制已经初步建立，但并不完善。与此相比，大型活动项目与其他项目间的横向协调机制则更显欠缺。例如，大型活动与各类市政基础设施建设项目、区域开发项目、其他活动项目等缺乏有效的协调机制。主要原因是在地方政府的组织结构中尚未建立起对各类项目进行统一协调的机构。由于各类项目分属不同的地方政府工作部门主管，而各部门之间完成工作的方式是基于分工的，因此其所负责的项目之间也就缺乏相应的沟通与协调的渠道和组织支撑，使项目成果之间无法实现相互支持、形成合力，甚至会出现由于不同项目的信息沟通机制不畅而影响项目目标实现的状况。在某一项目确实需要与其他项目协调的情况下，大多需要地方政府通过召开较高级别的"协调会议"来实现。

四 大型活动项目组织建设完善的对策建议

从上述案例以及存在问题的分析不难看出，在大型活动项目的组织建设方面，中国地方政府的实践尚处于"一事一议"状态，即为了完成某一大型活动而组建项目团队，不同项目团队之间彼此独立。也就是说，在大型活动项目领域，地方政府尚未建立起系统的项目导向型组织，对各个项目缺乏一个起到统一协调作用的"项目管理办公室"，同时相应的项目导向型组织的运营机制也尚未建立和完善，导致绩效评价、晋升、资源配置等尚存在不完善之处。因此应当进一步按照地方政府项目导向型组织的方式开展相应的组织模式与组织运行机制建设，具体措施可参照第五章、第六章的内容，在此不再赘述。

第四节 政府改革项目的"领导小组"模式

改革作为中国各级政府自身不断发展完善，以及不断与地区发展相适应的重要方式，其有效性已经在实践中得到了充分的证明。改革本身作为地方政府的一项独特性任务，也需要与之相适应的组织进行配合，从中国各级政府的改革实践来看，"领导小组"模式是改革项目组织的主流模式。在案例选择方面，本节选择了新近实施的一项改革措施，即机关事业单位养老保险改革，对其组织的特征及其与地方政府项目导向型组织之间的关系等进行探讨与研究。

一 机关事业单位养老保险制度改革的独特性

自从 2008 年 2 月国务院决定在山西、上海、浙江、广东、重庆五省市试点开展事业单位养老保险改革以来，该项改革始终备受关注。但从试点的实施情况来看，中国机关事业单位养老保险改革正面临一个两难的局面：一方面，事业单位养老改革势在必行；而另一方面，改革又面临巨大的阻力。改革势在必行的原因主要有两个：其一，企业与机关事业单位养老金"双轨制"导致同等职务、同等技能、同等贡献的人因退休时的单位性质不同，退休金待遇相差超过一倍，① 由此带来的社会问题日益突出，亟须通过事业单位改革破除"双轨制"和"碎片化"的局面；② 其二，事业单位养老金将成为财政的巨大负担。③ 据预测，到2030年，机关事业单位退休人数将占在职人员的40%，退休费占人员经费支出总额的50%。这意味着未来的各级财政每年将拿出财政收入的80%左右用于支付在岗和退休人员的工资及养老金。④ 改革受阻的原因主要是触动了事业单位职工退休后的根本利益，使事业单位职工的退休金面临危机。自2015年7月起，各省市已陆续进入实操阶段，大部分省市已于2015年年底前推行此项改革。与地方政府的其他改革相比，机关事业单位养老保险制度改革具有如下独特特征。

（一）国家层面对改革作出顶层设计

2014年7月1日，《事业单位人事管理条例》正式施行，条例明确提出"事业单位及其工作人员依法参加社会保险"。2015年发布的《国务院关于机关事业单位工作人员养老保险制度改革的决定》，作为本次改革的顶层设计，对改革的目标、原则、范围等均做出了规定，决定机关事业单位从2014年10月1日起实施改革⑤。该决定中

---

① 根据2006年原人事部、财政部印发的通知，公务员和事业单位退休人员，工作年限满35年的按90%计发；工作年限满30年不满35年的，按85%计发；工作年限满20年不满30年的，按80%计发。与此同时，城镇职工的养老金替代率（即养老金占其退休前工资的比例）一路下滑，根据《中国劳动统计年鉴》和《国家审计署》的报告资料显示，中国城镇职工的养老金替代率从1999年的69.12%下降到了2011年的42.9%。

② 中国人事科学研究院课题组：《中国事业单位养老保险改革研究》，《第一资源》2011年第6期。

③ 李雅琳、毕睿琦、徐卫琼：《关于事业单位养老保险制度改革的探讨》，《法治与社会》2011年第1期。

④ 王澜明：《改革开放以来中国事业单位改革的历史回顾》，《中国行政管理》2010年第6期；《全国事业单位改革拿出时间表》，《重庆晚报》2011年4月10日第2版。

⑤ 国务院：《国务院关于机关事业单位工作人员养老保险制度改革的决定》，2015年1月。

有几个重要的政策，除了基本养老保险制度要改变模式、改变待遇确定机制、待遇调整机制，在多层次的养老保险体系①方面也做出了重要的改革举措——建立职业年金。在实践中，企业年金正在快速发展，根据人社部发布的数据显示，截至2014年年底，企业年金有2200多万职工参加，积累基金7689亿，并且还有很大的发展空间。在实施机关事业单位养老保险改革时，应参照企业年金的相关制度建立起机关事业单位的年金制度，以弥补改革前后退休人员的待遇差。配合这次改革，还应当完善工资制度，国务院办公厅为此转发了三个实施方案：一是公务员基本工资的调整方案；二是事业单位工作人员基本工资的调整方案；三是机关事业单位离退休人员待遇的调整方案。

（二）各省市实际情况差异性较大

在国家层面顶层设计的基础上，各省市尚需根据自身的情况，进一步完善具体的实施细则，并最终推行此项改革。各省市的差异性主要体现在如下几个方面：第一，机关事业单位规模与结构不同，这就意味着改革所涉及的范围大小不同；第二，各省市收入与消费水平不同，在具体方案设计的过程中，需要结合收入差异确定多层次养老体系的具体构成；第三，财政负担能力不同，各省市的财政收入与财政负担能力存在差异，在方案设计中应考虑财政负担问题；第四，企业年金的发展情况不同，这将对相关制度设计中所涉及的基金管理与运作的主体及具体要求产生影响。

（三）改革影响深远

此项改革涉及人数众多，根据国家公务员局的统计显示，2012年年底中国共有公务员708.9万人，②而事业单位的规模则更为庞大，2014年中国共有各类事业单位111万个，事业编制人员3153

---

① 多层次养老保险体系包括基本养老保险、补充养老保险、个人储蓄性养老保险。

② 国家公务员局：《2012年底全国公务员总数为708.9万人》，2013年6月27日，中华人民共和国中央人民政府网站（http://www.gov.cn/gzdt/2013-06/27/content_2435500.htm）。

万人，其中 67% 以上是各类专业技术人员。① 这项涉及近 4000 万人的改革也被称为涉及人数最多、争议最大、难度最高的"深水区"②，这就对改革具体实施方案的公平性与可操作性提出了更高的要求。

从上述改革的独特性可以看出，机关事业单位养老保险改革与医疗体制改革等相比，由于有国家顶层设计而使改革的推行阻力下降，但与此同时，由于这一改革涉及多个部门协同，同时又关系到机关事业单位人员的切身利益，在设计具体改革方案时必须慎之又慎。

二　地方政府改革项目的组织构成及特征

为了完成机关事业单位养老保险改革，各省市地方政府以不同方式抽调相关人员开展具体方案设计，在组织层面，改革项目的"领导小组"模式是最为典型的一种。本部分将以安徽省成立的机关事业单位养老保险制度改革工作领导小组为例，展开具体分析。

（一）地方政府改革项目的组织构成

安徽省成立的机关事业单位养老保险制度改革工作领导小组的主要职责包括：落实中央和省委、省政府关于机关事业单位养老保险制度改革的决策部署，研究起草安徽省实施办法；指导和协调全省机关事业单位养老保险制度改革实施工作；统筹协调解决全省机关事业单位养老保险改革中的重点难点问题，重大问题及时向省委、省政府报告，并提出工作建议；督促检查全省机关事业单位养老保险制度改革工作落实情况③。领导小组的组长由副省长担任，副组长由省政府副秘书长和省人力资源社会保障厅厅长担任。领导小组办公室设在省人力资源社会保障厅，承担领导小组日常工作。具体来看，其组织结构如图 7 - 10 所示。

---

① 梁建强：《事业单位养老保险改革：并轨并非高就低》，《瞭望》2014 年 10 月 6 日。
② 同上。
③ 安徽省人民政府办公厅：《关于成立安徽省机关事业单位养老保险制度改革工作领导小组的通知》，2015 年 4 月 20 日。

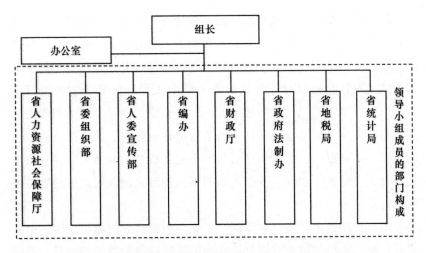

图 7 - 10　安徽省机关事业单位养老保险改革领导小组构成

从图 7 - 10 可以看出该领导小组具有典型的"跨部门"特征，成员的部门构成是基于项目需求而选择产生的。根据安徽省机关事业单位养老保险改革项目的目标，该项目主要涉及政府人事管理与社会保障管理等事宜，因此人力资源社会保障厅、省委组织部、省编办将在改革人员与方案设计中起核心作用。在具体方案设计方面，需要财政厅从财政支出角度进行核算，地税局主要负责在职业年金制度设计中给予税收相关政策的支持与配合，法制办负责地方规章等的合法性与合规性审查，宣传部负责改革必要性及改革方案的相关解释宣传，而统计局则负责提供改革方案设计的各类统计数据支持。由此可见，该领导小组是典型的项目型组织，并具有典型的临时性特征，在改革完成后即可宣告解散。

（二）地方政府改革项目组织的特征分析

安徽省机关事业单位养老保险改革项目领导小组作为这一改革项目的领导机构，其特征主要体现在如下几个方面：

第一，横向型组织特征显著。该领导小组由安徽省八个相关工作部门共同组成，是典型的跨部门、横向型组织。为了保证跨部门的协调与资源配置，该领导小组的组长选择了"高配"的方式，即由副省长担任。

第二，组织运行机制相对松散。领导小组作为一个项目团队，其运行机制是相对松散的，主要表现在如下三个方面：一是领导小组并非一个独立的组织，而是一种协同机制，协同主要是通过定期的会议等方式实现；二是领导小组成员均为兼职工作，而非全职为项目服务；三是具体工作仍然是按照部门分工来完成，领导小组协调确定的各类事项需要由领导小组成员回到各自所在的部门，并安排具体工作的落实。由此可见，由于本项目领导小组各成员均为兼职，并且缺乏在项目开展的各个层面、各个阶段的信息沟通机制，因此体现出较为松散的特征。

第三，项目团队成员数量固定。在分析项目导向型组织模式的要素特征时，得出的结论是项目团队的组织规模通常是根据项目需要而随时调整的，因此组织边界也具有较强的可渗透性。但在领导小组这类特殊的项目团队中，成员的数量通常是固定的，领导小组成立时所确定的成员数量往往保持到项目结束。成员数量之所以固定，是因为该项目团队并非项目的工作团队，而是项目的决策团队。

第四，领导小组是改革项目的决策团队而非工作团队。从领导小组的任务可以看出，该团队并非改革项目团队的全部，而只是该项目的决策团队。项目具体实施的过程中还将涉及各个部门的相关人员，具体负责方案设计等工作，因此从项目管理的角度来看，所有参与该项目的各部门成员都应当是该项目团队的成员，而领导小组只是整个项目团队的决策机构。需要强调的是，在地方政府改革项目的设施过程中，通常只是构建项目的决策团队，而非工作团队，在调研中发现这种组织方式可能导致各部门的项目实施人员由于信息不完备、缺乏与其他部门项目实施人员的沟通与协调机制等带来项目实施效果不佳的问题。

三 地方政府改革项目组织建设存在的问题及对策

在谈到改革领导小组时，人们往往会想到从中央到地方各级政府成立的"全面深化改革领导小组"，这个领导小组并非一般意义上的改革领导小组，而是对本级政府的各类改革项目进行协调管理的组织，也就是说，该领导小组的工作任务是会随时间推移发生变化的，每一个阶段都有改革的重点领域和重点改革项目。因此全面深化改革领导小组可以理解为各类改革项目的"项目管理办公室"，机构设置也是长期性的，而非临时性的。某一领域的某项改革在地方政府工作中具有独特性、一次性等典型的项目特征，其组织建设也具有跨部门、横向协同等项目团队的组织特征。由此可见，地方政府改革领域的具体组织模式是在项目管理办公室，即全面深化改革领导小组的统一协调之下，成立若干项目团队，开展具体工作。由于政府改革项目受到地方政府组织结构与运行机制的影响比其他类型项目的更大，因此实际操作中尚存在一些不能与项目实施过程完全匹配的情况。

（一）在项目团队构成中加强相关利益主体参与

目前各项改革项目领导小组，主要是由相关政府工作部门的主要负责人组成，其决策过程往往是从各工作部门的工作实际出发，而非从改革项目的最终目标出发，这就有可能导致改革的目标无法实现。以新医改为例，相关改革措施在实施的过程中出现了很多问题，例如，药品零差价的推行使医院的利润大幅下降，为了弥补医院的经济损失，有些医院采取了加收药事服务费等方式变相收取相关费用，又如，有些被列入基本药品目录的药物由于生产商利润空间被压缩而导致供给不足，最终并未真正解决看病难、看病贵的问题。

任意一项改革都是一项系统性工程，因此在改革项目团队中除了政府相关工作部门的参与之外，还应当根据改革项目的影响范围，邀请相关利益主体代表加入改革项目团队，参与改革的决策，从而使改革方案具有更强的可实施性，同时确保实现改革的目标。例如，医疗体制改革项目团队应当邀请公立医院、民营医院、医护人员、药厂、保险公司、患者等各类相关利益主体共同参与改革方案的制订。

（二）建立紧密型的改革项目团队工作机制

针对前文提出的改革项目领导小组只是改革项目的决策团队而非工作团队的问题，应当在建立改革领导小组的基础上，由各工作部门指派相关人员构成项目的工作团队。从调研中可以发现，改革领导小组成员往往会在本部门指派专人负责改革方案设计和组织方案实施，这些人往往在一段时间内以接近专职的方式为改革项目服务。但这些分散在各个部门的项目团队成员之间并未形成团队合作的机制，甚至连信息沟通机制都未曾建立，这就使具体项目工作人员之间无法形成"合力"，从而阻碍项目的顺利实施。

在这种情况下，可通过项目信息系统的建设，将各部门的项目团队成员联结起来，在共同的项目管理平台上开展相应工作，并通过这一平台实现项目工作团队成员的信息沟通，促进各部门间更好地实现协同与配合。

（三）完善改革项目团队的退出机制

改革项目团队的成立是为了完成特定改革任务，但是在实践中明显存在改革领导小组"易设不易撤"的问题，具体体现在两个方面。第一，退出具有滞后性。这些领导小组都是根据改革需要设立的，但改革任务完成后的退出通常相对滞后。在任务完成后到正式撤销前，这些领导小组便一直处于"有名无实"状态。第二，退出具有"批量"特征。地方政府通常采取不定期清理的方式，而不是制度化、规范化的方式宣布撤销改革领导小组。例如，2014 年江苏省一次性撤销了 56 个各类领导小组，[①] 北京市于 2009 年一次性撤销 16 个各类领导小组[②]。

缺乏退出机制的主要原因在于地方政府未能明确改革领导小组的临时性项目团队性质，导致改革领导小组无法实现主动退出及制度化退出。因此应当进一步明确其作为项目组织的性质，从而使这些领导小组可以基于需要设立，并在项目结束后自动实现退出。

---

① 江苏省人民政府办公厅：《省政府办公厅关于撤销部分议事协调机构的通知》，2014 年 2 月。

② 北京市政府办公厅：《关于精简与规范市政府议事协调机构和临时机构的通知》，2009 年 4 月。

第八章

地方政府项目导向型组织的变革过程

地方政府项目导向型组织模式是从相对静态的角度搭建了这种新型组织模式的架构，项目导向型组织的运行机制则是对这一架构的完善，使其能够有机地运行起来。然而地方政府如何才能从当前的组织模式向项目导向型组织模式转变呢？本章将从组织变革的角度具体探讨这一变革过程。

第一节 政府组织变革过程的理论分析

政府组织变革在各国政府的实践中从未停止过，其实践经验充分证明了政府组织必须与该国的发展相适应，当经济社会发展变化时，政府组织也必然要随之而变。

一 政府组织变革理论的发展历程

自政府存在以来，各国政府始终在不断地调整与变革，任何模式都不可能永远适用，例如，曾经受到广泛推崇的官僚制组织已不再被认为是具有特别的效率和效能的组织形态了。在政府组织调整与变革的实践过程中，各国学者的研究重点始终放在了政府组织变革的内容与目标上，而缺乏对政府组织变革理论的系统梳理。同时，政府组织变革又不同于政府改革，有关政府改革的研究是以政府的行政范围与职能等为研究重点的，而政府组织变革只是政府改革中的一部分。

（一）国际上政府组织变革理论的发展历程

国外有关政府组织变革的讨论是从 20 世纪 40 年代开始的，美国首先提出了对公共部门的改革和组织变革的目标，具体目标为降低组织的集权程度，开展以顾客为导向的基于绩效管理的政府改革①②。之后，对政府组织变革的研究则更多地集中于对官僚科层制的批判上。美国组织理论家沃伦·G. 本尼斯（Warren G. Bennis）很好地总结了官僚制在知识管理下的窘境，③ 本尼斯认为官僚制首先无法解决内部协调问题，它存在十项明显的缺陷：妨碍个人的成长和个性的成熟；鼓励盲目服从和随大流；忽视非正式组织的存在；陈旧过时的权力和控制系统；缺乏充分的裁决程序；无法有效地解决上下级之间特别是各工作部门之间的矛盾冲突；内部交流沟通和创新思想受到压制、阻隔和畸变；由于互不信任和害怕报复而不能充分利用人力资源；无法吸纳新的科学技术成果和人才；扭曲个性结构，使职工变成阴郁、灰暗、屈从于规章制度的所谓"组织人"。

20 世纪 80 年代以来，为顺应时代的要求，迎接全球化的挑战，重塑政府形象，许多西方国家纷纷开展了大规模的政府再造（Reinventing Government）运动。正如戴维·奥斯本（David Osborne）所言："我们相信问题不在于政府中工作的人，问题在于他们工作所在的体制。"④ 而对于政府体制的改革必然涉及政府组织结构的变革，这时的变革是以政府组织结构扁平化为主要目标的，然而根据学者对美国各州的改革实施情况的统计分析可以看出，政府组织结构扁平化这一举措在美国各州政府中得到完全实施的仅占 16.6%，得到完全

① Pedersen Legreid, "Top Civil Servants Under Contract", *Public Administration*, Vol. 78, No. 4, 2000.

② Jan-Erik Lane, *Public Sector Reform: Rationale, Trends, and Problems*, London: Sage Publications, 1997, p. 201.

③ 孙耀君：《西方管理学名著提要》，江西人民出版社 1992 年版，第 279 页。

④ ［美］戴维·奥斯本（David Osborne）、特德·盖布勒（Ted Gaebler）：《改革政府：企业家精神如何改革着公共部门》，周敦仁等译，上海译文出版社 2006 年版，第 4 页。

及不完全实施的也仅占 38.8%[①]，可见其效果并不理想。与此同时，英国、新西兰等国家也开展了大规模的政府再造运动，并在政府组织变革的实践中积累了许多经验，但相关理论的总结与梳理则相对不足。

在政府组织变革理论方面，政府再造理论认为政府再造应该包含三个方面：象征性的、政治性的、实务性的。[②] 其中政府流程再造是对政府整个组织结构及其工作方式的调整，前提是必须对政府体制做整体性的检验，全方位地思考未来政府的角色定位。戴维·奥斯本（David Osborne）和特德·盖布勒（Ted Gaebler）认为建立"企业型的政府"是提高政府服务质量的关键。[③] 必须明确的是"企业型的政府"并不认为政府部门必须转变为以利益为取向，以竞争为目的，其真正的内涵在于必须从提供各项服务的角度来考虑自身的运作。

（二）中国政府组织变革理论的发展历程

就中国的情况而言，中国政府的组织变革实践活动最为彻底的一次是在新中国成立之时，对封建政府组织的彻底变革。新中国成立后，政府组织变革的实践也从未停止过，中国各级政府组织也一直在进行适应性的扁平化改革，通过这些适应性的改革，从过去扮演无所不包的"全能政府"逐渐转变为"有效的有限政府"，向"小机构，大服务"的方向发展。过去那种部门林立，分工过细、职能交叉、冗员充斥以及官僚主义等现象在一定程度上得到克服，行政体制逐渐由层级高耸化向扁平化发展。从中央政府层面来看，2008 年与 2013 年陆续实施的大部制改革将国务院组成部门减少到了 25 个，部门的撤并与重新整合理顺了部门间的职能分工。从地方层面看，组织变革的实践可以分为两类，一类是着眼于横向关系调整的，即大部制改

---

① Jeffrey L. Brudney, "Reinventing Government in the American States: Measuring and Explaining Administrative Reform", *Public Administration Review*, January/February 1999.

② 席酉民：《管理研究》，机械工业出版社 2000 年版，第 87 页。

③ ［美］戴维·奥斯本、［美］特德·盖布勒：《改革政府：企业家精神如何改革着公共部门》，周敦仁等译，上海译文出版社 2006 年版，第 10—16 页。

革，例如，2009 年已成为佛山市辖区的顺德启动了"最大胆"的大部制改革，区委、区政府的 41 个部门被减为 16 个①；另一类是着眼于纵向关系调整的，2002 年起，黑龙江、吉林、辽宁、浙江、广东、河南等省已经出现了在财政上省直管县的试点，2010 年开始的 8 省区、30 县（市）省直管县改革试点推进的方式主要是省内单列或全面直管。② 通过对比研究发现：在中国几乎所有的计划单列市经济发展都好于省会城市，一个重要的原因是计划单列市的政府组织更为扁平。重庆在成为直辖市后，政府拥有了各种省级的立法权和经济审批权，大大提高了经济的灵活性和适应性，政府纵向组织的减少使审批时间和环节简化，提高了办事效率，增强了城市竞争力。另外珠江三角洲地级市直接管镇的扁平管理，也大大推动了城市经济的发展。③

二 政府组织变革的研究

有关政府组织变革尚缺少系统的理论，而一般意义上的组织变革理论框架则相对丰富，但是其基本结构内核则是比较简单的，主要包括组织变革动因、组织变革阻力与化解、组织变革过程与实施④。因此在梳理政府组织变革的相关理论时也将沿着这一思路开展具体分析。

（一）政府组织变革的动因

对于政府组织变革的相关研究有很多，H. 乔治·弗雷德里克森（H. George Frederickson）将政府组织变革的动因归纳为以下几个方面：官僚制的瓦解；创新活动及政府的企业化活动的增加；顾客权利

---

① 郭芳：《专家称大部制改革 2020 年完成机构数量 22 个左右》，《中国经济周刊》2013 年第 10 期。

② 张占斌：《省直管县改革新试点：省内单列与全面直管》，《中国行政管理》2013 年第 3 期。

③ 王强、陈易难：《学习型政府——政府管理创新读本》，中国人民大学出版社 2002 年版，第 143 页。

④ 王英：《美国的企业组织变革理论》，《外国经济与管理》1995 年第 6 期。

的增强；以及管制行政向服务行政的变革。① 奥斯本②则认为政府组织变革的动因是政府的效率低下以及成本过高。而阿尔弗莱德·T. K.（Alfred Tat-Kei Ho）③、约翰·L. 金（John Leslie King）④、理查斯勒·G. B.（Reschenthaler G. B.）⑤ 等学者直接将其归结为电子信息技术所带来的冲击。凯南·P. 嘉宝（Kenan Patrick Jarboe）也认为经济全球化、社会信息化、政治多元化的出现和发展是政府组织变革的根本原因，因为工业社会造就的社会管理模式是政府集权化的、层级的和技术官僚的，而信息社会培育的是分权的、网络化的治理体系。⑥

中国学者也在这方面开展了大量的研究，有学者将政府组织变革的主要原因归结为：全球化、信息化、政府规模过大和传统公共行政组织的失灵。也有学者对西方政府组织变革进行了研究，将其动因总结为：政府强力干预经济生活的做法日趋瓦解；各国普遍出现经济滞胀现象；层级制的严重僵化；政府机构臃肿；行政效率低下。虽然学者们从不同的角度对政府组织改革的动因进行了分析，但有一点他们的观点是相同的，那就是政府组织改革的动因主要源于政府组织的内外部环境的变化。

（二）政府组织变革的阻力与化解

人们为什么普遍抵制组织变革呢，约翰·P. 考特（John P Kotter）的理论是最为人们广泛接受的，他认为人们抵制变革的普遍因素包括：

① H. George Frederickson, "Comparing the Reinventing Government Movement with the New Public Administration", *Public Administration Review*, May/ June 1996.

② David Osborne, "Reinventing Government", *Public Productivity & Management Review*, Summer 1993.

③ Alfred Tat-Kei Ho, "Reinventing Local Governments and the E-Government Initiative", *Public Administration Review*, July/ August 2002.

④ John Leslie King, "Local Government Use of Information Technology: The Next Decade", *Public Administration Review*, Vol. 42, No. 1, 1982.

⑤ Reschenthaler G. B. and Fred Thompson, "The Information Revolution and the New Public Management", *Journal of Public Administration Research and Theory*, Vol. 6, No. 1, 1996.

⑥ Kenan Patrick Jarboe, "Globalization: One World, Two Versions. Globalization and Social Governance in Europe and United States", *Working Paper of the European Commission*, 1998, p. 1.

狭隘的利己主义；误解或缺乏信任；不同的判断与评价；对变化缺乏
适应能力。而国内学者则从中国实际出发，对中国地方政府组织变革
的阻力进行了研究，陈绿平认为影响和制约中国地方政府机构改革的
阻力主要有：观念认识模糊、心理承受能力不足、计划经济体制的积
淀沉重、政府职能转变困难、权力与利益的"脐带"关系难以割断以
及行政法制不健全。① 也有学者将其归纳为六个方面：思想障碍；职能
转换障碍；既得利益的刚性；行政组织法制不健全；政府组织人员分
流的回旋余地小；社会保障制度和其他配套改革的滞后。

对于中国政府组织变革阻力的化解，学者们也从不同侧面提出了
建议，有学者从立法的角度提出应当对现行相关法律进行调整，以法
律的手段促进改革的推行，② 然而也有学者提出反对意见，认为立法
往往具有滞后性，而政府组织变革应当从改变组织观念入手，包括对
政府的再认识，对新型政府组织理念的学习与理解等。也有学者提出
观念的改变固然重要，然而还必须有组织结构的保证，中国政府组织
结构应当向扁平化、网络化、柔性化等方向发展。还有学者提出了应
当从人的角度出发，提高公务员的素质以促进改革等观念。

（三）政府组织变革过程与实施

组织变革是一个复杂、动态的过程，需要有系统的理论指导。然
而从目前的文献来看，缺乏专门研究政府组织变革过程的理论研究，
在政府组织变革过程中，多使用一般的组织变革过程模型。

西方管理学界提出了一系列有关组织变革过程的理论模型，适用
于不同类型的变革任务。科特·勒温（Kurt Lewin）③ 变革模型也许
是组织变革模型中最具影响力的。他首先提出了"力场"组织变革
模型，之后，勒温根据自己的模型断言，可以把任何组织的变革过程
想象成推动目前的平衡状态向人们渴望的状态，或者说建立新的平衡
状态的转变过程。勒温因而提出了"三阶段组织变革模型"理论。

---

① 陈绿平：《中国地方政府机构改革的阻力、难题与对策》，《广东行政学院学报》2000 年第 4 期。

② 周丹：《浅析中国地方政府改革的问题及对策》，《消费导刊》2007 年第 10 期。

③ Lewin K, *Field Theory in the Social Sciences*, New York：Harper Collins, 1951, pp. 1 - 3.

勒温提出的此理论模型是包含解冻、变革、再冻结三个步骤的有计划的组织变革模型，用以解释和指导如何发动、管理和稳定变革过程[①]。（见图 8-1）

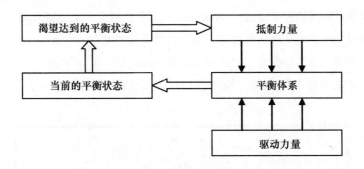

图 8-1　勒温的"力场"组织变革模型[②]

美国的哈罗德·J. 莱维特（Harold J. Leavitt）[③] 提出整个企业（或其他组织）变革的系统模式。他指出，组织变革的内容包括四个方面，即任务、人员、技术和组织结构，如图 8-2 所示。

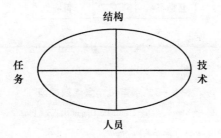

图 8-2　莱维特组织变革模型[④]

①　王凤彬：《企业管理组织变革的理论与实践》，中国人民大学出版社 1994 年版，第 68 页。

②　Kurt Lewin, *Field Theory in the Social Sciences*, New York：HarperCollins, 1951, pp. 1-3.

③　Harold J. Leavitt, *Applied Organization Change In Industry*, *Handbook of Organization*, Chicago：Rand Mcnally, 1965, pp. 1144-1167.

④　Ibid. .

虽然莱维特的模型主要是描述性的，但是他确实考虑到了组织变革，是他第一次指出组织变革的四个相互作用和相互依赖的主要部分：任务、人员、技术以及结构，并指出这些部分中的任何一个发生变化都会导致其他三个的变化。[①] 莱维特的早期观点是以系统思想（相互依赖和其中一部分影响其他三个部分）为基础的，而不是基于开放系统理论，这个模型只介绍了生产或转换过程，没有说明输入和输出。

马文·R. 韦斯伯（Marvin R. Weisbord）[②] 选择了使用一种可视的方法来介绍他的模型，被学者们称为六盒模型，如图 8 - 3 所示。

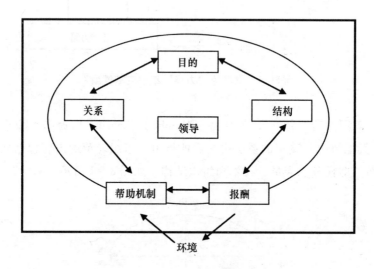

图 8 - 3　韦斯伯六盒组织模型

资料来源：Marvin R. Weisbord, "Organizational Diagnosis: Six Places to Look for Trouble With or Without a Theory", *Group and Organization Studies*, No. 1, 1976.

韦斯伯赞同从正式和非正式两个角度理解组织，换句话说，有一个由结构所代表的正式系统，还有一个埋藏在组织文化中的非正式系

---

　① W. Warner Burke：《组织变革理论和实践》，燕清译，中国劳动社会保障出版社 2005 年版，第 157 页。

　② Marvin R. Weisbord, "Organizational Diagnosis: Six Places to Look for Trouble With or Without a Theory", *Group and Organization Studies*, No. 1, 1976.

统。同时韦斯伯声明六个盒子中的每一个都有正式和非正式的方面。例如，图中描绘了组织目的与结构之间的关系，这是从正式系统角度分析的结果，然而二者之间是如何相互作用的呢？这就需要从非正式系统的角度加以解释。韦斯伯认为正式和非正式之间的距离十分重要，要采取的行动就是减小间隔。否则，组织将保持没有效力的状态。[1]

系统理论学派是在路德维希·冯·贝塔朗菲（Ludwig Von Berta-lanffy）[2] 的"一般系统理论"上形成的，并尝试将"一般系统理论"运用于组织变革实践，得出了一些有益的理论框架。主要代表人物包括弗里蒙特·E. 卡斯特（Fremont E. Kast）及詹姆·E. 斯罗森茨韦克（James E. Rosenzweig）[3][4] 等。他们在系统理论学派提出的"开放系统模型"的基础上，加入组织变革因素分析，形成了"系统变革模型"。

所谓"开放的系统模型"主要强调组织既是一个人造的开放系统，也是由各个子系统有机组成的一个整体。该模型包括输入、变革元素和输出三个部分，如图8-4所示。

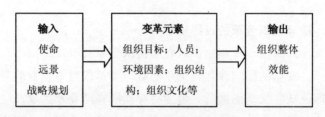

图8-4 开放的系统模型

资料来源：Fremont E. Kast, James E. Rosenzweig, *Organization and Management: A Systems and Contingency Approach* (4th edition), New York: McGraw-Hill Book Company, 1985, pp. 2-5.

---

① W. Warner Burke：《组织变革理论和实践》，燕清译，中国劳动社会保障出版社2005年版，第157页。

② Ludwig Von Bertalanffy, "An Outline for General Systems Theory", *Philosophy of Science*, No. 2, 1950.

③ Fremont E. Kast, James E. Rosenzweig, *Organization and Management: A Systems and Contingency Approach* (4th edition), New York: McGraw-Hill Book Company, 1985, pp. 2-5.

④ Richard A. Johnson, Fremont E. Kast, James E. Rosenzweig, "The Theory and Management of Systems", *Journal of the American Statistical Association*, September 1963.

领导研究与变革管理专家约翰·P. 科特①建立的组织变革模型主要是在总结 20 世纪 80 年代到 90 年代末的企业组织变革实践基础上提出的。他在其专著《变革》中提出，组织变革失败往往是由于高层管理部门犯了以下错误：未能建立变革需求的急迫感；未创设负责变革过程管理的有力指导小组；未确立指导变革过程的愿景，并开展有效的沟通；未能系统计划，获取短期利益；未让组织文化变革明确定位等。科特为此提出了指导组织变革规范发展的八个步骤：建立急迫感；创设指导联盟；开发愿景与战略；沟通变革愿景；实施授权行动；巩固短期得益；推动组织变革；将组织文化定位于制度化。②

上述组织变革模型均是以企业为研究对象所得到的研究成果，而政府作为一类特殊的组织，具有与企业不同的性质和特征，其职责等均与企业不同，因此政府的组织变革过程与企业也应当存在一定的差异，因此上述企业组织变革过程模型在政府组织变革中应当做出适当的调整，而目前的研究在这一方面尚存在缺陷。

三　政府组织变革的过程模型

与企业的组织变革相比，政府的组织变革具有以下四个突出的特点：第一，变革的影响深远，企业的组织变革仅对本企业的发展产生影响，即使从广义范围来看，最多将对其所在产业及区域产生一定程度的影响，但政府的变革则除了影响政府自身的发展外，还将对所辖区域的发展带来重大影响；第二，变革的试错成本高，从悲观的视角来看，企业的组织变革出现问题只会导致企业自身经营受到影响，而政府组织变革如果出现问题则可能导致社会动荡；第三，变革的系统性强，由于政府各层级之间、各部门之间构成了一个有机联系的系统，因此在变革时不能孤立地对某一地方政府或政府部门实施变革，而必须做系统性的方案设计；第四，法治化的要求高，与企业的组织变革相比，政府组织变革对合法性、合规性等的要求更高，首先，必

---

① ［美］约翰·P. 科特：《以变求生》，郭明芳等译，新华出版社 1998 年版，第405—406 页。

② 同上。

须确保变革方案与变革过程合法、合规；其次，对于变革的结果也需要依靠法治化的方式予以确认。由于政府组织变革具备上述不同于企业的特征，因此政府组织变革必然是一个系统的过程，结合中外学者所提出的组织变革的理论模型，可以建立起基于开放系统理论的政府组织模式变革的过程模型，如图8-5所示。

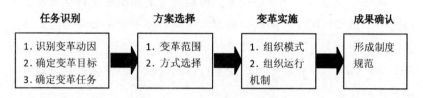

图8-5 政府组织变革过程模型

由图8-5可见，变革的过程主要可以分为四个阶段，即任务识别、方案选择、变革实施以及成果确认。

（一）任务识别

政府组织变革本身就是一个项目，根据项目管理的相关理论与实践，第一步应当是确定项目目标。而组织变革任务识别实际上就是要确定组织变革的目标体系。具体工作包括如下三个方面：

第一，识别变革的动因。政府组织变革的动因分析可以从内部与外部两个角度进行分析，其中外部因素主要是本地区的经济社会发展变化，如区域开发、产业发展等，以及社会环境变化，如民主意识与能力的增强。内部因素则可以从主观与客观两个方面展开分析，其中客观原因主要指的是政府所面对的任务结构变化以及人员结构与素质等的变化，而主观原因则指政府理念、价值观等的转变。组织变革往往是组织内部与外部环境共同作用的结果，因此首先对政府组织变革的动因进行识别，才能更准确地定义组织变革的目标。

第二，确定组织变革的目标。从一般意义上讲，组织变革的目标就是为了使组织更好地适应内部与外部环境，推进组织的发展。针对特定组织的特定变革过程，需要有针对性地确定变革的目标，并将其拆分为具体的目标体系。变革目标往往是结果导向的，从组织变革的角度而言，变革的目标就是建立新型组织模式。以构建项目导向型组织为例，变革的总体目标即为构建适应二元化任务结构的二元化组织，而具体目标可以从组织模式、组织运行机制等角度对总体目标进行拆分。

第三，确定组织变革的任务。根据设定的组织变革目标体系，可以进一步识别组织变革的具体内容，也就是变革所需要开展的具体工作。可以使用项目范围管理的工作结构分解法（Work Breakdown Structure，WBS），在确定组织变革目标的基础上，具体识别与确定组织变革的任务。

（二）方案选择

在上述模型中，对于变革范围与方式的选择也是对变革具体路径的设计与规划，其所包含的两个主要维度如图8-6所示。

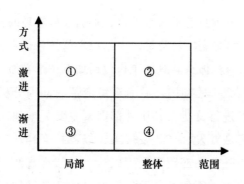

图8-6　变革范围与方式选择模型

第一，变革范围的选择。主要是确定变革究竟是局部的还是整体的，这要根据政府组织模式的现状以及新型组织模式的要求来选择。若仅是地方政府的某个机构或部门的组织模式需要变革，则应选择局部变革，若地方政府整体的组织模式需要变革，则应选择整体变革。

第二，变革方式的选择。主要指激进式变革模式和渐进式变革模式。若组织的新老组织模式之间存在根本性的冲突，就需要采取激进式变革方式。因为激进式变革是明显急促的、在短时间内完成的变化过程，其基本特征是时间跨度比较短暂，变化的强度迅速激烈，变化量大，而且一般都表现为一种间断性的形式。当组织变革采用激进式变革方式时，组织将由稳定状态迅速跃入极不稳定状态，然后又随即向某一新的稳定状态演进。相对而言，若新老组织模式间的冲突较为柔和时，应该尽可能多地考虑渐进式变革模式。因为渐进式变革是不明显的、缓慢的、在较长时间内完成的变革过程。其基本特点是，一般表现为较长的时间跨度，较缓慢地进行变化，变化量比较小，并且通常可以用一条连续变化的曲线表现出来。当组织变革采用渐进式变革方式时，组织将平稳而缓慢地由原来的稳定状态向另一新的稳定状态演进。

（三）变革实施

组织变革的实施是在目标体系设计与变革方案选择的基础上，具体组织与实现变革的过程，也是由原有组织模式与运行机制向新的组织模式与运行机制转变的过程。这个过程在组织变革中的显示度最高，各类问题也将十分突出地暴露出来，因此管理者往往倾向于在这一阶段投入更多的精力，并认为变革实施是组织变革的最主要阶段。实际上则不然，真正对组织变革起决定性作用的是前两个阶段，如果变革的目标、任务以及路径选择恰当，那么变革的实施就会更加顺畅。虽然完全避免变革的不确定性是不可能的，但是前期信息收集和决策过程是否有效将在很大程度上决定变革实施过程。因此组织变革的管理者应尽可能地将管理的重心前移。

组织结构变革是组织模式变革的核心，因为在组织结构设计的过程中，必然涉及组织的主体、规模与边界以及工作流程等相关问题。因此组织模式变革的中心任务就是开展组织结构变革。而运行机制变革与组织模式变革是一个有机的整体，组织运行机制决定了组织模式是否能够有机运转。

从实践领域来看，成功的组织变革往往是主观与客观相统一的过程，而非简单地将组织重新构架、人员重新安排。组织应当首先从变

革的必要性、变革的理念以及变革对组织及组织成员的作用与影响等
方面与组织成员开展充分的沟通，确保组织成员从心态上不是被动
地，甚至带有抵触情绪地接受变革的结果，而是主动配合组织变革。
其次是就变革的具体实施过程与组织成员进行沟通，使其对变革的全
过程做到心中有数，在这一过程中，管理者也可以从组织成员的反馈
中进一步对组织变革的具体方案进行修正与完善。最后才是具体的组
织变革实施过程，在主观上配合、客观上需要的前提下，组织变革的
实施过程将更为顺畅。

（四）成果确认

这个过程也是勒温所指的"再冻结"的过程，在组织变革成果
产生后，需要组织以制度化的方式对变革后的组织模式进行描述。
而制度化并非僵化、固化，而是组织以正式方式对组织变革结果进
行确认的过程，制度化也不意味着组织就必然缺乏柔性，而是使组
织的柔性具有制度保障。因此制度化的过程也符合政府法治化的
要求。

制度化的具体内容包括组织模式与组织运行机制的制度化，其
中以组织运行机制制度化为主，明确规定组织的资源配置、绩效评
价与决策方式等具体如何实施。而组织模式的制度化则更倾向于对
组织模式要素的描述，使变革后的组织模式具有更强的合法性与合
规性。

第二节　地方政府项目导向型组织的变革过程

从前文的研究中可以得出一个基本结论，即地方政府的项目导向
型组织模式能够很好地适应地方政府所面临的各种常规性与临时性任
务的需要，从而提升地方政府完成不同类型任务的能力，提高地方政
府的服务水平与服务质量。因此本节将在第一节理论分析的基础上，
进一步对地方政府的组织模式变革途径进行研究，探讨如何实现基于
项目导向型组织的地方政府组织模式变革。

一　地方政府项目导向型组织变革的任务识别

该阶段需要对中国服务型地方政府的项目导向型组织建设的具体任务进行分析，根据中国地方政府现有组织模式与第五章所提出的面向服务的地方政府项目导向型组织模式之间的差距，找出中国地方政府项目导向型组织建设的任务。

（一）变革动因识别

由于地方政府的内外部环境均发生了变化，在地区发展面临新任务与新要求的形势下，建设地方政府项目导向型组织模式是中国地方政府组织模式变革的可行路径。

从内部环境变化的角度分析，首先，地方政府中独特性任务的数量与比重增加，任务结构的改变需要地方政府相应地开展组织变革；其次，地方政府的服务意识不断提升，在地方政府服务型政府建设中，已通过各类培训、研讨等方式逐步提升了公务员队伍的服务意识；最后，改革创新观念加强，服务意识的提升也强化了改革与创新的观念，加上政府各种创新奖项的评选以及在绩效管理中突出地方政府创新等方式，使地方政府的创新日益常态化。

从外部环境变化的角度分析，首先，很多区域、产业的发展都是依靠项目支撑的，并且未来在知识经济甚至体验式经济环境下，经济社会发展将更多地以项目的方式实现，这就要求政府组织必须提高快速反应能力和适应能力；其次，市场与社会组织日益完善，能力不断提升，并且其发挥能力的空间也在不断拓展，在这种情况下，地方政府就具有了与市场和社会主体开展合作的可能性，也就是打破组织边界开展工作的可能性。

以上内部与外部因素的共同作用使地方政府项目导向型组织变革同时具备了必要性与可行性。

（二）变革目标识别

地方政府项目导向型组织变革的总体目标即为建立起项目导向型组织模式及其运行机制。具体目标可以通过对总体目标进行分解获得，即实现多元主体的协同，构建二元化的组织结构，增强地方政府组织规模的柔性与边界的可渗透性，采用更为灵活的工作流程，并开展与地方政府项目导向型组织相适应的二元化资源配置、绩效评价及决策方式变革。

（三）变革任务识别

地方政府项目导向型组织模式基本保留了传统科层制的组织模式，所不同的是建立了不同类型的项目团队，因此各个不同层次的项目团队的建设就成为中国地方政府项目导向型组织建设的重点任务。在建设过程与方法的设计过程中，应当以如何推动各级项目团队建立为目标，以打破科层制的部门分割、促进协作为目标开展各项相关工作。

1. 组织模式变革

第一，开展多元主体的协同和学习型与合作型组织建设。组织模式变革使地方政府各部门、地方政府整体以及市场、社会组织等具有与其他主体协同的能力。在地方政府项目导向型组织中，需要开展学习型与合作型组织建设的不仅仅是项目团队，而是整个地方政府。由于地方政府中的所有成员均有可能根据独特性任务的需要被抽调成为某一项目团队的成员，这也就意味着所有公务员都需要同时具备传统行政管理与面向独特性任务的项目管理的知识与技能，并不断提升行政管理与项目管理的双重能力，因此需要通过学习型与合作型组织的建设，不断提升地方政府完成各种类型任务的软实力，从而不断提升地方政府的综合管理与服务能力。

第二，使用项目导向型组织结构。地方政府组织模式变革首先要实现组织结构，即组织的外在表现形式的变革，从传统的地方政府组织结构转变为项目导向型组织结构，根据各种独特性任务的需要，建立起各种类型的临时性组织，与常设性组织一起形成二元化的组织结构。其中，临时性组织无论从数量上还是规模上都具有较强的柔性，甚至当地方政府没有独特性任务时，这种与独特性任务相适应的项目型组织可以完全不存在，但这并不影响这种组织结构的二元属性。

第三，增强地方政府组织规模的柔性与边界的可渗透性。打破地方政府部门分割的意识，鼓励公务员通过创新的方式为项目的实施获取各类人员与资源，并开展相应的体制机制创新，如公务员聘任制等。

第四，运用项目管理的方式提高工作流程的灵活性。传统的地方政府组织管理模式是基于分工的，而面向独特性任务的管理模式是基于团队合作的。团队合作方式注重的是充分调动与发挥团队成员的积极性，取长补短，需要以团队方式工作的原因就是任务具有不确定性，因此应当充分运用项目管理的相关方法，以更为灵活的方式完成项目的各项任务。

2. 组织运行机制变革

第一，构建项目优先的横向资源配置机制。地方政府完成各种独特性任务时需要有各种资源的保障，包括人力、物力、财力等，然而任何政府部门的资源都是有限的，若使用传统的资源配置方式，即通过制订资源使用计划、逐层审批、调拨使用，势必影响独特性任务的进度。且基于预算制的体制，各类资源被不同的机构或部门所掌握，因此在项目需要使用资源时往往会由于部门保护思想而影响各部门的资源配置效率与效果，资源到位较为困难。在地方政府项目导向型组织变革过程中，需要在传统的纵向资源配置体系之外，形成基于项目的横向资源配置方式，即根据项目需要，按需优先配置组织资源。这种资源配置方式可以有效地打破组织原有的横向与纵向界限，即在横向上打破组织职能部门界限，纵向上打破层级界限以及组织职能部门界限，从而实现以项目为第一优先序列的、快速有效的资源配置方式。

第二，建立二元化的评价体系与激励机制。从目前中国地方政府的评价体系与激励机制的现状来看，基于传统日常行政管理职能的考核与评价体系已相对健全，与之相适应的各种激励机制与晋升机制也相对完善。然而对于独特性任务，往往仅在任务完成后由地方政府对整个项目的成败进行简单的定性评价，而对完成该任务的项目团队及团队成员则缺乏必要的评价体系，因此也就无法实现合理的奖惩。同时，由于项目团队具有临时性特征，导致项目团队成员没有晋升的通道，从而极大地挫伤了项目团队成员的工作积极性与主动性。因此地方政府需要建立起二元化的评价体系与激励机制，并设置专门的晋升通道。

第三，采用二元化的决策机制。由于组织中权力的分配模式不同而带来了决策机制的差异，基于分工的管理模式，其权力分配是纵向的，因此总体上具有集权的特征。而基于团队的管理模式其权力分配是横向的，是充分授权的，因此总体上具有分权的特征。在地方政府项目导向型组织建设中，在保留科层制组织基于条块分工和基于层级的决策机制的同时，在各类项目中采用基于专家技能的分权决策方式。

二 项目导向型组织变革的方案选择

项目导向型组织变革方案是变革实施路径的集中体现，根据图8-6可以看出，具体的变革路径有四种不同类型，即局部激进式变革、整体激进式变革、局部渐进式变革和整体渐进式变革。组织变革方式的选择需要与组织变革的任务、组织自身的特征以及组织环境等项匹配，以提高组织变革的成功率和保证组织变革的效果。

（一）变革范围的选择

中国地方政府组织变革往往是从局部性变革开始的，例如成立开发区管委会、成立改革项目领导小组、成立行政审批局等，均是从某一类地方政府职能发挥或完成某一类任务的角度对地方政府组织的局部性变革。这些变革在实践中取得了良好的效果，但也造成地方政府组织碎片化的问题。从地方政府项目导向型组织模式的设计可以看出，这种组织模式是着眼于地方政府组织整体的，针对当前地方政府任务结构二元化的现状提出的地方政府组织变革的系统性解决方案，因此在变革范围选择方面，应选择整体性变革，方可使这种组织模式的优势真正发挥出来。从政府建设的角度来看，服务型政府也是世界各国政府通过理论研究与实践总结出来的，是市场经济发展过程中政府改革的必然趋势，因此也必然选择整体变革。

（二）变革方式的选择

对于地方政府组织变革究竟应当选择渐进方式还是激进方式的问题，学术界始终存在两种不同的观点，一种观点认为应当采用激进的方式，一次性完成变革过程。这种方式的优点是可以快速实现组织变革的目标，并且能够更好地打破原有的组织惯性，使组织成员更好地适应新的组织模式和运行机制。但其缺点也十分突出，那就是这种方式会在短期内带来组织的动荡，并且具有更强的风险性，一旦出现问题将会使组织面临较大的危机。另一种观点认为应当采取渐进式的方式，逐步推进组织变革，这种方式虽然耗时较长，同时也可能带来组织内部不协调的问题，但这种方式可以最大限度地规避组织变革的风险。

由于服务型政府的项目导向型组织模式变革具有整体性，而政府各机构与部门的职责又具有特殊性，肩负国家或地区的稳定、发展与社会服务职能，因此政府组织模式的激进式变革有可能造成国家或地区不稳定以及社会服务职能在变革过程中出现真空或脱节等问题。因此变革宜采用渐进式变革的方式，而不适宜使用激进式变革的方式。

三 项目导向型组织变革的实施

根据具体的组织变革任务，并考虑到变革的全局性与渐进性的特征，在具体实施组织变革时，可按照以下几个阶段进行。

（一）相关制度与实施过程设计

组织变革的各项相关制度以及实施过程设计的目的是实施，那么，如何开展制度与实施过程设计才能进一步提升实施的效果呢？根据决策理论，群体决策看似只是一种决策方式，但其结果是使决策的执行过程更为顺畅。在组织变革的相关制度与实施过程设计中亦是如此，固然小规模的设计团队可以提高设计工作效率，但也可能带来执行过程的不畅。因此在组织变革的相关制度与实施过程设计阶段应当首先识别组织变革的相关利益主体，并邀请各相关利益主体共同参与。这样一方面确保各项相关制度与变革过程设计充分考虑到各类相关利益主体的需求，另一方面也通过这一过程使各相关利益主体从思想上对组织变革有一个认识过程，有利于减少组织变革实施的心理障碍。

相关制度设计主要包括地方政府项目导向型组织模式说明、地方政府项目导向的资源配置机制实施办法、地方政府二元化激励机制实施办法以及地方政府二元化决策机制实施办法。在相关制度设计的过程中需要特别注意各项制度之间的协调性，确保各项制度能够有效地为组织变革的目标服务。组织变革的实施过程设计主要是基于组织变革的内容及目标要求，对组织变革的时间安排、工作任务及组织保障等进行细化，是组织变革的目标、内容与变革方案选择在操作层面的具体体现。

（二）组织变革实施的宣传与意见征询

组织变革的实施需要相关利益主体的共同配合，尤其是组织成员的配合，因此在完成组织变革的实施过程设计之后，应当进一步开展实施前的宣传与意见征询工作。从效果上来看，意见征询本身就是一种很好的宣传方式，因此应当将宣传与意见征询这两项工作放在一起。宣传与意见征询的范围应当以组织变革的相关利益主体为准，在宣传的同时建立起多渠道的意见征询通道，对收集的意见建议进行汇总，并讨论修改组织变革的各项相关制度及实施方案。

目前中国地方政府组织变革的意见征询多采用调研走访的方式，通常是由具有较高行政职务的领导带队，由各相关部门组织部分成员参与，这种方式存在三个主要问题：一是调研主体与调研对象的层级差异形成了意见表达的障碍，导致调研对象无法完全真实地表达意见；二是调研方式以座谈会为主，由于这种形式本身是面对面进行的，存在人与人之间的相互干扰而导致意见表达不准确或不全面；三是调研对象范围有限，参与座谈或调研的只是该组织的一小部分成员，而组织的其他成员往往由于组织信息通道的不健全而对相关信息无从了解。因此需要地方政府建立全通道式的意见征询平台，鼓励实名制提出意见建议的同时，允许并保护以匿名的方式提出意见建议，另外，也应就意见建议提出的方式进行培训和说明，鼓励"建设性意见"，而非"批判性意见"。

（三）组织变革相关制度与变革过程设计的完善与发布

在充分开展意见征询的基础上，需要对这些意见与建议进行分析整理，从而进一步完善组织变革的各项制度及实施过程设计。这一过程的难点在于如何对收集的各项意见进行汇总、整理和采纳，哪些意见应当采纳，哪些意见不应当采纳，以及如何协调与平衡相关利益主体间的利益冲突等。可以充分发挥地方政府"智库"的作用，对各项意见建议进行系统研究，并提出修改建议，目标是使组织变革的相关利益主体实现总体利益最大化，并对改革可能造成的问题提前进行准备和提出解决方案。

地方政府项目导向型组织变革中，组织结构的调整容易实现，但各类运行机制的设计则相对困难，如具体的绩效管理与晋升方案设计等，并且由于与组织成员的切身利益密切相关，在意见征集阶段可能收到大量反馈意见，因此在特定领域需要智库组织开展专项研究。

在收集意见建议并对方案进行调整后，应当由地方政府对相关制度以及组织变革过程设计文件进行最终确认，并向社会发布。

（四）组织变革的实施

在前期各阶段准备工作充分的情况下，组织变革的实施将水到渠成。但这并不意味着组织变革的实施过程将一帆风顺，当组织变革真正进入实施阶段后，可能会暴露出各种各样的问题，这些问题是由于组织变革实施过程中的信息不完备所造成的。因此在地方政府项目导向型组织变革实施过程中，应当着重对以下三个问题进行管理：第一，及时收集变革中的各类信息，以便了解在组织变革中是否存在问题和偏差；第二，建立起快速反应的研究机制，对于存在的问题及时研究并提出解决方案；第三，建立起组织变革实施的变更机制，通过不断变更与调整的方式确保组织变革实现预期的目标。

四　项目导向型组织变革成果的确认

由于变革过程存在不确定性，因此在变革实施的过程中，需要以动态发展的眼光来处理组织变革过程中的各种不确定性。在组织变革结束、组织变革目标实现之后，组织运行的不确定性将大大降低，此时需要组织以某种形式对组织变革的成果进行确认。

针对地方政府项目导向型组织变革的成果确认，主要有以下三种方式：一是修正并正式发布相关制度文件，包括地方政府项目导向的资源配置机制实施办法、地方政府二元化激励机制实施办法以及地方政府二元化决策机制实施办法，以制度化的方式确认组织变革成果；二是按照变革后的组织运行机制开展各项工作，这是从事实上对组织变革成果的确认；三是正式宣布地方政府项目导向型组织变革终结，相关工作按照新的组织模式与运行机制开展，这是从组织角度对组织变革成果的确认。

组织变革成果确认通常是在组织变革实施一段时间后，待相关问题充分暴露，并妥善解决后进行的。组织变革成果确认将使组织成员从相对动荡的组织环境进入相对稳定的组织环境，并将精力更多地投入各自所承担的具体任务之中。组织变革成果确认后并不意味着组织变革的停滞不前，而应当根据组织内外部环境的变化进一步提出下一步组织变革的目标、内容、方案等，在时机成熟时继续实施下一轮组织变革。

第三节　地方政府项目管理成熟度模型

建设地方政府项目导向型组织的主要目的是适应地方政府二元化的任务结构，从变化的角度来看，项目导向型组织的建设，最主要的目的是在保持和提升常规任务执行能力的同时，大幅度地提升地方政府的项目管理能力。因此在地方政府项目导向型组织建设的同时，可以配合开展地方政府项目管理成熟度评价工作，从而了解组织变革的成效以及尚存的不足。

管理成熟度作为对组织管理能力的评价方式，能够以客观、量化的方式对组织整体或者某一类型的管理能力做出评价，并以直观的方式展现出未来的提升路径。由于这种方式操作相对简便，且能够对组织能力提升提出操作化的建议，因此受到了各国学者的普遍认可。从现有研究看，美国卡内基·梅隆大学软件工程研究所（SEI）构建了包含 5 个等级的"能力成熟度模型"（CMM），用于软件开发能力的评估与改进。[1] 哈罗德·柯斯纳（Harold Kerzner）基于项目管理 9 大知识体系，也提出包含 5 个等级的项目管理成熟度模型 K-PMMM。[2] 美国项目管理协会（PMI）从组织层面构建了 OPM3，涵盖标准化、可测量、可控制和持续改进 4 个等级。[3] 陈郁青构建的项目集知识管理成熟度模型，将项目集知识管理分为知识混沌、知识觉醒、规范管理、定量管理和整合联网 5 个层级。[4] 张庆华和王希智选取 35 个关键指标，构建中国语境化的施工企业组织项目管理成熟度三级综合评价模型。[5] 上述研究成果为建立中国地方政府项目管理成熟度模型提供了参考。

一 地方政府项目管理成熟度模型等级划分

根据地方政府项目导向型组织的内涵，借鉴国内外先进的项目管理成熟度等级划分，可以将地方政府项目管理成熟度划分为初始级、简单级、规范级、优化级、持续改进级 5 个等级，如图 8 - 7 所示。同时，以 10 分制标示各个等级：0—2 分为初始级；2—4 分为简单级；4—6 分为规范级；6—8 分为优化级；8—10 分为持续改进级。

二 地方政府项目管理成熟度模型等级内涵描述

成熟度评价模型通常会根据组织的总体及分项能力将其定义在某

---

① Packer J. S. Penny and K. P. Grant, "Project Management Maturity: An Industry Benchmark", *Project Management Journal*, No. 1, 2003.

② Harold Kerzner, "Strategic Planning for a Project Management", *Project Management Journal*, No. 2, 2003.

③ Project Management Institute, *OPM3—Organizational Project Management Maturity Model*, PMI., 2003, p. 10.

④ 陈郁青：《项目群知识管理成熟度模型研究》，《管理现代化》2009 年第 5 期。

⑤ 张庆华、王希智：《基于物元分析法的施工企业项目管理成熟度模型研究》，《项目管理技术》2012 年第 11 期。

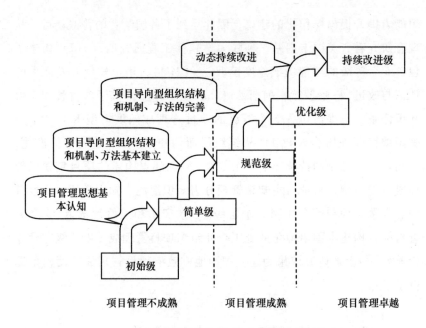

图 8-7　地方政府项目管理成熟度等级划分

一等级，而等级的划分有两种方式，一种是采用量化分析的方式，即对组织能力进行量化评价，并根据量化的结果进行标准化处理，根据分值范围来确定等级划分；另一种是采用标杆瞄准的方式，即在每一层级选择典型的组织作为标杆，将待评价组织的特征与标杆组织进行对比，从而确定其所处等级。本书选择以第一种方式，即量化评价的方式来建立地方政府项目管理成熟度模型，并将地方政府项目管理能力划分为五个等级。

（一）初始级——传统科层制组织，承担日常行政管理，以行政手段为主

这是地方政府项目管理成熟度的最低等级，此时的地方政府按照分工和分层构建金字塔形的科层制组织，承担日常的行政管理职能，从事周而复始的重复性任务（如政府税收、工商管理、行政审批等）；多使用行政手段进行管理，注重规章、拘泥形式，各机构或部门各自为政；"官本位""权力本位"意识强烈，项目管理意识缺乏。

（二）简单级——初步具有项目管理意识，开始项目导向型的变革

处于这一等级的地方政府开始有了项目管理的意识，逐步采用项目管理的方法开展活动，组织结构与管理机制也开始项目管理导向的变革，注重培养政府人员的项目管理意识与能力，开展各种项目管理培训，使部门中的团队和个人了解项目管理的理论、方法与工具。

（三）规范级——项目导向型的组织结构、管理机制和管理方法基本建立

到了这一等级，地方政府已经成长为面向创新、服务、危机应对的项目导向型政府，项目导向型的组织结构和管理机制已经基本形成，并运行良好；地方政府中的团队和个人较好地掌握了项目管理的理论、方法和工具，并能够熟练运用，具有较高的项目管理能力与水平。其实，达到规范级的地方政府其项目管理能力已经相对成熟。

（四）优化级——组织结构、管理机制和管理方法不断完善，学习能力强

在这一等级上，已经形成的项目导向型组织结构和管理机制得到进一步完善与优化，地方政府具有更高的工作效率；定期或不定期地开展各种项目管理培训，地方政府中的团队和个人都能很好地掌握项目管理的最新理论与方法，并能够"看别人吃堑自己长智"，具有很强的学习能力。

（五）持续改进级——项目管理水平处于持续优化的良性循环

这是地方政府项目管理成熟度的最高等级，地方政府已经具备灵活应对各种创新项目、社会服务项目以及突发事件项目的能力，并具有动态的优化系统，组织结构、管理机制都能够随内外部环境的变化适时调整，保持动态的稳定性，地方政府的项目管理水平完全处于一种持续优化和改进的良性循环状态。

三　实证分析

综合评价模型一般可用如下公式进行表述：

$$Z = f(E, S, W)$$

式中：Z 为评价结果（等级）；E 为指标集；S 为指标体系层次结构；W 为指标权重；f 为映射关系。

地方政府项目管理成熟度模型的构建首先应根据地方政府项目管理成熟度的内涵，结合本国实际，构建本土化、专业化的综合评价指标体系，即公式中的 E、S。其次运用科学有效的评价方法 f，结合各级指标的权重 W，对地方政府的项目管理能力进行定量评价。最后，根据评价结果判断其项目管理能力所处的水平，明确改进的方向和路径，从而建立完整的地方政府项目管理成熟度模型。

（一）评价指标体系的设计原则

第一，系统性原则。地方政府项目管理成熟度的评价应充分考虑各种评价指标的系统性、目标性、相关性以及有序性，使构建的指标体系成为一个完备的整体。

第二，可测性原则。评价指标必须容易测度，待测数据的获得成本必须在可控范围内。

第三，独立性原则。将各指标间的相关性降到最低，以便根据实际情况对指标进行修改、增添或删除，保证指标体系的灵活性。

第四，关键性原则。选取最具代表性的指标，以免造成累计误差。

（二）评价指标选取

根据地方政府项目管理成熟度的界定和评价指标体系的设计原则，构建三级评价指标体系。第一层为目标层（A），即地方政府项目管理成熟度等级；第二层为准则层（B），即项目导向型的组织结构、项目导向型的管理机制、项目导向型的管理方法；第三层为关键指标层（C），采用德尔菲法，经过多次反馈，选取 14 个关键指标，[1]

---

① 郑丽霞、翟磊:《项目导向型地方政府危机管理机制与能力研究》,《项目管理技术》2014 年第 7 期。

如图 8 - 8 所示。

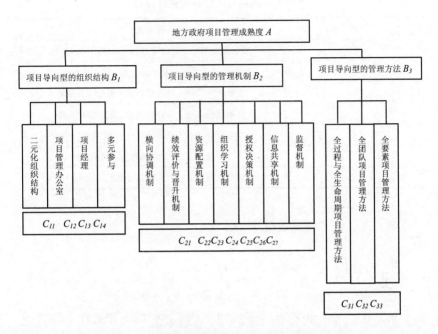

图 8 - 8　地方政府项目管理成熟度评价指标体系

（三）层次分析法确定评价指标权重

各评价指标对地方政府项目管理成熟度会产生不同程度的影响，因此在确定各指标权重时采用层次分析法。由 10 名不同领域的专家组成专家小组，采用专家评分法对指标进行打分。以第二层（准则层）三要素权重的计算为例：

第一步，分析专家评分后得出判断矩阵如下：

$$P = \begin{bmatrix} b_{11} & b_{12} & b_{13} \\ b_{21} & b_{22} & b_{23} \\ b_{31} & b_{32} & b_{33} \end{bmatrix} = \begin{bmatrix} 1 & 7 & 8 \\ \dfrac{1}{7} & 1 & 2 \\ \dfrac{1}{8} & \dfrac{1}{2} & 1 \end{bmatrix}$$

式中，$b_{ij}(i, j = 1, 2, 3)$ 表示评价指标 i 对评价指标 j 的相对重要程度，评价指标间相互比较重要程度分级如表 8 - 1 所示。

表 8 - 1 　　　　　　　　评价指标间相互比较重要程度分级

标度 n	含　义
1	表示评价指标 i 与评价指标 j 具有相同重要性
3	表示评价指标 i 与评价指标 j 相比稍重要
5	表示评价指标 i 与评价指标 j 相比明显重要
7	表示评价指标 i 与评价指标 j 相比强烈重要
9	表示评价指标 i 与评价指标 j 相比极端重要
2，4，6，8	表示上述相邻判断的中间值
倒数	若评价指标 i 没有评价指标 j 重要，则 $b_{ij} = 1/n$

第二步，计算特征向量 W_i：

$$W_i = \sqrt[3]{\prod_{j=1}^{3} b_{ij}} \qquad i,j = 1,2,3$$

计算得出：$W_1 = 3.826$，$W_2 = 0.659$，$W_3 = 0.397$

第三步，对向量 $W = (W_1, W_2, W_3)$ 作归一化处理，得 $W = (\bar{W_1}, \bar{W_2}, \bar{W_3}) = (0.784，0.135，0.081)$ 即为各评价指标的重要性排序，也就是权重分配。

第四步，计算判断矩阵的最大特征值。

$$\lambda_{max} = \sum_{i=1}^{3} \frac{(PW)_i}{3W_i}$$

计算得 $\lambda_{max} = 3.035$

最后进行一致性检验。

$$CI = \frac{\lambda_{max} - n}{n - 1} = \frac{3.035 - 3}{3 - 1} = 0.0175$$

$CR = CI/RI = 0.029 < 0.1$，通过一致性检验。

同理得出第三层，即关键指标层各评价指标的权重，所有结果整理如表 8 - 2 所示。

表 8-2 **地方政府项目管理成熟度评价指标权重①**

	维 度	关键指标	$\bar{W}$	w
地方政府项目管理成熟度等级 A	项目导向型的组织结构 B_1（0.784）	二元化组织结构 C_{11}	0.319	0.250
		项目管理办公室 C_{12}	0.063	0.049
		项目经理 C_{13}	0.146	0.115
		多元参与 C_{14}	0.472	0.370
	项目导向型的管理机制 B_2（0.135）	横向协调机制 C_{21}	0.166	0.022
		绩效评价与晋升机制 C_{22}	0.100	0.013
		资源配置机制 C_{23}	0.462	0.062
		组织学习机制 C_{24}	0.033	0.005
		授权决策机制 C_{25}	0.161	0.022
		信息共享机制 C_{26}	0.048	0.006
		监督机制 C_{27}	0.030	0.004
	项目导向型的管理方法 B_3（0.081）	全过程与全生命周期项目管理方法 C_{31}	0.250	0.020
		全团队项目管理方法 C_{32}	0.250	0.020
		全要素项目管理方法 C_{33}	0.500	0.041

注：表中 $\bar{W}$ 为各评价指标在本维度内所占的权重，w 为各评价指标在层次总排序中所占的权重。

（四）模糊综合评价法确定成熟度等级

依据以上确定的各层指标的权重和问卷调查（问卷采用 10 分制）所得的评分结果，便可以计算得出目标政府的项目管理成熟度分值，以此确定目标政府项目管理成熟度所处的等级及其项目管理能力的水平。为使评价结果更科学合理，本书对所有评价指标权衡兼顾，采用模糊运算 M（·，+）计算评价结果 L，计算公式如下：

$$L = \sum_{i=1}^{n} w_i \bar{x}_i$$

① 郑丽霞、翟磊：《项目导向型地方政府危机管理机制与能力研究》，《项目管理技术》2014 年第 7 期。

式中，w_i 为评价指标 i 在层次总排序中所占的权重；x_i 为评价指标 i 得分的平均值。

以 M 省政府为例，评价其项目管理成熟度。对 M 省 30 个区政府和 28 个工作部门发放问卷 524 份，收回有效问卷 381 份，对各评价指标得分取平均值如表 8 - 3 所示。

表 8 - 3　　　　M 省政府项目管理成熟度问卷调查得分汇总

关键指标	二元化组织结构 C_{11}	项目管理办公室 C_{12}	项目经理 C_{13}	多元参与 C_{14}	横向协调机制 C_{21}	绩效评价与晋升机制 C_{22}	资源配置机制 C_{23}	组织学习机制 C_{24}	授权决策机制 C_{25}	信息共享机制 C_{26}	监督机制 C_{27}	全过程与全生命周期项目管理方法 C_{31}	全团队项目管理方法 C_{32}	全要素项目管理方法 C_{33}
平均得分	5.59	5.97	5.91	4.63	2.09	7.44	4.94	4.94	4.91	3.35	3.92	1.92	4.05	4.30

根据问卷调查结果和上述地方政府项目管理成熟度等级确定方法可得，M 省政府项目管理成熟度得分：

L（M）$= 0.250 \times 5.59 + 0.049 \times 5.97 + 0.115 \times 5.91 + 0.370 \times 4.63 + 0.022 \times 2.09 + 0.013 \times 7.44 + 0.062 \times 4.94 + 0.005 \times 4.94 + 0.022 \times 4.91 + 0.006 \times 3.35 + 0.004 \times 3.92 + 0.020 \times 1.92 + 0.020 \times 4.05 + 0.041 \times 4.30 = 5.00$

由此可见，M 省政府目前的项目管理成熟度处于规范级，项目导向型的组织结构和项目导向型的管理机制基本建立，也能够在一定程度上采用全团队和全要素的项目管理方法进行管理，具有一定的项目管理能力。但横向协调机制、信息共享机制和监督机制仍存在薄弱环节，全过程与全生命周期的项目管理方法的运用也不够广泛和灵活，在今后地方政府项目导向型组织的建设过程中需要予以重点关注。利用上述成熟度模型，可以清晰地看到 M 省政府项目管理成熟度所处的等级以及各方面能力的优劣，以便扬长补短，不断提高自身项目管理能力和项目管理成熟度。

后　记

　　地方政府组织变革问题在各国的理论研究领域都占有重要地位，组织变革的目的就是以更为有效的方式完成组织的各项任务，最终实现组织的目标。在中国研究地方政府组织变革问题就必须结合中国国情，结合地方政府发展的实际情况，那么中国的各级地方政府究竟有哪些独特的特征呢？第一，在宏观层面上，中国的经济社会发展呈现出日益复杂化的特征，新型产业结构、新型市场形态、新型社会关系等需要地方政府与时俱进，方可在与时代发展相适应的基础上进一步发挥对经济社会发展的引领作用，政府与市场关系的进一步明晰，并非仅仅为了在市场与政府间进行职能"分割"，更是为了实现二者之间的"协同"；第二，在中观层面上，中国的地方政府正在经历一场由理念层面到操作层面的全面转变，即建设服务型政府，在这个变革的大框架下，地方政府开展了一系列具有中国特色的地方政府创新活动，形成了研究地方政府组织变革的独特语境；第三，在微观层面上，服务型地方政府的任务内容与结构特征向地方政府组织变革提出了现实的要求，当前中国地方政府任务结构的"二元化"趋势日益显著，即常规性任务与独特性任务并存，且独特性任务的数量与比重均呈增加态势，这些独特性任务主要包括地方政府经济建设项目、社会发展项目、文化服务项目与政府改革项目等，从项目团队的组建到项目团队的工作过程，都对地方政府的协同提出了更高的要求，从某种意义上说，二元化的任务结构已经对地方政府组织变革形成了"倒逼"机制。

　　究竟什么样的组织模式与运行机制才是服务型地方政府真正需要

的呢？在实践领域，中国地方政府已经认识到对于不同类型的任务采用不同类型组织的必要性，并针对当前服务型政府所面对的各类独特性任务开展了一系列组织变革的实践，包括开发区建设的"管委会"模式、突发事件应急的"指挥部"模式、大型活动的"组委会"模式以及政府改革的"领导小组"模式等，这些组织变革与创新在地方政府的实践中取得了突出的成效，但与此同时也带来了地方政府组织"碎片化"的问题。如何协调这些组织与地方政府工作部门之间的关系？如何从长期发展的角度确定这些组织的性质与未来的发展方向？如何实现独特性任务组织之间的协调？这些问题已越来越突出地摆在各级地方政府面前。从目前的实践来看，中国服务型地方政府的组织变革尚未形成系统化的思路和框架，这也是本书要解决的核心问题。

通过对相关理论的梳理与比较，本书最终选择了项目导向型组织这一理论框架，并结合中国地方政府的独特性特征对这一理论框架进行了调整和细化，提出了地方政府项目导向型组织建设的系统性思路，对组织模式的要素构成以及组织的运行机制问题展开了较为深入的研究。在提出理论框架的基础上，通过实证研究的方式对这种组织在中国地方政府中的适用性、当前组织变革中存在的不足以及未来的组织变革路径等进行探讨，最终形成了相对完整的中国服务型地方政府项目导向型组织建设体系。

在研究过程中除了开展深入的理论研究之外，还综合运用了多种实证研究的方法。第一，案例研究法，根据地方政府所面对的独特性任务的类型，在实践中各选取一个典型案例，对其组织模式特征及运行机制特征进行分析，案例研究中具体使用了文献分析、非参与式观察以及访谈等方法。第二，结构化访谈法，为了深入了解当前中国地方政府组织模式与运行机制的现状及存在的问题，本书从地区代表性的角度选择了天津、河北、浙江、广州、内蒙古等省、市、区的地方政府公务员进行访谈，但在访谈结果分析时，主要针对他们所提出的共性观点进行了研究，而未就不同地区的差异性观点进行分析。第三，问卷调查法，本书共发放问卷 524 份，收回问卷 385 份，有效问卷 381 份，回收率 73.47%，有效回收率 72.71%，调查对象是政府工作部门及区县的主要领导，但问卷所覆盖区域以天津市及周边地区为主，由于调查问卷对调查对象的层级要求较高，受到可操作性的影响未能展开更大规模的问卷调查。

本书作为社科基金项目的结题成果，书稿的最终完成除了感谢国家社科基金资助和课题组成员在研究过程中的大力支持外，还要感谢南开大学周恩来政府管理学院的研究生杨佳譞、张伟、郑宗鹏、陆聪颖等在最终的文字处理与校对中付出的辛勤劳动。同时也要感谢母亲和爱人对我事业的无私支持。最后要特别感谢一直以来给予我指导和帮助的各位师长和同事，在南开大学学习和工作期间最幸运的事就是每个阶段都能遇到非常优秀的导师，加入优秀的研究团队，和一群志同道合的伙伴们一起奋斗。

由于本人研究能力与水平有限，因此非常欢迎学界同人分享相关领域的研究观点和对本书提出宝贵意见，也期待在未来能与更多学界同人合作，推出更多、更好的研究成果。

翟 磊

2015 年 10 月 12 日于英国格拉斯哥大学